U0958968

苏州教育绿皮书

Green Paper on
Education in Suzhou

2020年

苏州市教育质量监测中心　编著

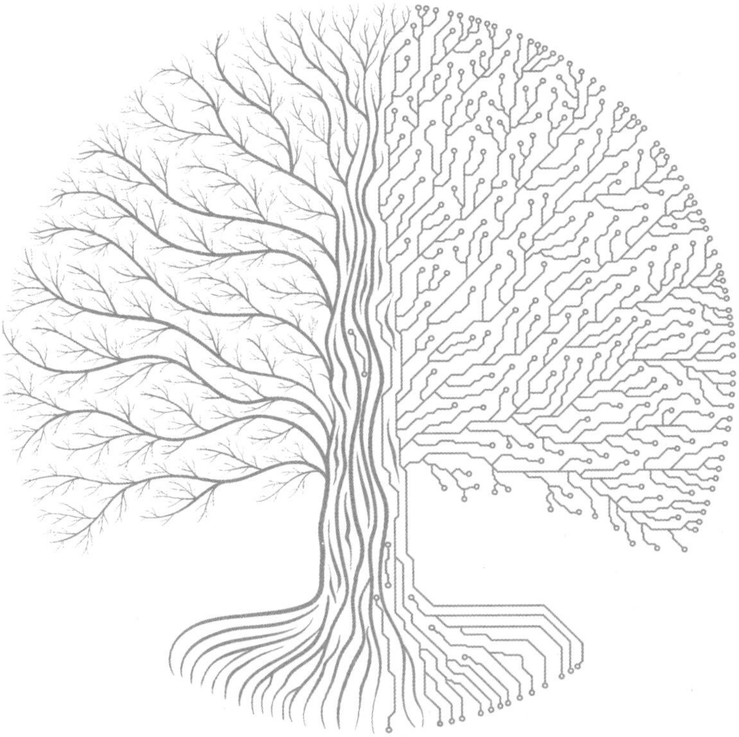

古吴轩出版社

图书在版编目(CIP)数据

2020年苏州教育绿皮书 / 苏州市教育质量监测中心编著. -- 苏州：古吴轩出版社，2022.2

ISBN 978-7-5546-1895-0

Ⅰ. ①2… Ⅱ. ①苏… Ⅲ. ①教育事业—研究报告—苏州—2020 Ⅳ. ①G527.533

中国版本图书馆CIP数据核字(2022)第006642号

责任编辑：李爱华
见习编辑：任佳佳
装帧设计：长　岛
责任校对：周　娇

书　　名：**2020年苏州教育绿皮书**
编 著 者：苏州市教育质量监测中心
出版发行：古吴轩出版社
地址：苏州市八达街118号苏州新闻大厦30F
电话：0512-65233679　　　　邮编：215123
出 版 人：尹剑峰
印　　刷：无锡市海得印务有限公司
开　　本：787×1092　1/16
印　　张：12.5
字　　数：243千字
版　　次：2022年2月第1版　第1次印刷
书　　号：ISBN 978-7-5546-1895-0
定　　价：68.00元

如有印装质量问题，请与印刷厂联系。电话：0510-85522228

前 言

2020年，全市教育系统坚持以习近平新时代中国特色社会主义思想为指导，全面贯彻落实党的十九大和十九届历次全会精神，认真学习领会习近平总书记关于教育工作的重要论述，在市委、市政府坚强领导下，坚持“让学生就读更多好学校、让学生遇到更多好老师、让学生发展更多好素养、让学生享受更多好服务”的“四个更好”工作追求，落实立德树人根本任务，深化教育综合改革，全面提高教育质量，稳步提升全市教育现代化建设水平。

为了更好地记录、分析与总结苏州教育的发展历程，不断构建五育优质均衡、内涵扎实规范的现代教育体系，努力实现高标准教育强市的目标，苏州市教育质量监测中心组织编辑出版了《2020年苏州教育绿皮书》。该书历经半年的采稿、筛选、编辑，收录了12篇全方位体现2020年度苏州教育发展情况的统计公告、监测公告及调查报告，涵盖了教育现代化建设、教师工作负担、学生心理健康、学生学业负担、职业教育等热点、难点问题，精选了苏州下辖县（市、区）在教育综合改革过程中所取得的具有区域特色的发展报告。

期盼本书的出版，能够为教育行政管理人员、教育科学研究人员、广大师生及所有关心教育的有识之士提供有益的参考，让苏州教育踏实的前进步伐为未来留下比照分析的痕迹。同时，衷心希望得到各界的意见和建议，努力使教育绿皮书真正成为融学术性与可读性于一体的地方教育史志。

本书的编辑出版，得到了苏州市教育局、苏州市人民政府教育督导室各位领导，教育局有关处室、直属学校（单位），有关县（市、区）教育行政部门及古吴轩出版社的大力支持。罗强、薛瑾、孙月琴、沈健、解问鼎、宋一丹、羊子轶、于飞飞、陆云、许士中、冯杰、周利等同志参与了本书的编辑工作，在此一并致谢。

2021 年 12 月

目 录

contents

统计公告

监测公告

调查报告

统计公告

2020—2021 学年苏州市教育事业发展统计概况

2020 年，全市教育系统坚持以习近平新时代中国特色社会主义思想为指导，全面贯彻落实党的十九大和十九届历次全会精神，认真学习领会习近平总书记关于教育工作的重要论述，在市委、市政府坚强领导下，坚持“让学生就读更多好学校、让学生遇到更多好老师、让学生发展更多好素养、让学生享受更多好服务”的“四个更好”工作追求，落实立德树人根本任务，深化教育综合改革，全面提高教育质量，努力办好人民满意的高质量教育，稳步提升全市教育现代化建设水平。

2020 年，苏州市拥有各级各类学校 1749 所（含幼儿园），在校学生 206.31 万人，教职工总数 16.28 万人，其中专任教师 13.01 万人。全市学前三年幼儿入学率达 100%，义务教育阶段学生入学率 100%、巩固率 100%。

2020 年，苏州市地方教育经费总投入 501.09 亿元，较上年（451.64 亿元）增加 49.45 亿元，增长 10.95%。其中，国家财政性教育经费 433.89 亿元（含教育附加等），增加 49.13 亿元，增长 12.77%。

一、学前教育

2020 年，全市共有幼儿园 916 所，比上年增加 49 所；在园幼儿（包括附设班）38.44 万人，比上年增加 1.97 万人；3~5 岁适龄幼儿入园率为 100%。幼儿园教职工总数 4.33 万人，比上年增加 0.49 万人。其中，专任教师 2.43 万人，比上年增加 0.2 万人。全市幼儿园园舍建筑面积 471.15 万平方米，比上年增加 41.9 万平方米；生均园舍面积 12.26 平方米，比上年增加 0.49 平方米。

全市幼儿园在校生中随迁子女[①]共 10.87 万人，占幼儿园在校生总数的 28.3%。其中，本省外县（区）随迁子女 3.42 万人，外省（区、市）随迁子女 7.45 万人。

---

① 随迁子女，是指户籍登记在外省（区、市）、本省外县（区），随父母到输入地（同住）并在校接受教育的适龄儿童少年；不包括因为跨区（县）招生或择校等到异地就读的学生，不包括在设区的市行政区域内区与区之间异地居住的人员。

二、小学教育

全市共有小学 432 所，比上年增加 8 所；招生 15.83 万人，比上年增加 0.04 万人；在校生 85.89 万人，比上年增加 3.76 万人；毕业生 11.31 万人，比上年增加 0.44 万人。

小学教职工[①] 5.07 万人，比上年增加 0.41 万人；专任教师 4.82 万人，比上年增加 0.32 万人。专任教师学历合格率[②] 100%。其中，具有中级及以上职称者占 43.61%；具有大学专科及以上学历者占 99.64%，比上年提高 0.3 个百分点。

普通小学（含教学点、十二年一贯制、九年一贯制分摊）校舍建筑面积 979.04 万平方米；生均校舍建筑面积 11.40 平方米，比上年增加 0.67 平方米。生均图书 24.74 册，比上年增加 0.71 册。生均计算机 0.16 台。

全市义务教育阶段小学在校生中随迁子女共 42.52 万人，占小学在校生总数的 49.51%。

三、初中教育

全市共有初中学校 246 所（其中九年一贯制学校 64 所），比上年增加 5 所。招生 10.45 万人，比上年增加 0.53 万人；在校生 29.36 万人，比上年增加 1.33 万人；毕业生 8.87 万人，比上年增加 0.91 万人。

全市初高中教职工 4.05 万人，比上年增加 0.16 万人。初中专任教师 2.43 万人，比上年增加 0.15 万人。初中专任教师学历合格率 99.97%，其中，具有本科及以上学历者占 98.80%，比上年提高 0.47 个百分点。

初中学校（含十二年一贯制、完全中学、九年一贯制分摊）校舍建筑面积 591.26 万平方米，生均校舍建筑面积 20.14 平方米。生均图书 42.03 册，比上年增加 0.12 册。生均计算机 0.34 台。

全市义务教育阶段初中在校生中随迁子女共 13.24 万人，占初中在校生总数的 45.10%。

---

① 因九年一贯制学校的教职工数计入初中阶段教育，十二年一贯制学校的教职工数计入高中阶段教育，而专任教师是按照教育层次进行归类，存在小学教职工数据小于专任教师数据的情况。

② 学历合格专任教师比例，是指某一级教育具有国家规定的最低学历要求的专任教师数占该级教育专任教师总数的百分比。各级教育教师的最低学历要求，参照《中华人民共和国教师法》中的相关规定。取得小学教师资格，应当具备中等师范学校毕业及以上学历；取得初级中学教师、初级职业学校文化或专业课教师资格，应当具备高等师范专科学校或者其他大学专科毕业及以上学历；取得高级中学教师资格和中等专业学校、技工学校、职业高中文化课或专业课教师资格，应当具备高等师范院校本科或者其他大学本科毕业及以上学历。

四、特殊教育

全市共有特殊教育学校 12 所（含民办 1 所）。特殊教育学校招收学生 277 人，在校生 1744 人（含附设特教班学生、送教上门学生）。特殊教育学校共有教职工 494 人，比上年增加 13 人；专任教师 424 人，比上年增加 8 人，其中具有本科及以上学历者占 91.98%，具有中级及以上职称者占 56.84%。生师比 4.11∶1。特殊教育学校毕业生 210 人。

普通小学、初中（随班就读）招收学生 300 人（含送教上门学生），在校生 1775 人，分别占特殊教育招生总数和在校生总数的 51.99% 和 50.44%。特殊教育（随班就读）毕业生 320 人。

特殊教育学校校舍建筑面积 8.17 万平方米，占地面积 12.85 万平方米。

五、高中阶段教育

全市高中阶段教育（含完中）① 共有学校 117 所，其中，普通高中（含完中）79 所，技工学校 13 所，中等职业学校 25 所。招生 7.39 万人，比上年增加 0.47 万人；在校学生 20.75 万人，比上年增加 1.46 万人。

1. 普通高中

全市普通高中 79 所，其中，高级中学 58 所（教育部门和集体办 53 所，民办 5 所），完全中学 8 所（含民办 3 所），十二年一贯制学校 13 所（含民办 12 所）。招生 4.37 万人，比上年增加 0.26 万人；在校学生 11.97 万人，比上年增加 1.11 万人；毕业生 3.11 万人，比上年增加 0.12 万人。

全市初高中教职工 4.05 万人，比上年增加 0.16 万人。其中，高中专任教师 1.17 万人，比上年增加 0.09 万人。生师比 10.21∶1，比上年的 10.06∶1 有所下降。专任教师学历合格率 99.89%。其中，具有研究生学历者占 33.21%，比上年增加 4.16 个百分点；具有副高级以上职称者占 36.92%，比上年减少 2.65 个百分点。

普通高中学校校舍建筑面积 360.11 万平方米，生均校舍建筑面积 30.08 平方米。普通高中生均图书 52.15 册，比上年减少 3.22 册。生均计算机 0.39 台。

2. 技工学校

全市技工学校 13 所。招生 8109 人；在校生 2.68 万人，比上年增加 800 人；毕业生

① 高中阶段包括普通高中、技工学校、中等职业学校等。

7131 人，比上年减少 585 人。技工学校教职工 2194 人，比上年增加 325 人；专任教师 1811 人，比上年增加 249 人。

3. 中等职业教育

全市中等职业教育[①]共有学校 25 所。其中，中等技术学校 20 所，职业高中 4 所，成人中等专业学校 1 所。

中等职业教育招生 2.21 万人，比上年增加 0.16 万人；在校生 6.1 万人，比上年增加 0.27 万人；毕业生 1.90 万人，比上年减少 0.06 万人。中等职业教育学校共有教职工 6010 人，比上年增加 136 人；共有专任教师 5505 人，比上年增加 148 人，专任教师具有本科及以上学历者占 99.04%。中等职业教育学校校舍建筑面积 196.80 万平方米，占地面积 328.09 万平方米。

六、高等教育

2020 年全市各类高等教育在学总规模达到 31.70 万人。全市共有普通高等学校和招收成人高等教育学校 26 所，其中，普通高校中本科院校 9 所，高职（专科）院校 17 所。

普通高等教育本专科共招生 8.60 万人，比上年增加 0.87 万人；在校生 26.32 万人，比上年增加 1.42 万人；毕业生 6.48 万人，比上年减少 0.26 万人。

成人高等教育本专科共招生 2.62 万人，比上年增加 0.05 万人；在校生 5.37 万人，比上年增加 0.55 万人；毕业生 1.91 万人，比上年增加 0.49 万人。

普通高等学校校舍总建筑面积[②] 732.29 万平方米，占地面积 1316.81 万平方米。

七、民办教育

全市共有各级各类民办学校（教育机构）487 所（含 4 所高校独立学院），比上年增加 34 所；招生 10.95 万人；各类教育在校生达 39.63 万人。其中，民办幼儿园 338 所，入园儿童 41286 人，在园儿童 121920 人，专任教师 7908 人。

民办普通小学 81 所（含九年一贯制学校、十二年一贯制学校），招生 23268 人，在校生 139385 人，专任教师 7811 人。

---

① 中等职业教育包括普通中等专业学校、职业高中、成人中等专业学校。

② 仅统计学校产权，非学校产权未统计在内。

民办普通初中32所（含九年一贯制学校、十二年一贯制学校），招生10579人，在校生29945人，专任教师2690人。

民办普通高中20所（含3所完全中学、12所十二年一贯制学校），招生3348人，在校生9842人，专任教师1060人。

民办特殊教育学校1所，在校生98人，专任教师18人。

民办中职校3所，招生2092人，在校生5574人，专任教师251人。

民办普通高校12所，招生28920人，在校生89535人，专任教师4124人。

（本文由苏州市教育局发展规划与财务处提供）

监测公告

苏州市 2019 年度教育现代化建设监测报告

开展教育现代化建设监测，是加快推进我省教育现代化进程的重要举措，是适应新时期深入推进教育现代化建设的机制创新，也是服务我省“两个率先”监测的重要任务。2019 年，苏州教育系统坚持以习近平新时代中国特色社会主义思想为指导，深入学习贯彻全国、全省教育大会精神，坚决落实市委、市政府决策部署，围绕立德树人根本任务，紧扣教育优质均衡发展目标，有效扩大教育供给，深入促进教育公平，持续深化教育改革，不断提升教育现代化发展水平，努力办好让人民满意的高质量教育。

一、教育事业总体情况

苏州自古就是一座崇文重教的城市，历史悠久、人文荟萃。春秋后期，言偃道启东南，文开吴会。北宋范仲淹在今苏州文庙创办州学，苏州各县学在范仲淹兴学思想影响下，得到加强。多年来，苏州始终坚持优先发展教育，以办好人民满意的教育作为民生大计，践行“四个更好”工作追求，着力打造“苏州最舒心”教育生态。2019 年，率先成为首个承办全国中小学生艺术展演活动的地级市，率先启动全国首批智慧教育示范区建设；全国公共服务质量监测结果显示我市公共教育服务领域满意度得分全省第一、全国第三。

截至 2019 年，我市下辖四市六区，户籍人口 722.6 万人，常住人口 1075 万人。全市共有各级各类学校 1682 所（含幼儿园），在校生 195.81 万人（含幼儿园、成人高等教育在校生），教职工 15.12 万人，其中专任教师 12.14 万人。义务教育阶段学生入学率、巩固率均为 100%，学前三年幼儿入学率 99.6%，高中段毛入学率连续 13 年达到 100%，高等教育毛入学率 69.2%。

二、教育现代化建设监测结果

教育现代化建设监测反映教育改革的动态过程。为了做好监测工作，我们由市政府牵头，积极建构工作网络，健全部门工作协调机制，力求准确把握监测指标的内涵、统计口径与计算方法。我们结合年度教育事业统计报表、市级相关部门统计报表，健全纵向到底、横向到边的数据采集、审核和填报机制，坚持实事求是的原则，切实做到填报数据和事业统计相符，监测结果与教育改革发展质态基本一致。同时，我们在省教育现代化监测指标体系基础上，根据苏州实际细化形成了我市年度政府教育目标责任考核指标，通过设定 100 个监测点全方位评价县级政府教育事业发展情况，有力促进了我市教育现代化建设监测水平的不断提升。

（一）监测整体得分

根据省教育厅“苏教评院函〔2020〕22 号”文件反馈，我市 2019 年教育现代化建设监测综合得分 89.67 分，比上年度提升 0.45 分，总体实现程度同本地区教育现代化建设水平基本吻合。从各市（区）得分情况来看，姑苏区（得分最高）为 93.74 分，苏州工业园区为 93.35 分，太仓市为 92.02 分，张家港市为 90.75 分，其他地区均在 85~90 分之间，高、低之间分差较小，教育现代化建设发展水平相对均衡。

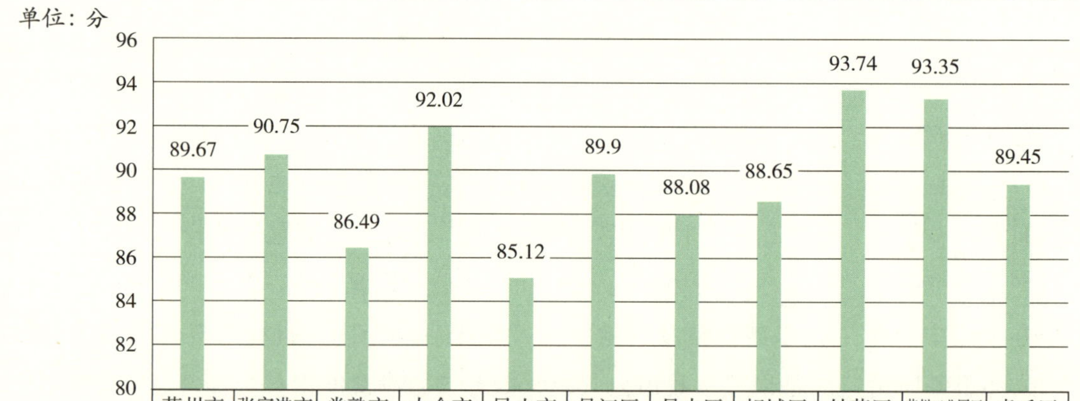

	苏州市	张家港市	常熟市	太仓市	昆山市	吴江区	吴中区	相城区	姑苏区	苏州工业园区	虎丘区
综合得分	89.67	90.75	86.49	92.02	85.12	89.9	88.08	88.65	93.74	93.35	89.45

图 1　2019 年度苏州各市、区教育现代化建设监测综合得分情况

（二）一级指标达成情况

我市在推进教育现代化建设过程中，把教育均衡发展视为第一要务，努力缩小校际、城乡之间的办学差异，不断提升教育服务地方经济能力，努力实现教育和经济的深度融合互动。监测结果（见图 2）表明，我市教育普及度、教育贡献度和教育开放度达成度都在 98% 以上，达成水平较高。特别是教育普及度已经连续几年保持 100%，2019 年度教育开放度也达 100%。其他各项指标的达成度也都在 85% 上下。教育统筹度还有待提高。

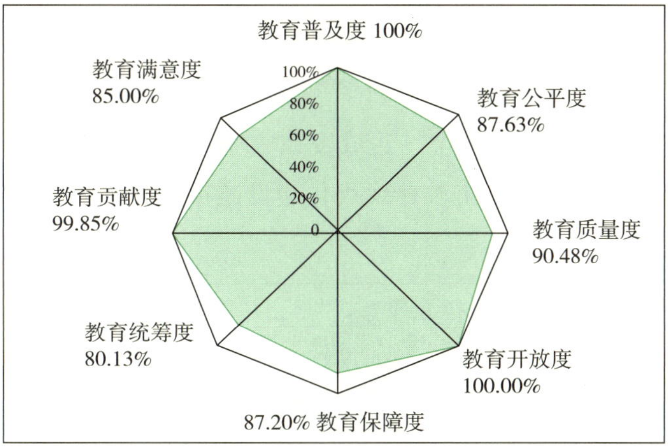

图 2　2019 年度苏州教育现代化建设监测一级指标达成情况

（三）二级指标达成情况

16 个二级指标中，实现程度达 90% 以上的有 11 个，占 68.75%，其中“各级教育”“继续教育”“资源共享”“国际化水平”“社会服务能力”实现程度达到 100%；80%~90% 之间的有 3 个，占 18.75%；70%~80% 之间的有 2 个，占 12.5%；没有 70% 以下的（见表 1 和图 3）。对比来说，“机会均等”和“学校办学水平”提高较多，“资源配置”“投入水平”和“信息化水平”有所下降。

表 1　2019 年度苏州教育现代化建设监测二级指标得分情况

二级指标	各级教育	继续教育	机会均等	资源配置	学生综合素质	学校办学水平
监测值	100%	100%	84.17%	90.59%	94.77%	84.35%
二级指标	资源共享	国际化水平	投入水平	师资水平	信息化水平	布局与结构
监测值	100%	100%	95%	75.79%	91.45%	71.22%
二级指标	体制与管理	受教育水平	社会服务能力	对学校和政府的满意度		
监测值	95%	99.75%	100%	85%		

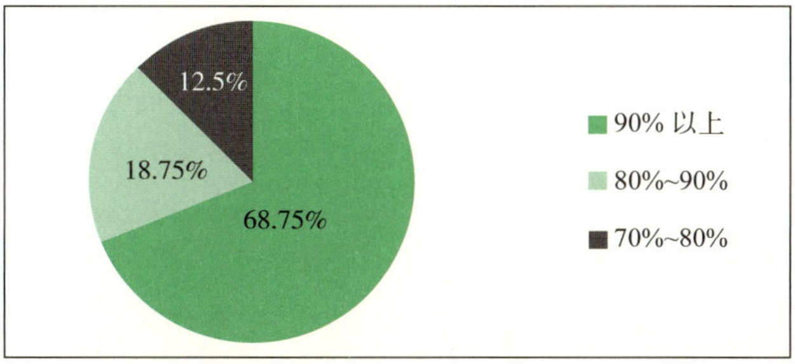

图 3　2019 年度苏州教育现代化建设监测二级指标各分段占比情况

（四）监测要点达成情况

省厅反馈的监测结果显示：我市 85 个监测要点中，达成度为 100% 的监测要点有 51 个，达成度在 80%~100% 的有 19 个，达成度在 50%~80% 的有 6 个，达成度在 50% 以下的有 9 个。从中可以看出，我市教育现代化建设还存在着一些薄弱环节和达成度较低的指标，须予以关注并加以解决。

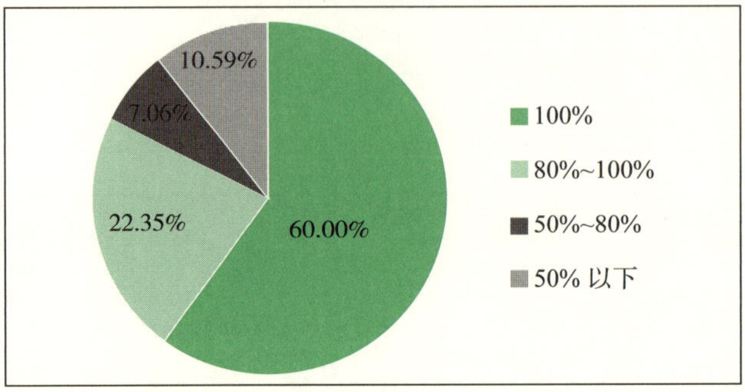

图 4　2019 年度苏州教育现代化建设监测要点各分段占比情况

1. 教育普及度达 100%，保持领先发展态势

2019 年度，二级指标“各级教育”和“继续教育”所含的 7 个监测点实现程度全部达到 100%（见图 5）。

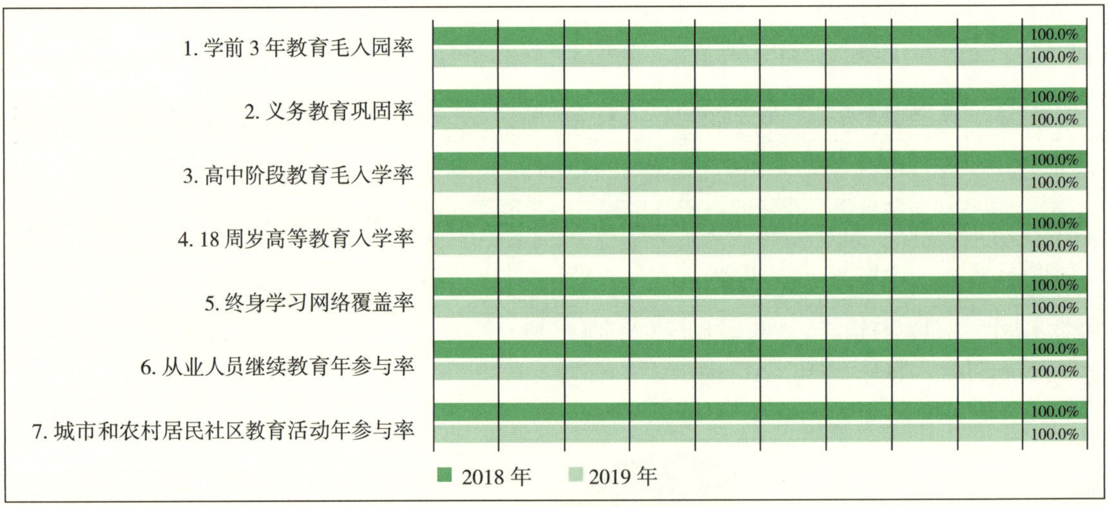

图 5　教育普及度监测点实现程度

2. 教育公平度达 87.63%，基本实现教育均衡

2019 年度，6 个监测点中，4 项指标保持相对稳定（见图 6）。“入学残疾儿童少年享受 15 年免费教育的比例”和“外来务工人员随迁子女与户籍学生享受同等待遇的比例”有大幅提高。“义务教育城乡、学校间条件均衡化的比例”有所下降，这跟大规模新建学校有关。

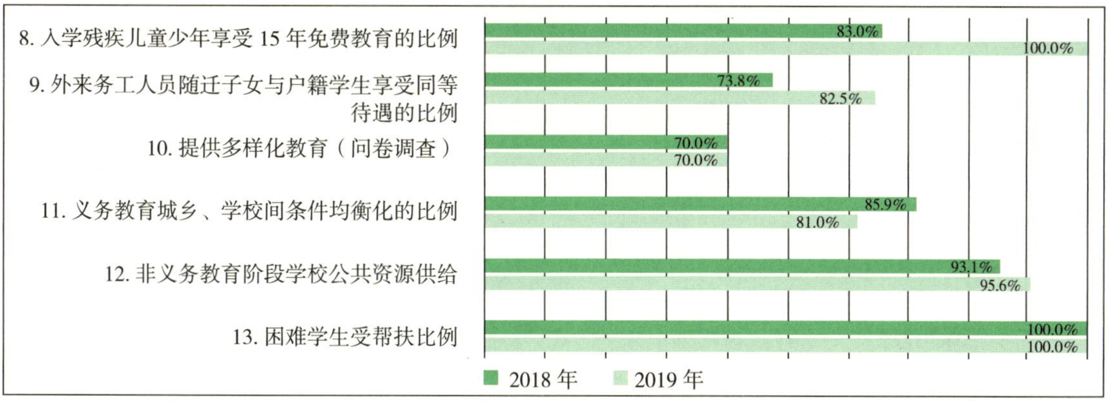

图6　教育公平度监测点实现程度

3. 教育质量度达90.48%，学生素质不断提高

2019年度，4项指标保持相对稳定（见图7）。“达到省定优秀标准的各级各类学校比例”有较大提升，义务教育学校和社区教育中心2019年达标率比2018年均有较大幅度提高。

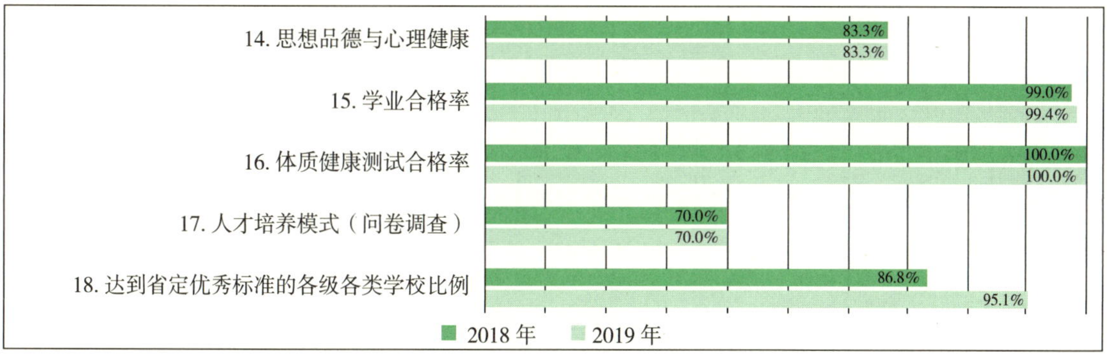

图7　教育质量度监测点实现程度

4. 教育开放度达100%，对外交流加快步伐

通过大力实施教育国际化战略，基本形成了全方位、多层次、宽领域的对外开放格局，努力培养具有中国心、国际化视野的世界公民（见图8）。

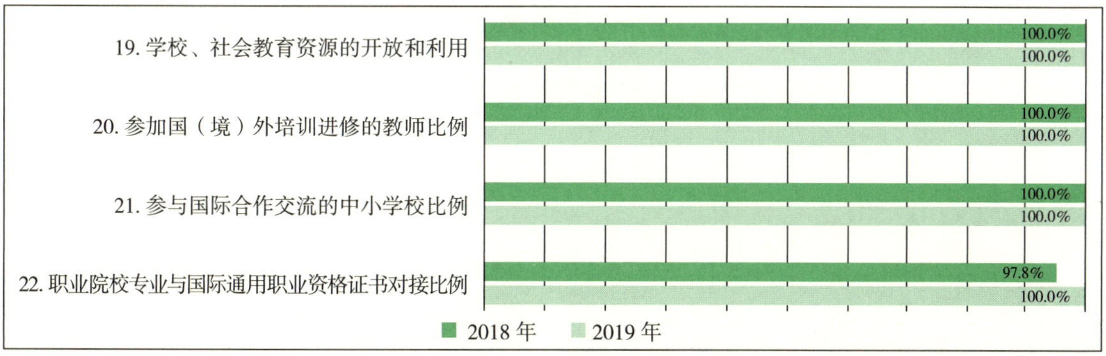

图8　教育开放度监测点实现程度

5. 教育保障度达 87.20%，教师资源缺口仍旧明显

2019 年，二级指标“投入水平”和“信息化水平”两项均保持全省一流水平。“师德与专业能力建设”和“教师学历比例”有一定幅度提升。二级指标“师资水平”中的“生师比”指标仍旧不够理想（见图 9）。

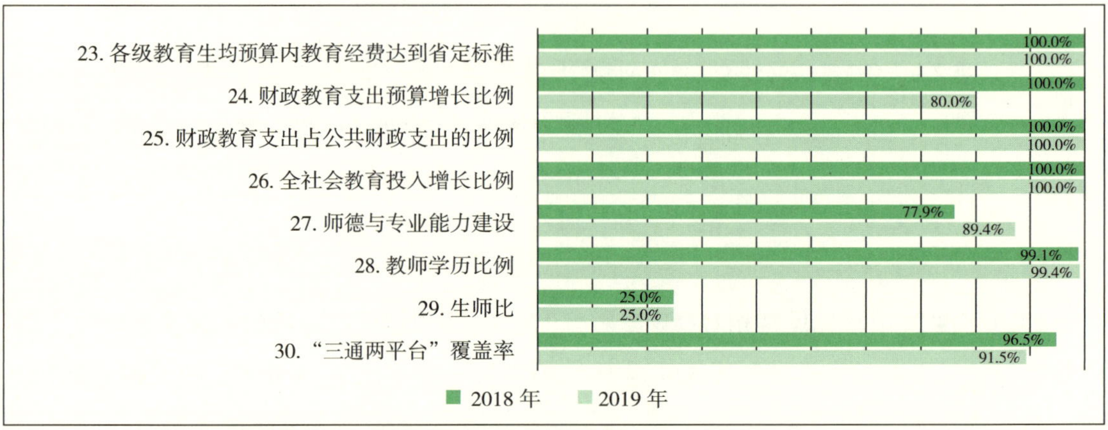

图 9　教育保障度监测点实现程度

6. 教育统筹度达 80.13%，解决问题任重道远

2019 年，“各类教育协调发展与互通衔接”“公办学校多形式办学”和“民办教育健康发展”都保持较高水平。“学校布局与规模合理”略有下降，“中等以下学校达到适度班额的比例”指标略有提高，水平不高（见图 10）。

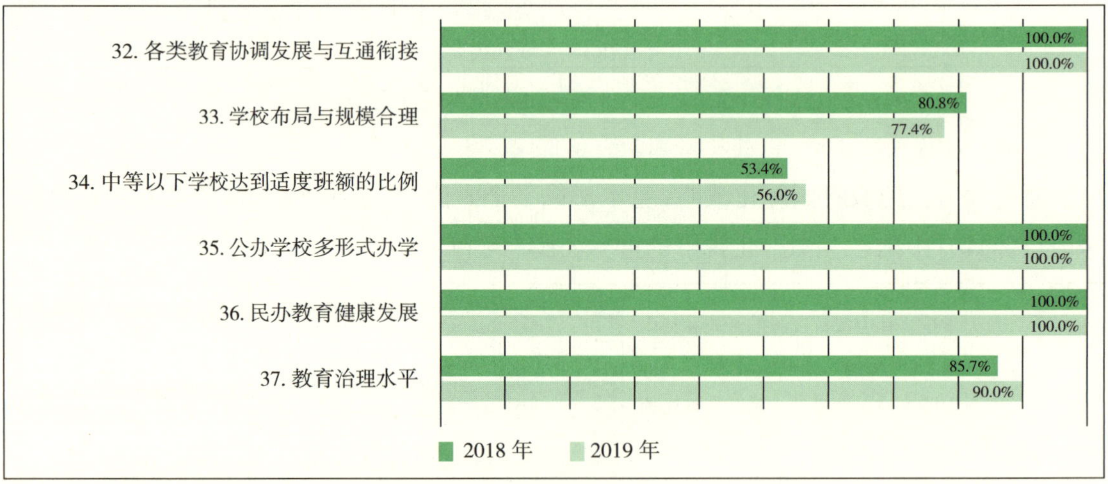

注：31 项监测要点“智慧校园比例”2019 年未列入监测范围。

图 10　教育统筹度监测点实现程度

7. 教育贡献度达 99.85%，达到历史新高

“教育贡献度”所含 4 个监测要点，除了“主要劳动年龄人口平均受教育年限”暂

时还略有差距外，其他指标全部达标，达成水平之高可见一斑（见图 11）。

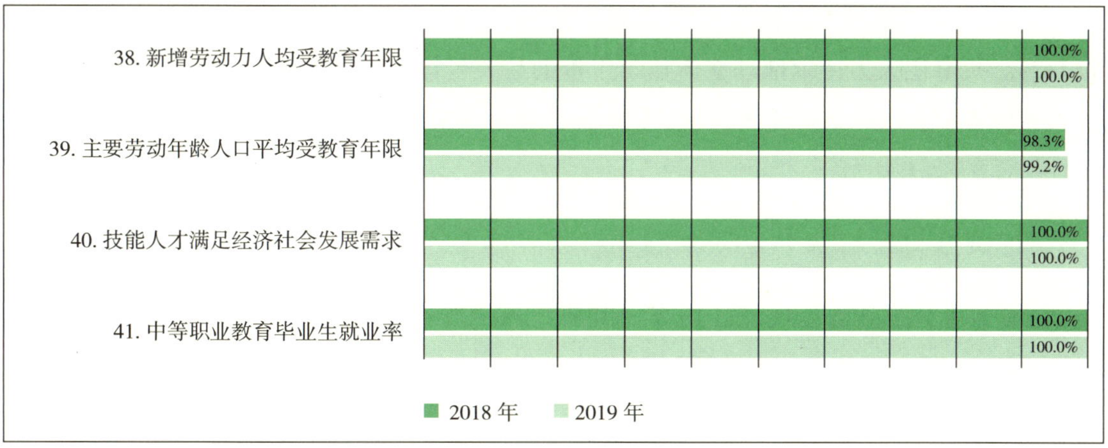

图 11　教育贡献度监测点实现程度

8. 教育满意度达 85%，服务群众不忘初心

从统计数据来看，我市各县（市、区）“教育满意度”的实现程度相当平衡，其中“学生、社会对学校的满意度”一项还有提高空间（见图 12）。

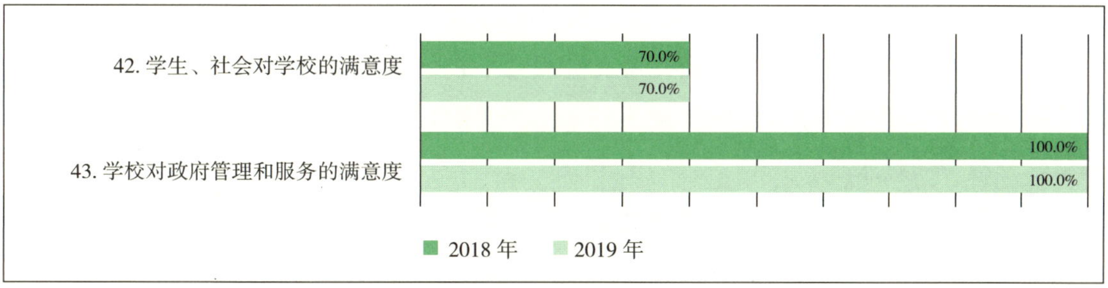

图 12　教育满意度监测点实现程度

三、主要进展和成效

（一）加大教育资源供给，促进教育公平有序

教育“十三五”发展规划实施以来，我市全面推进《苏州教育均衡、优质发展三年行动计划（2018—2020 年）》新建学校年度任务。截至 2019 年 9 月，全市共有中小学和幼儿园 1606 所，其中幼儿园 867 所，小学 424 所，初中 241 所，高中 74 所。新建改扩建学校得到了市委、市政府的高度重视，被列入教育实事项目并全力有序推进。2019 年，全面启动新建改扩建 81 所学校任务，其中，新建改扩建 37 所中小学和幼儿园为市政府实事项目，开工率为 100%。2019—2020 学年，全市投入使用 80 所中小学和幼儿园，

新增学位 7.3 万个，有效增加高中学位 7764 个。积分入学稳妥有序实施，全市（太仓市除外）流动人口随迁子女积分入学申请数 5.19 万，提供公办学位 4.16 万个，准入率达 80.14%。我市还大力持续推进立体化学生资助与关爱体系建设，2019 年，全市共资助中小学生和幼儿园儿童 2277833 人次，资助总金额达 5.53 亿元，其中，社会资助 7654 人次，资助金额 873.21 万元。

（二）促进基础教育优先发展，提升教育高质量水平

学前教育优质普惠发展。2019 年加快省、市优质幼儿园创建，全市新增省、市优质幼儿园各 41 所，目前省、市优质园覆盖率达 82%。健全学前教育公共服务体系，推进普惠性幼儿园建设，实施服务区制度，全市在公办和普惠性民办幼儿园就读幼儿比例达 82%。出台《苏州市城镇小区配套幼儿园治理工作方案》，有效推进城镇小区配套幼儿园治理工作。加快开展学前儿童看护点建设和无证园规范清理，截至 2019 年底，全市累计清理无证园 318 所。

特殊教育优质公益发展。成立“苏州市特殊教育专家委员会”，建成融合教育资源中心 265 个，推进送教上门、医教结合，努力实现残疾人教育服务全覆盖。

义务教育优质均衡发展。全面开展义务教育学校标准化建设整改，有效推进“新时代苏州有效教学研究”项目实施。加快外来工子弟学校管理提档升级，切实提升外来工子弟学校教育质量水平。

普通高中优质特色发展。推进普通高中星级评估和省级高品质示范高中建设。江苏省苏州中学校和江苏省梁丰高级中学成为首批省级高品质示范高中首批建设立项学校，江苏省常熟中学和江苏省昆山中学成为省级高品质示范高中首批建设培育学校。

（三）深化集团化办学全覆盖，促进优质资源共建共享

呼应人民群众对优质教育资源的需求，在全市推动组建优质学校领衔、多所学校加盟的教育集团，输出优质领衔学校的先进办学理念、成功管理模式、有效课程教学和优秀教师团队，让更多的孩子享受到苏州名校的优质教育。2019 年，苏州全市已成立 106 个教育集团，其中小学段 61 个、初中段 23 个、高中段 3 个、跨学段 19 个；集团化办学覆盖 457 所学校 72.72 万名学生。

（四）教师队伍建设稳步前行，保障教育教学水平

研制苏州新时代教师队伍建设改革的实施意见，确立教育人才优先发展的战略地位。

创新招聘管理，积极探索备案制、年金制教师招聘管理办法，2019 年全市共招聘备案制、年金制教师 4004 人。推进教师评价改革，加大精准奖励力度，鼓励教师扎根一线、聚焦主业，设立班主任专项奖励资金，鼓励更多优秀教师长期担任班主任工作。优秀教师群体进一步壮大，省人民教育家培养对象、省特级教师等高层次人才逐年增多，新增中小学正高级教师数量全省领先，省基础教育教学成果奖获奖数列全省第一。推动名优教师交流常态化，加大教师交流力度，交流教师比例达 15%。强化师德师风建设，研制教师职业行为负面清单和师德违规情况报告制度。宣传优秀教师典型，凝聚师德榜样力量，2019 年，我市有 3 所学校和 13 位教师分别入选全国教育系统先进集体和先进个人，入选数列全省首位。支教工作成效显著，2019 年，全市教育系统共派出支教教师 206 人多条线开展支教工作，与全国多个教育薄弱地区建立了对口帮扶机制。

（五）实现线上教育中心全覆盖，智慧教育不断升级

统筹推进线上教育中心大市建设工作，在大市范围内以“1+10”云部署的方式完成分中心建设。加强统筹协调，完成异构平台对接与单点登录，使各板块师生只需登录当地教育云平台即可方便访问苏州线上教育中心，让全市中小学生更便捷地享受优质在线教育资源。苏州线上教育中心 1 个市级中心和 10 个区域分中心均已完成验收并上线运行，目前平台共开通账号 74 万个。2019 年总登录人次超过 1461 万，建设精品微课资源 3.1 万余节，开设市级直播课程 2400 节，直播、点播总计观看数超过 1100 万人次，累计为家庭节约教育支出逾亿元，受到学生、家长、教师和社会各界的普遍欢迎，引起了全社会的广泛关注。同时，完成省名师空中课堂苏州分中心的账号注册工作，全市中小学生可通过互联网和有线电视观看免费名师资源。

四、薄弱指标和原因分析

1. 指标 24 为按在校学生人数平均的一般公共预算教育支出逐年只增不减。监测显示，按在校学生人数平均的一般公共预算教育支出未完全做到逐年只增不减，部分学段不达标。

2. 指标 27-5 为县级教师发展中心达到省示范标准比例。监测显示，2019 年度县级教师发展中心达到省示范标准比例为 30%，未达 100% 标准要求。

3. 指标 29-1 为幼儿园生师比、29-2 为小学生师比、29-3 为初中生师比。监测显示，2019 年度基础教育阶段生师比指标中：幼儿园生师比为 16.37∶1，未达 15∶1 标准要求；

小学生师比为 18.24∶1，未达 17∶1 标准要求；初中生师比为 12.28∶1，未达 12∶1 标准要求。

4. 指标 31 为智慧校园比例。监测显示，智慧校园尚未启动创建。要根据省相关标准，加快推进智慧校园省级评估认定。

5. 指标 33 为学校布局与规模合理。监测显示，幼儿园规模不高于 4 轨的幼儿园比例为 58.27%，小学规模不高于 6 轨的学校比例为 52.41%，距目标值 90% 均有较大距离。

6. 指标 34 为中等以下学校达到适度班额的比例。监测显示，2019 年度基础教育各学段班额达成度均比较低，幼儿园、小学、初中、普高班额达标学校比例分别为 27.86%、17.37%、58.43%、49.3%，距目标值 85% 均有较大差距。

在取得成绩的同时，我们也看到，对标新时代教育发展新要求和人民群众对高质量教育的期盼，苏州教育在发展中依然面临一定的矛盾困难。一是流动人口随迁子女学龄人口大幅增长，教育资源高位饱和运行；二是名校集团化办学还未实现全覆盖，全市优质教育资源尚未完全释放利用；三是普通高考本一上线率、本一上线人数还需进一步提升；四是高等教育发展跟城市地位和能级定位严重不匹配。

五、用改革破除发展难题

（一）优质教育资源“扩容计划”

加快推进学校建设，积极扩大教育公共服务供给。全面落实“十三五”规划和“三年行动计划”学校建设任务，2020 年，全市计划新建改扩建中小学和幼儿园 90 所，投入资金约 145 亿元，将新增学位约 10 万个。其中，新建改扩建 40 所中小学和幼儿园被列入市政府实事项目，总投资约 55.8 亿元，将增加学位约 4.81 万个。积极编制“十四五”教育事业发展规划，确定今后五年发展蓝图。启动《苏州市“十四五”教育设施布局专项规划》编制相关工作。

推动集团化办学全覆盖，力争让孩子“上好学”。深化名校领衔的集团化办学改革，输出名校先进办学理念、成功管理模式、有效课程教学和优秀教师团队，充分放大名校示范辐射作用，切实打破学校和区域划界形成的“壁垒”，通过名校设分校（校区）、学校发展共同体、校际协作帮扶等多种形式，实现集团化办学在全市各板块 100% 全覆盖，参与名校集团化办学的义务教育学校比例达到 80%。加快江苏省苏州中学校、江苏省梁丰高级中学、江苏省常熟中学、江苏省昆山中学等高品质高中培育和扩建。

线上教育中心再升级，促进教育同城公平待遇。在苏州线上教育中心大市全覆盖的基础上，升级省名师空中课堂苏州分中心，与省名师空中课堂进行深度融合，学生可从原市级网页端、电视端快速登录浏览省平台开展自主学习，充分享受省、市两级名师课程。启动“云上教育同城帮扶计划”，以“1+N”的模式开展，推动优质公办学校与外来工子弟学校共享名师课程，实现优质教育资源在外来工子弟学校的全覆盖。

（二）教育教学质量“攻坚计划”

推进高中教育特色多样发展，稳妥提升教育质量。深化高中课程改革，加强学科建设，提升必修选修课程合力，促进学生核心素养落地，构建高水平育人体系，全面提升学校办学水平和综合竞争力。推进民办普通高中的星级创评工作和公办高中的晋星工作，继续推进创建省高品质示范高中，同时在每个区域创建一所市级高品质高中。推动优质普通高中集团化办学，优化教育资源配置，服务教学、服务学生。持续做好新高考选科评估指导工作的研究和培训，加大课程体系建设、走班教学管理、高考命题分析、综合素质评价、生涯规划等问题研究力度。制订新一轮高中建设三年行动计划，深入推进创新人才培养项目的实践，探索创建科技、人文、艺术、语言、综合等学科见长的多元高中特色项目，提升五科竞赛水平。合理发展综合高中模式，推进职普融通，引导学生多元发展。建立更加科学的教育教学质量监测、评价、激励机制。

推动教育科研创新发展，抓好特色人才培养。推进教育科研体制机制创新，构建市、县（市、区）、校三级上下联动，以及横纵贯通、运行高效的协同创新体系，完善教研训一体化融合发展模式，努力缩小全市教科研的地区、校际、学段和学科差异。加强教育科研队伍建设，严格教（科）研员专业标准和准入制度，完善教育科研人才培养机制。抓好中小学（幼儿园）教育教学改革创新、普通高中新课标培训、智慧教研二期建设、职业学校学生学业水平考试等项目，积极实施“凌云计划”，健全小学高年级段至高中段的优秀潜能人才的选拔、培养、跟踪课程体系，构建线上与线下相结合的培育新模式。优化科研管理服务，高质量完成国家、省、市级各类课题的管理工作。强化科研协同创新，建好苏州 STEM 教育协同创新中心，积极应对长三角地区教育一体化发展战略，推动教育科研领域的深层合作和共赢发展。加强基础性、前瞻性、针对性、储备性教育政策研究，创新决策咨询服务方式，更好地发挥教育智库作用。

实施家长成长学分制，推进家庭教育持续科学发展。常态化搭建学习成长平台。通过课程学习、亲子活动、义工服务等学分的获得，让家长实现体系化、显性化、可持续化的成长。规范化为学校搭建工作服务平台。开展家庭教育信息发布、家长活动过程记录、家庭的教育工作展示，通过大数据分析，推进家庭教育研究和策略调整。专项化为教育行政部门搭建督导研究平台。通过家长成长学分监测和跟踪，用大数据更好地了解家长关心什么、为何困惑、为何焦虑，更好地进行工作督导和相关工作的研究，从而制定、调整全市家庭教育工作措施。

（三）教工队伍建设“领航计划”

推进“未来教师培养计划”，挖掘优质教师资源。构建师范生“3+4”长周期贯通培养体系，在培养模式、课程体系、招考制度、师资衔接等方面有创新空间，体现本地优质高中、高校资源融合。吸引优秀初中毕业生从教，改革成果覆盖苏州全部应届初中毕业生，形成师范生培养“苏州范式和经验”。开展教育“金种子”培育“新路径”改革，提前锁定一批优秀高中毕业生，开拓优质师资补充新路径，改革成果覆盖全部应届高中毕业生。在双向选择、跟踪培养、激励机制、扶困帮学、教师队伍建设前置等方面开展机制创新。

推动引才“新机制”改革，拓宽教师引进渠道。在线上重点做渠道创新，打造“高层次人才引才”“成熟骨干教师招揽”“优秀大学生吸纳”三大平台，拓宽引才信息化渠道，与人力资源公司合作，推进渠道推广，形成优质师资信息储备，改革成果覆盖全层次。在线下重点做教师招考制度创新，加大校招规模，用好省委四对接、市委定岗特选、校园苏州日等政策与活动。改进教师招考方式，针对名校优生，简化考试环节，采用现场直接面试。同时，放宽教师资格证要求等，消除非师范的名校优生的入口限制，改革成果覆盖全部来苏从教名校优生。

推动用才“新制度”建设，吸引优秀教师人才。优化新进教师保障激励制度，将紧缺急需的高学历人才、名校优生列为奖励对象。按照苏州市人才乐居工程，推进租房补贴落实，改革成果覆盖直属全体新进教师及工作未满三年的青年教师。加强教育人才考核评价，与骨干教师考核工作相结合，优化当前考核方案，进一步强化教育人才、骨干教师考核，改革成果覆盖直属全体高层次人才及骨干教师。

开展校医队伍建设计划，提升校园健康卫生水平。加强制度设计，出台推动校医队伍建设的实施意见和制订五年计划，规范校医建设和管理。创新管理模式，出台配套的培训、考核和福利待遇等规定，完善奖惩和激励机制。开设相关专业，加强校医人才培养，研究制定校医职称评定办法和渠道。注重技能提升，开展职业规范化培训和常态化继续教育。强化硬件保障，推进专业室场建设。

（四）教育服务经济“卓越计划”

开展职业教育服务区域和产业发展“融合”工程。通过五年努力，建成产教融合型城市。统筹职业教育与区域经济社会发展，试点布局一批产教融合型园区、产教融合型校区。建设培育产教融合型项目，培育100家以上的产教融合型企业和一批公共实训中心和产学研中心。强化企业重要主体作用，拓宽企业参与途径，完善职业院校企业学院建设，促进教育链、人才链与产业链、创新链有机衔接。

开展高等教育形态再造“跃迁”工程。优化布局结构，完善顶层设计，率先制定《苏州高等教育布局结构和发展规划》，支持推进南京大学苏州校区、西北工业大学太仓校区、西交利物浦大学太仓校区和苏州大学未来校区等项目建设，积极引进上海、浙江以及国（境）外优质高等教育资源。促进内涵发展，推动苏州大学从“一流学科”高校向一流大学提升，苏州工艺美术职业技术学院、苏州农业职业技术学院和苏州工业职业技术学院加快实施“双高计划”，苏州大学文正学院转设为苏州城市大学。推进省、市共建，大力推进市政府与苏州科技大学、常熟理工学院和西交利物浦大学开展新一轮省、市共建重点项目建设，深化完善苏州高职高专院校联席会议和下属教学、学工、后勤及产教联盟建设，探索推动建立苏州高校发展共同体建设。

（本文由苏州市教育局政策法规处提供）

苏州市2020年度中等职业教育质量报告

2020年，面对突如其来的新冠肺炎疫情，苏州市教育局根据江苏省教育厅要求，一手抓疫情防控，一手抓教育教学质量，攻坚克难，奋勇拼搏，打赢了一系列攻坚战，全市教育高质量发展取得了一系列丰硕成果。苏州市中等职业技术学校进一步贯彻习近平总书记关于职业教育的重要论述，认真落实中央和省关于职业教育改革、推进职业教育现代化的部署要求，把发展职业教育作为服务产业升级、培养大国工匠和能工巧匠的重要方式，不断完善职业教育和培训体系，职业教育发展水平保持全省、全国前列。苏州被教育部列为国家职业教育高地建设城市，全市不断推进产教融合高质量发展，立足苏州，面向苏南，服务长三角一体化，辐射长江经济带，积极探索形成具有苏州特色的职教发展新经验，努力在国家职业教育高地“大写意”中，用心绘好苏州“工笔画”。

本报告以苏州市25所中等职业学校2020年质量年度报告为主要依据，结合苏州市中等职业教育基层年报以及第三方统计与评价数据而形成。报告包含苏州市2019—2020学年中等职业教育的基本情况、学生发展、质量保障、校企合作、信息化、社会贡献、政府履职、特色做法、挑战与展望共九大块内容。报告秉持客观、公正、全面的原则，对苏州市中等职业教育总体情况与学校特色进行系统梳理与总结，记录苏州市中等职业教育改革发展历程，以期成为社会各界了解苏州市中等职业教育发展状况的重要依据和窗口。

一、基本情况

（一）规模结构

1. 学校数量

苏州市优化高中段招生制度，不断巩固中等职业教育基础地位，坚持职业教育类型教育特色，为学生提供多样化成长成才路径。全市共有职业学校（不含技工学校）25所，其中，国家中等职业教育改革示范校5所，国家级重点中职学校11所（见表1）。

表 1　2020 年苏州各职业学校布局情况

区域	学校名称	办学性质	学校类型（指国家示范校、国家级重点中职学校或其他）
市直属（代管）	苏州建设交通高等职业技术学校	公办	国家示范校
	苏州旅游与财经高等职业技术学校	公办	国家示范校
	苏州高等职业技术学校	公办	国家级重点中职学校
	苏州评弹学校	公办	国家级重点中职学校
	苏州市艺术学校	公办	其他
	苏州市体育运动学校	公办	其他
	苏州市纺织工业职工中等专业学校	民办	其他
张家港市	江苏省张家港中等专业学校	公办	国家示范校
	张家港市第二职业高级中学	公办	国家级重点中职学校
	张家港市第三职业高级中学	公办	国家级重点中职学校
	张家港市舞蹈学校	民办	其他
常熟市	江苏省常熟中等专业学校	公办	国家示范校
	常熟高新园中等专业学校	公办	其他
	常熟市滨江职业技术学校	公办	其他
太仓市	江苏省太仓中等专业学校	公办	国家级重点中职学校
昆山市	江苏省昆山第一中等专业学校	公办	国家级重点中职学校
	江苏省昆山第二中等专业学校	公办	国家级重点中职学校
	昆山花桥国际商务城中等专业学校	公办	其他
	苏州福纳影视艺术学校	民办	其他
吴江区	江苏省吴江中等专业学校	公办	国家级重点中职学校
	江苏省苏州丝绸中等专业学校	公办	国家级重点中职学校
吴中区	江苏省吴中中等专业学校	公办	国家示范校
	苏州市太湖旅游中等专业学校	公办	其他
相城区	江苏省相城中等专业学校	公办	国家级重点中职学校
苏州工业园区	苏州工业园区工业技术学校	公办	国家级重点中职学校

（数据来源：2020 年苏州市各职业学校统计汇总）

2020 年新增省现代化示范性职业学校 3 所、省现代化优质特色职业学校 2 所。截

至年底，苏州市建成省现代化示范性职业学校 12 所、省现代化优质特色职业学校 6 所，总量全省第一。（见表 2）

表 2　江苏省现代化示范性及优质特色职业学校名单（苏州市）

年份	学校名称	江苏省现代化示范性及优质特色职业学校
2017	苏州建设交通高等职业技术学校	江苏省现代化示范性职业学校
	苏州高等职业技术学校	江苏省现代化示范性职业学校
	常熟高新园中等专业学校	江苏省优质特色职业学校
	江苏省苏州丝绸中等专业学校	江苏省优质特色职业学校
2018	苏州旅游与财经高等职业技术学校	江苏省现代化示范性职业学校
	江苏省张家港中等专业学校	江苏省现代化示范性职业学校
	江苏省常熟中等专业学校	江苏省现代化示范性职业学校
	江苏省昆山第一中等专业学校	江苏省现代化示范性职业学校
	苏州工业园区工业技术学校	江苏省现代化示范性职业学校
2019	江苏省太仓中等专业学校	江苏省现代化示范性职业学校
	江苏省吴中中等专业学校	江苏省现代化示范性职业学校
	常熟市滨江职业技术学校	江苏省优质特色职业学校
	苏州市太湖旅游中等专业学校	江苏省优质特色职业学校
2020	江苏省相城中等专业学校	江苏省现代化示范性职业学校
	江苏省吴中中等专业学校	江苏省现代化示范性职业学校
	江苏省昆山第二中等专业学校	江苏省现代化示范性职业学校
	张家港市舞蹈学校	江苏省优质特色职业学校
	昆山花桥国际商务城中等专业学校	江苏省优质特色职业学校

（数据来源：2020 年苏州市各职业学校统计汇总）

江苏省中等职业学校领航计划旨在通过 3~5 年努力，建成一批扎根江苏，引领全国、世界水平的一流中等职业学校，对打造中等职业教育“江苏高地”、加快推进江苏省职业教育现代化具有重要意义。苏州市 4 所学校入选江苏省中等职业学校领航计划建设单位，分别是苏州建设交通高等职业技术学校、苏州高等职业技术学校、江苏省太仓中等专业学校和江苏省张家港中等专业学校。

2. 学生人数

在校生 75341 人，全市中等职业技术学校招生总数达 22126 人，其中普职比 5.6∶4.4，毕业生总数 18956 人，发挥着技术技能人才培养主渠道的作用（见表 3）。

表 3　2020 年苏州市中等职业学校学生情况

学年	在校生数（人）	招生数（人）	毕业生数（人）
2019—2020	75341	22126	18956

［数据来源：中等职业教育综合统计报表（2020—2021 学年）］

在新形势下，市教育局一方面引导中职学校积极应对挑战，另一方面，进一步推动市（县、区）实施职业教育资源整合，改善相对薄弱职业学校办学条件，充分发展扩大优质中等职业教育资源，促进职业教育均衡发展。近三年苏州市高中段普职招生比没有明显变化，2020 年普职招生人数继续保持大体相当，普职协调发展。

（二）设备设施

1. 占地面积

苏州市持续加大对职业教育的布局调整力度，优化资源配置，改善办学条件。2020 年，全市中等职业技术学校占地面积 3280911.23 平方米，比上年增加 18082.46 平方米；建筑面积 1967955.31 平方米。

2. 教学设备

固定资产总值 561779.4 万元。其中，教学仪器设备值 136883.07 万元，比上年增加 11946.64 万元；生均教学仪器设备值 1.82 万元，比上年增加 0.11 万元。纸质图书 2313666 册，比上年增加 45355 册。教学用计算机 32430 台，比上年增加 1429 台。（见表 4）设施设备生均指标普遍高于国家标准。中职学校配备的专业设施设备，满足了学生校内专业实习实训的需要，也满足了社会职业培训和专业技能考核鉴定的需要。

表 4　苏州市中等职业教育 2019、2020 年基本办学条件指标统计

序号	指标名称	2018—2019 学年	2019—2020 学年
1	占地面积（平方米）	3262828.77	3280911.23
2	固定资产总值（万元）	546639.06	561779.4
3	教学仪器设备总值（万元）	124936.43	136883.07
4	生均教学仪器设备值（万元）	1.71	1.82
5	纸质图书（册）	2268311	2313666
6	教学用计算机（台）	31001	32430

［数据来源：中等职业教育综合统计报表（2019—2020 学年）、中等职业教育综合统计报表（2020—2021 学年）］

（三）教师队伍

1. 教师数量

2020 年，全市中等职业技术学校教职工数 6010 人，其中专任教师 5505 人，专任教师数占教职工数的 91.6%，专任教师占比持续保持在 90% 以上；生师比为 13.69 : 1，生师比远超国家标准（生师比国家标准为 20 : 1）。

2. 整体素质

2020 年，全市中等职业技术学校专任教师本科以上学历 5452 人，占比达到 99.04%，比上年提高 0.32%；硕士研究生以上学历 1431 人，占比为 25.99%；专科及以下学历 53 人，占比为 0.96%。

专任教师中具有高级及以上职称的 1939 人，比上年增加 85 人，占专任教师总数的 35.22%；中级职称的 2071 人，占专任教师总数的 37.62%；初级及以下职称的 1495 人，占专任教师总数的 27.16%。专任教师中专业课教师 3156 人，“双师型”教师 2097 人，“双师型”教师占专业课教师的 66.44%。全市中等职业学校教师的学历、职称、“双师型”比例等逐年均有提升。

二、学生发展

（一）综合素质

苏州市注重中职学生的综合发展。坚持立德树人，全面实施素质教育，全面加强中职学校德育、文化基础教育、课堂思政教育、专业技能教育、就业创业教育，全面培养学生综合素养，着力培育中职学生核心素养，从职业人才培养特点出发，加强社会主义核心价值观、理想信念和家国情怀教育，加强优秀传统文化教育，培育崇尚劳动、敬业守信、精益求精、创新务实的“工匠精神”。

1. 思政教育扎实推进

各地各校根据教育部关于印发《中等职业学校德育课课程教学大纲（试行）的通知》等文件精神，做好全市职业学校思政课程改革工作，市教育局组织专家认真调研并撰写《苏州市关于深化新时代中等职业学校思想政治课改革创新的实施意见》。构建德育一体化体系，加强思政课程建设，推进思政课程与课程思政融合发展。

完善“三全”育人方案，健全德育工作领导机制、德育队伍考核激励机制和评估督导机制，学校、企业、家长共同发力，思政课程与课程思政同向同行，劳动教育、心理健康教育、创新创业教育等协同作用，通过培育“名班主任工作室”、市职业学校学生思想道德教育典型案例评选等活动，拓展与优化活动内容与内涵，构建一体化的“全员、全过程、全方位”育人体系，促进学生职业能力与道德素养的协调发展。

2. 凝练特色榜样引领

各地各校通过多方位德育发展，保障学生、教师、制度构成良好德育生态。加强学校、家庭、社会“三位一体”对学生形成修身立德的督促环境。发挥德育品牌的文化创生作用，发挥学校作为主阵地立德树人的作用。实施德育管理系统工程，凝练德育特色，注重先进集体和优秀学生的榜样引领作用，打造具有示范性和个性的德育品牌，努力培养学生，使其成为德智体美劳全面发展的社会主义建设者和接班人。通过聘请劳动模范、道德模范、技术能手、大国工匠担任德育兼职导师，开展“劳模进校园”“红色工匠”等活动，加强对青年学生社会主义核心价值观的教育，强化对学生的思想引领和服务成长职能。

由市教育局组织编写的《中职学生养成教育读本》，为学生在校学习期间设定20个自我修炼的好习惯，将每个需修炼的习惯分成修炼目标、内涵阐述、案例分享、案例反思、自我对照修炼方法、实践提升、经验分享等七个环节，深入开展人文教育，不断丰富形式、拓宽载体。学生思想政治道德素质得到提高，学习态度端正，人生目标明确，有强烈的社会责任感和正确的人生观。

3. 搭建平台助力发展

各地各校充分发挥校园活动育人功能，丰富学生在校体验，构建以“三化”为特色的学校文化——校园文化人文化、专业文化企业化、传统文化特色化，塑造学生行为方式，助力学生多样化发展与成长。

全市职业学校“活力校园　青春闪亮”原创校歌MV比赛、心理剧微电影评比等活动，展示了市职业学校校园文化建设成果，充分挖掘校园传统文化底蕴，传播教育理念，关注学生成长，培育了一批特色鲜明、管理规范、效果显著、有广泛影响力的社团，推动学校内涵建设发展，本年度共评选表彰市级标兵社团16个，优秀社团15个。2020年市中职生文明风采大赛，共收到作品960件，评选出优秀作品580件、优秀指导教师104名、优秀组织5个。其中入围省赛并获奖73件，获奖数位居全省第一。

4. 综合素质协调发展

市教育局高度重视学生的全面发展，重视学生文化素质、专业实践能力。参加2020年江苏省学业水平考试的学生中，报名参加文化课考试的有11105人，合格率达97.62%；报名参加专业技能考试的有10205人，合格率达97.14%。

根据教育部办公厅《关于开展国家学生体质健康标准测试和落实学校体育三个办法有关工作安排的通知》，以促进学生体质健康为主线，以改革学校体育工作为重点，按照“两个标准”“三个办法”强化体育课和课外锻炼，体质测评合格率达95.02%。各项指标稳定提升。2020年毕业生中有17675人取得执业资格证书。（见表5）

表5　苏州市中等职业教育2019、2020年学生综合素质核心指标统计

指标名称	2018—2019学年	2019—2020学年
学考文化课合格率	97.56%	97.62%
学考专业技能考试合格率	96.81%	97.14%
体质测评合格率	93.06%	95.02%

（二）技术技能

1. 动态调整专业教学内容

各校依托专业建设指导委员会，紧密结合地方经济社会发展需要，调整专业教学内容和教学方法，使技能学习、训练内容与国家职业标准相衔接。着力加强专业技能与综合职业能力的培养，确保毕业生能拿到“双证”（毕业证和职业资格证或技术等级证书），具备较强的就业竞争力。

2. 拓展学生技能培养途径

各地各校注重多途径学生技能培养。一是积极申报“1+X”证书考试，深化复合型技术技能人才培养培训模式，努力把“1+X”证书与专业建设、课程建设、教师队伍建设等紧密结合。二是积极推进“1”与“X”的有机衔接，将培训内容及要求有机融入专业人才培养方案，优化课程设置、教学内容、教学方法，加强专业教学团队建设，推动“三教”全面改革。三是重视“1+X”证书教学与考试过程，结合“1+X”证书考试大纲，进行专业技能教学、训练及考核。四是积极探索职业教育“学分银行”，尝试学习成果的认定、积累与转换，按规定兑换学分，推动“1+X”证书考试在各专业的全面普及。

（三）就业质量

1. 学生就业稳中有升

2020年虽然受到疫情影响，但苏州全市已建立并形成了一套完善的毕业生就业服务体系，从职业生涯规划与辅导、岗前培训、实习就业、跟踪管理、继续教育等多个方面对学生进行教育引领，根据各个工作阶段的特点有针对性地开展服务工作。与人社等相关部门密切配合，定期为顶岗实习学生和合作企业举行双向招聘会，增加岗位数量，提升岗位质量，帮助学生实现毕业即就业的无缝对接。随着疫情形势好转，企事业单位逐步复工复产，到5月底，各校就业率基本恢复到往年正常水平。

2020 年中职毕业生人数为 18956 人，就业人数 18179 人，直接就业人数为 1566 人，就业率为 96.00%，毕业生就业满意度为 99.02%。总体而言，学生就业率相对稳定，处于高位浮动，就业质量稳步提升。对口就业率达 95%，大部分毕业生从事了与所学专业相关的工作，专业相关度基本稳定。

2. 初次起薪稳定增加

2020 年受新冠肺炎疫情影响，整体就业形势不容乐观，但在政府和学校的共同努力下，各地各校坚持“以服务为宗旨，以就业为导向”的理念，以毕业生就业质量作为中等职业学校教育教学和人才培养质量的重要衡量标准，全力支持企业复工复产，全市职业教育就业态势保持稳定，质量稳步提升。苏州市中职毕业生初次起薪逐年增加。2020 年中职毕业生初次就业平均月起薪为 3782 元。

3. 创新创业积极推进

各地各校积极响应国家“大众创业，万众创新”的号召，以创新带动创业，以创业带动就业，为广大学生搭建创业平台和就业渠道。致力于打造产学研结合的创新创业平台，鼓励学生积极参与创新创业活动，为在校学生搭起到社会中实践的桥梁，帮助学生实现边学边做，高效成才的理想模式。各职业学校响应政策，落实到行动。

2020 年共获得江苏省职业院校创新大赛全省一等奖 7 个、二等奖 6 个。苏州市职业教育创新创业大赛，共收到 20 所学校报送的 238 个创新项目，评选获奖项目 106 个；共收到 22 所学校报送的 123 个创业项目，评选获奖项目 55 个。评选团体优胜奖 5 个、先进个人奖 5 个。

（四）升学情况

为了贯彻落实《国家中长期教育改革和发展规划纲要（2010—2020 年）》《国务院关于加快发展现代职业教育的决定》，加快发展现代职业教育，不断完善现代职业教育体系，服务实现全面建成小康社会目标。全面提升教育公共服务水平，满足广大家长对于学生成长的迫切需要。

市教育局和各学校实施一系列措施，为毕业生提供转段升学、对口单招、五年制高职“3 + 3”“3 + 4”分段培养试点项目、专升本、注册入学等多种办学形式的继续学习渠道，增加中等职业学校学生的升学途径，为学生的个性化发展提供了多样化选择。继续做好高职学生专转本工作，为高职毕业生升学进入本科院校学习提供帮助。

2020 年，职业学校学生通过专接本、专转本、专升本、中本贯通培养和对口单招考取本科人数为 3586 人，江苏省普通高校对口单招全省本科计划比例为 17.54%，苏州全

市平均本科上线率为46.63%。（见表6）

表6　苏州市职业学校学生升学（本科）情况统计（2019、2020年）

年份	专接本升学人数	专升本升学人数	专转本升学人数	“3+4”升学人数	对口单招（含技能大赛）升本人数
2019	1135	304	529	422	912
2020	980	506	625	431	1017

三、质量保障建设

（一）质量保障体系

1. 优化专业结构

2020年，全市中等职业技术学校共开设152个专业，覆盖18个专业大类（见图1）。全市新增五年制高职专业（或专业方向）6个、三年制中职专业19个，如数字媒体艺术设计、港口机械与自动控制；同时停办一批不能适应产业需求的专业，如动漫制作技术。

全市共开设五年一贯制专业78个，中等职业教育与高等职业教育“3+3”分段培养项目专业27个，中等职业教育与应用本科教育“3+4”分段培养项目专业7个，中高职衔接专业79个。

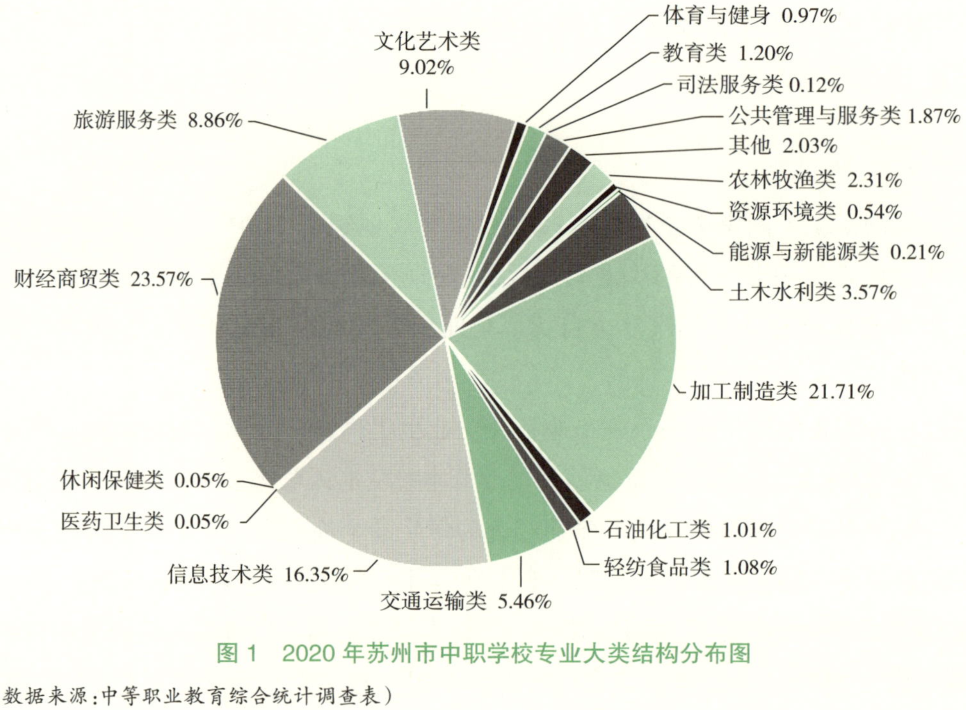

图1　2020年苏州市中职学校专业大类结构分布图

（数据来源：中等职业教育综合统计调查表）

全市中等职业学校通过不断优化专业结构，专业群设置与岗位群结构吻合度不断提高，专业与产业吻合度较好。专业比例结构与对应的三次产业的地区产业总值的比例结构基本相符（见图 2）。

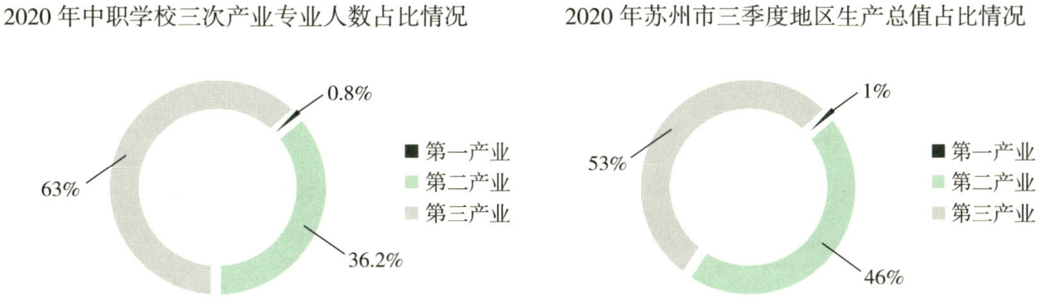

图 2　2020 年苏州市中职学校专业与地区产业吻合度对比图

（数据来源：2020 年苏州市各职业学校统计汇总）

2. 完善质量体系

各校认真贯彻与落实《江苏省中等职业教育指导性人才方案及核心课程标准》《江苏省中等职业教育专业技能教学标准》，并根据各校实际情况，充分开展企业与行业调研，滚动修订 2020 级实施性人才培养方案，进一步落实教学质量标准化。

3. 推进课程建设

2020 年苏州市中等职业学校精品课程资源建设的评选，认定“游学苏州，品读虎丘”等 15 门课程为 2020 年苏州市中等职业学校精品课程资源（见表 7），为线上教学提供优质资源。

表 7　2020 年苏州市中等职业学校精品课程资源名单

序号	学校	课程名称	课程负责人
1	苏州旅游与财经高等职业技术学校	游学苏州，品读虎丘	王　丽
2	苏州建设交通高等职业技术学校	土工试验	黄建国
3	苏州高等职业技术学校	手绘效果图表现技法	于　宁
4	张家港中等专业学校	服装 CAD	方　琴
5	张家港市第三职业高级中学	维修电工实训	徐静亚
6	江苏省常熟中等专业学校	中式面点制作	桑艳萍
7	江苏省太仓中等专业学校	室内手绘	黄雪峰
8	江苏省昆山第一中等专业学校	网络市场调研与消费者行为分析	华春芳
9	江苏省昆山第二中等专业学校	数学（第一册）	王海华

续表

序号	学校	课程名称	课程负责人
10	江苏省吴江中等专业学校	通信传输线缆的设计制造及测试	秦小燕
11	江苏省苏州丝绸中等专业学校	网页设计与制作	罗曦曦
12	江苏省吴中中等专业学校	电子商务实务	钱惠琴
13	江苏省相城中等专业学校	地方景点导游	沈群艳
14	苏州工业园区工业技术学校	工业机器人技术基础	苏建
15	苏州工业园区工业技术学校	现代物流概论	冉雪峰

[数据来源:《关于公布2020年苏州市中等职业学校精品课程资源名单的通知》(苏教高职〔2020〕49号)]

4. 完善质量管理

各地各校以教学诊断与改进为抓手，推动职业学校建立基于标准化的教学设施、完善教学工作状态数据、各校自我诊断自主发展、行政部门有效监管的教学质量保障体系。

5. 推进“1+X”证书试点

根据教育部和江苏省教育厅有关部门要求，市教育局组织开展第三批“1+X”证书申报及调研工作，共有21所学校成功申报。本次申报涉及40张证书129个项目，工作稳步推进(见图3)。

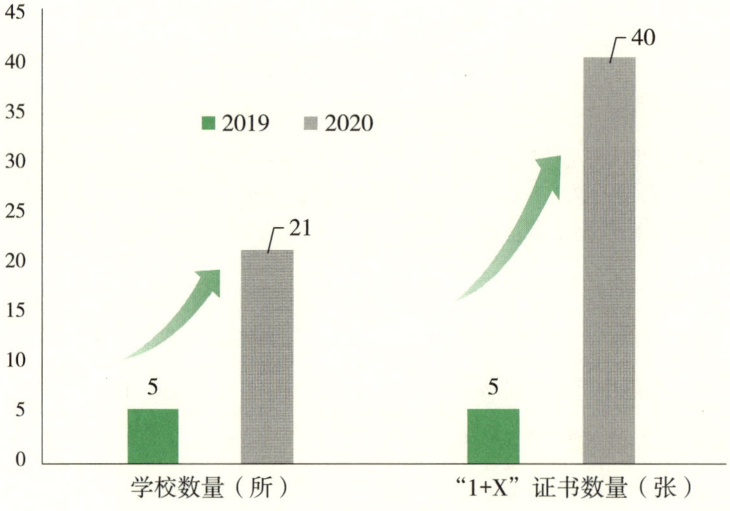

图3 “1+X”证书制度试点项目两年对比图

(数据来源：教育部职业技术教育中心研究所关于公布历次“1+X”制度试点院校名单的公告)

（二）学校基础能力建设

1. 创建“领航学校”

全市 4 所学校被江苏省教育厅、江苏省财政厅遴选为江苏省中等职业学校领航计划建设单位（见表 8）。领航计划旨在深入推进苏州职业教育高质量发展，力争经过 3~5 年努力，建成一批扎根江苏，引领全国、世界水平的一流中等职业学校。

表 8　江苏省中等职业学校领航计划建设单位（苏州市）

序号	试点学校
1	苏州建设交通高等职业学校
2	苏州高等职业技术学校
3	江苏省太仓中等专业学校
4	江苏省张家港中等专业学校

［数据来源：《省教育厅关于公布江苏省中等职业学校领航计划建设单位名单的通知》（苏教职函〔2020〕2 号）］

2. 突出特色引领

2020 年苏州新增 3 所省现代化示范性职业学校、2 所省现代化优质特色职业学校。截至年底，全市已累计建成 12 所省现代化示范性职业学校、6 所省现代化优质特色职业学校，总量在全省领先。

3. 推动专业群建设

市教育局根据地方产业链（群）发展的趋势，指导学校科学规划核心专业群发展规划，积极申报省级现代化专业群建设，新增建设 14 个省级现代化专业群，占全省的 16.5%。

4. 加快实训基地建设

各地各校在省级高水平示范性实训基地建设的基础上，有序推进现代化实训基地建设。2020 年全市有 11 个项目通过省级验收（见表 9），占全省的 11.22%；截至 2020 年，累计建成 29 个省级现代化实训基地，总量占全省的 10.3%。

表 9　江苏省职业教育现代化专业群及实训基地统计（苏州市）

区域	现代化专业群（个）		现代化实训基地（个）	
	往年	2020 年	往年	2020 年
市直属	10	3	6	2
张家港市	2	4	2	2
常熟市	7	1	2	2
太仓市	3	1	2	0

续表

区域	现代化专业群（个）		现代化实训基地（个）	
	往年	2020 年	往年	2020 年
昆山市	5	1	2	2
吴江区	5	2	1	2
吴中区	2	1	0	1
相城区	2	0	2	0
苏州工业园区	3	1	2	0
总计	39	14	18	11

（数据来源：2020 年苏州市各职业学校统计汇总）

5. 完善技能考点建设

各地各校继续开展中职学校学生学业水平考试，建设一批标准化技能考点。2020 年按要求已全部完成省中职学生学业水平考试标准化技能考点的建设任务。

（三）师资队伍建设

1. 强化人才引进

各地各校加大编制统筹力度，推进教师招聘改革，为进一步推动专兼结合的“双师型”教师队伍建设，2020 年全市上报省教育厅职业院校兼职教师奖补项目共 60 人。

2. 着力师资培训

2020 年全市卓越干部、卓越教师、大赛指导等培训项目顺利开展，共完成 27 项市级培训，同时各校老师积极参加国家级、省级各类培训。

市教育科学研究院围绕信息技术与专业教学的深度融合，以促进教与学方式的转变为目标，线上组织全市 400 多名职业学校骨干教师参加信息化教学素养提升的专项培训。

3. 优化团队建设

各地各校进一步加强思想政治理论课教师队伍建设，推进“四有”好教师团队建设，2020 年全市共有 2 所职业学校团队立项为“四有”好教师市级重点培育团队（见表 10）。

表 10 苏州市“四有”好教师市级重点培育团队名单（中职学校）

序号	团队建设单位	领衔人	团队名称
1	江苏省张家港中等专业学校	朱劲松	“创新融合”好教师团队
2	苏州高等职业技术学校	万烨锋	“德技双馨、工匠摇篮”好教师团队

推进名师培养与名师工作室建设，新增江苏省“苏教名家”培养对象 3 人。遴选评选第四批中职学校名师工作室 10 个（见表 11），并给予支持扶持。名师工作室涵盖专业技能、班主任工作和德育工作等各方面。

表 11　第四批苏州市中等职业学校名师工作室名单

序号	工作室名称	所在学校	领衔人
1	苏州市张恒智能制造技术工作室	江苏省常熟中等专业学校	张　恒
2	苏州市冯均州数字造价工作室	苏州建设交通高等职业技术学校	冯均州
3	苏州市刘泓工商管理教改工作室	苏州旅游与财经高等职业技术学校	刘　泓
4	苏州市张慧玲教科研“探航”工作室	昆山花桥国际商务城中等专业学校	张慧玲
5	苏州市王云平“众行”班主任工作室	苏州市太湖旅游中等专业学校	王云平
6	苏州市朱萍艺术设计工作室	江苏省太仓中等专业学校	朱　萍
7	苏州市张志凯课程与信息化工作室	江苏省苏州丝绸中等专业学校	张志凯
8	苏州市钱卫军美育工作室	江苏省相城中等专业学校	钱卫军
9	苏州市梅琳旅游管理工作室	苏州工业园区工业技术学校	梅　琳
10	苏州市沈文传统文化数字影像工作室	苏州高等职业技术学校	沈　文
11	苏州市刘金桥“乐行”德育工作室	江苏省昆山第一中等专业学校	刘金桥
12	苏州市秦晓丽青苹果科技创新工作室	江苏省张家港中等专业学校	秦晓丽

注:序号 11 和序号 12 的名师工作室为培育对象。

［数据来源:苏州市教育局《关于公布第四批苏州市中等职业学校名师工作室建设遴选结果的通知》（苏教高职〔2020〕56 号）］

（四）教科研工作

1. 开展教研活动

各职教教科研中心组紧紧围绕课堂教学、学业水平考试、信息技术与专业教学融合等主题，开展了形式多样的教研活动，配合完成了集体调研，教学能力比赛的赛前研讨与指导等工作，取得了良好成效。

2. 深化课程改革

市教研部门以“围绕‘三教’改革，提升学生的核心素养”为目标，深化课程改革，举办线上“2020 年苏州市职业学校课改展示活动”。全市各职业学校各专业（学科）的 30 名骨干教师尽情尽心地展现了精彩课堂，各有特色，各有风采。充分展现了苏州职业教育课程改革发展的成果，展现了骨干教师的风采，增进了教师间的交流，对年轻教师教育理念的提升、教育思想的转变、专业素养的提高起到了很大的推进作用。

3. 突出问题导向

各地各校结合《国家职业教育改革方案》(职教 20 条)、现代学徒制、产教融合、推进“三教”改革提高育人质量、启动“1+X”证书制度试点、《深化新时代职业教育“双师型”教师队伍建设改革实施方案》(职教师资 12 条)、《关于推进 1+X 证书制度试点工作的指导意见》等方针政策,开展苏州市本土化研究。

各地各校结合重点项目、重点课题,开展基于学生培养、教师发展的热点问题研究,加强对职业学校学生职业素养与职教教学改革的思考和探讨。

(五)学业水平考试

根据省教育厅、省考试院以及疫情防控的相关要求,苏州市调整了学考工作领导小组,明确考试组织实施的相关任务分工,多次组织考点学校负责人会议,加快标准化技能考点建设,认真组织实施试考及模考。

2020 年全市 24 所学校参加学考,报名参加专业技能考试人数为 10205 人,文化课考试人数 11105 人。

(六)参与各类大赛

1. 各类技能大赛

2020 年全市选手在江苏省职业院校技能大赛中获得 48 个一等奖、108 个二等奖、109 个三等奖(见图 4),获奖率全省第一(83.9%),积分全省第二,金牌数全省第三。

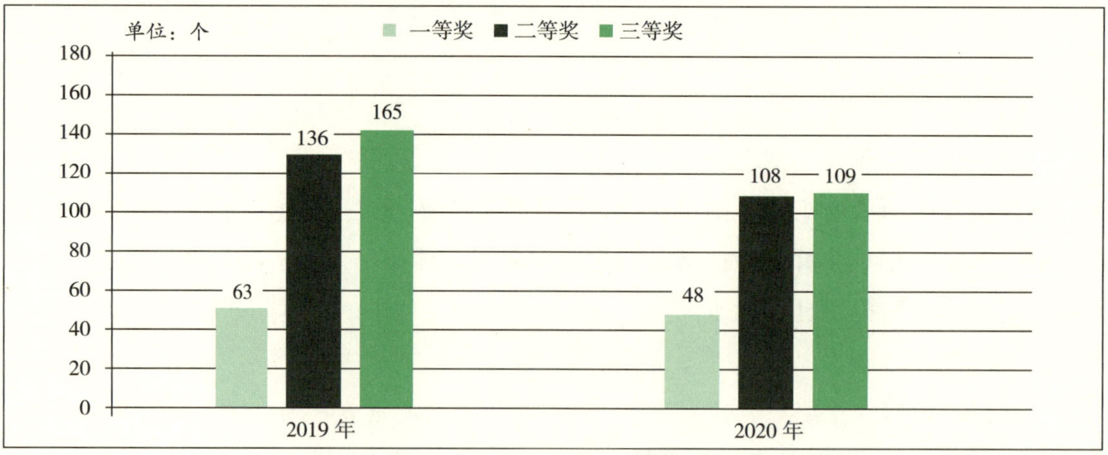

图 4 2019、2020 年职业院校技能大赛省赛成绩对比图

(数据来源:2019、2020 年苏州市各职业学校统计汇总)

组织开展 2020 年苏州市职业学校技能大赛,比赛分别在姑苏区、张家港、常熟、昆山、

太仓、吴江、相城、园区8个赛区共16个赛点举行。全市各职业学校共有2090名师生参加了55个项目的比赛。

全市有5所学校，作为2020年江苏省职业院校技能大赛省赛赛点共承办8个项目。

2. 各级教学大赛

全市教师积极参加省、市两级教学大赛，2020年江苏省职业院校教学大赛（中职组），经过网上作品评审、现场教学两个环节，最终省赛全市选手获得一等奖12个、二等奖13个、三等奖21个（见图5），金牌数列全省第一。

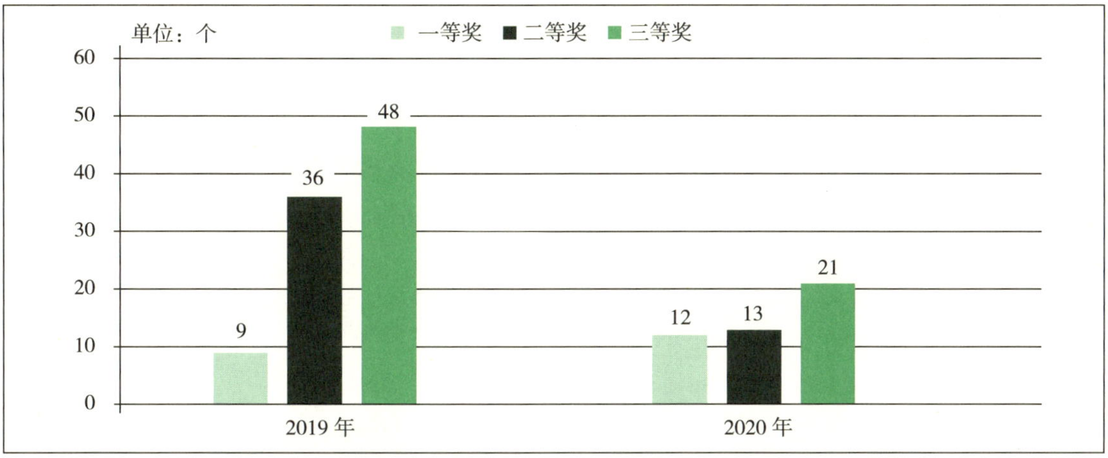

图5　2019、2020年职业院校教学大赛省赛成绩对比图

（数据来源：2019、2020年苏州市各职业学校统计汇总）

市教育局组织开展2020年苏州市职业院校教学大赛（中职组），收到作品190件，评选出一等奖20个、二等奖38个、三等奖59个。作品总量及质量较去年均有提升。（见图6）

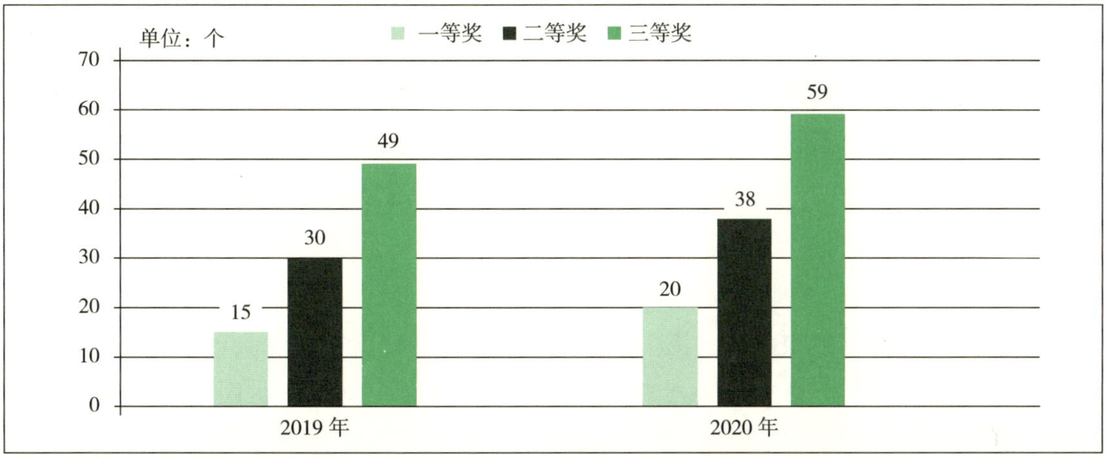

图6　2019、2020年职业院校教学大赛市赛成绩对比图

（数据来源：2019、2020年苏州市各职业学校统计汇总）

3. 班主任能力大赛

2020 年，全市职业学校完成首届全国班主任能力大赛省赛队员选拔推送工作，选送 7 名选手参加省队选拔，其中 3 名选手成功入选全国现场决赛，并取得 2 金 1 银的优异成绩。

四、校企合作

（一）校企合作开展情况和效果

2020 年苏州贯彻国务院《国家职业教育改革实施方案》、《教育部江苏省人民政府关于整体推进苏锡常都市圈职业教育改革创新打造高质量发展样板的实施意见》等文件精神，鼓励全市中等职业技术学校积极探索校企合作新模式，进一步深化产教融合。本年度校企合作开展情况整体呈现稳中有进的趋势。

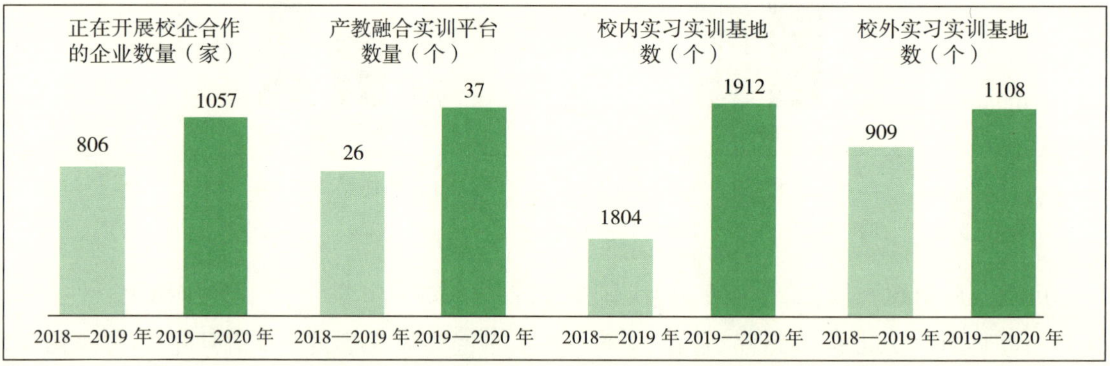

图 7　2019、2020 年度校企合作数据对比

《国家职业教育改革实施方案》指示："推动校企全面加强深度合作"。各地各校根据自身特点和人才培养需要，主动与具备条件的企业在人才培养、技术创新、就业创业、社会服务、文化传承等方面开展合作。合作企业中，不乏世界 500 强，也有服务苏州地方产业的优质特色企业。合作企业与学校的专业对口率、专业覆盖率均达到 100%。苏州市持续开展职业院校企业学院建设，认真落实《关于推进苏州市职业院校企业学院建设的意见》，市教育局组织遴选出第三批苏州市职业院校优秀企业学院（见表 12）。

表 12　第三批苏州市职业院校优秀企业学院名单（中职学校）

序号	学校名称	企业学院名称
1	江苏省相城中等专业学校	现代制造学院

续表

序号	学校名称	企业学院名称
2	苏州高等职业技术学校	亚振商务学院
3	苏州建设交通高等职业技术学校	建鑫学院
4	江苏省吴江中等专业学校	吴江酒店学院
5	江苏省太仓中等专业学校	欧托凯勃（太仓）机电企业学院
6	江苏省昆山第一中等专业学校	牧野企业学院
7	张家港市第三职业高级中学	沙钢企业学院

（数据来源：2020 年苏州市各职业学校统计汇总）

（二）现代学徒制

苏州市全面推进现代学徒制项目建设。各职业学校高度重视现代学徒制的研究与实践，及时总结经验，努力形成具有区域示范辐射影响的工作模式和改革案例，全面开创企业积极参与、校企协同合作、具有苏州特点的技术技能人才培养新格局。

2020 年度苏州工业园区工业技术学校强生医疗器械试点项目被教育部认定为第三批现代学徒制试点。常熟市职业学校整体试点项目、太仓中专加工制造类专业试点项目、苏州旅游与财经高职校园林古建专业试点项目通过省级现代学徒制试点验收。市教育局组织开展了 2020 年现代学徒制项目建设遴选，最终审定 25 个项目为市级现代学徒制建设项目（见表 13）。

表 13　苏州市职业教育现代学徒制项目建设名单

序号	项目名称	申报学校	合作企业	合作专业
1	苏旅财京东物流管理专业现代学徒制项目	苏州旅游与财经高等职业技术学校	江苏京东信息技术有限公司苏州第一分公司	物流管理
2	旅游管理专业现代学徒制项目	苏州旅游与财经高等职业技术学校	八爪鱼在线旅游发展有限公司	旅游管理
3	苏州市“度量先锋”工程造价现代学徒制	苏州建设交通高等职业技术学校	苏州市工程造价管理协会、中正建设工程管理（苏州）有限公司、江苏仁合中惠工程咨询有限公司	工程造价专业群

续表

序号	项目名称	申报学校	合作企业	合作专业
4	北京现代汽车现代学徒人才培养	苏州建设交通高等职业技术学校	北京现代汽车有限公司、苏州正旺汽车销售服务有限公司、苏州惠现汽车销售有限公司、苏州天驰新泰汽车销售服务有限公司、苏州华现汽车贸易服务有限公司	汽车检测与维修专业群
5	固锝电子现代学徒制试点项目	苏州高等职业技术学校	苏州固锝电子股份有限公司	微电子技术与器件制造
6	数字图文现代学徒制试点项目	苏州高等职业技术学校	苏州市爱欧广告有限公司	数字图文信息技术
7	基于“厂区 + 校区”协同育人永钢现代学徒制项目	江苏省张家港中等专业学校	江苏永钢集团有限公司	机械制造与自动化
8	“双核驱动两区融合”贝内克长顺现代学徒制试点项目	江苏省张家港中等专业学校	贝内克—长顺汽车内饰材料（张家港）有限公司	机电一体化技术
9	烹饪专业现代学徒制	张家港市第二职业高级中学	张家港市馨苑度假村	中餐烹饪与营养膳食
10	加特可现代学徒制联合培养	张家港市第三职业高级中学	加特可（苏州）自动变速箱有限公司	机电技术应用
11	联想云运维学院现代学徒制项目	江苏省常熟中等专业学校	联想教育集团	计算机应用技术专业群
12	旺达财务现代学徒制项目	江苏省常熟中等专业学校	常熟市旺达财务服务有限公司	会计
13	UPM 现代学徒制试点项目	常熟市滨江职业技术学校	芬欧汇川（中国）有限公司	机电技术应用
14	机电专业现代学徒制试点项目	江苏省太仓中等专业学校	舍弗勒（中国）有限公司、海瑞恩精密技术（太仓）有限公司、欧托凯勃汽车线束（太仓）有限公司、克恩里伯斯（太仓）有限公司、巨浪机床（太仓）有限公司	机电技术应用 / 机电设备安装与维修 / 机电设备维修与管理

续表

序号	项目名称	申报学校	合作企业	合作专业
15	商务助理专业群现代学徒制试点项目	江苏省太仓中等专业学校	海瑞恩精密技术（太仓）有限公司、欧托凯勃汽车线束（太仓）有限公司、慕贝尔汽车部件（太仓）有限公司、克恩里伯斯（太仓）有限公司、巨浪机床（太仓）有限公司	商务助理 国际商务
16	数控设备应用与维护专业现代学徒制人才培养	江苏省昆山第一中等专业学校	牧野机床（中国）有限公司	数控设备应用与维护
17	电子技术应用专业（群）现代学徒制试点项目	江苏省昆山第二中等专业学校	昆山丘钛微电子科技有限公司	电子技术应用专业（群）
18	高星级饭店运营与管理专业“现代学徒制”人才培养模式的改革与探索	昆山花桥国际商务城中等专业学校	昆山花桥中城假日酒店	高星级饭店运营与管理
19	“互联共通”现代学徒制人才培养项目	江苏省吴江中等专业学校	中国联通吴江分公司	计算机网络技术
20	纺织品检测与面料分析现代学徒制试点	江苏省苏州丝绸中等专业学校	苏州中纺联检验技术服务有限公司	现代纺织技术
21	汾湖职高易升班现代学徒制项目	江苏省汾湖高新技术产业开发区职业高级中学	易升电梯部件有限公司	机电应用一体化
22	中德智能制造现代学徒制	江苏省吴中中等专业学校	苏州易北教育科技有限公司	机电一体化技术 / 数控设备应用与维护
23	软件与信息服务现代学徒制	江苏省吴中中等专业学校	东软教育科技集团 苏州吴中太湖软件产业园	软件与信息服务
24	通易机械现代学徒制项目	江苏省相城中等专业学校	苏州工业园区通易机械有限公司	机电技术应用专业群
25	裕新丰田汽车现代学徒制	苏州工业园区工业技术学校	苏州裕新丰田销售服务有限公司	汽车运用与维修 / 新能源汽车技术

（三）学生实习实训

1. 规范实习实训管理

各地各校全力克服新冠肺炎疫情影响，在确保防疫措施到位、学生安全的前提下，有序组织学生开展顶岗实习。学生顶岗实习率100%，顶岗实习意外伤害险参保率100%。各校严格把关审核学生和企业签订的学生实习责任书、学生实习三方协议书，保障学生实习期间的合法权益和义务，严格执行《职业院校学生实习管理规定》的相关要求，确保实习工作顺利进展。各校建立健全了学生实习强制保险制度，按照国家有关规定，切实做好学生实习责任保险工作，为实习学生投保实习责任保险。责任保险范围覆盖实习活动的全过程，为学生安全顺利地开展实习工作提供保障。

2. 注重实习实训成效

各地各校由专门部门负责实习实训工作，对学生的顶岗实习进行全程管理、监控及考核，保障顶岗实习工作的顺利进行，保障实习实训取得预期成效。各校指定班主任为学生实习指导和专职管理人员，协助实习单位共同做好实习生的实习管理工作，及时跟踪学生的实习动态，选派专业课教师担任顶岗实习指导教师或聘请实习单位技术骨干、能工巧匠为兼职指导教师，校企共同对学生的顶岗实习进行全程的监管。实习实训成效取得多方面进步。

表 14　实习实训工位 2020 年度增长情况

序号	内容名称	2020 年度增长数	单位
1	产教融合实训平台数量	11	个
2	校内实习实训基地数	108	个
3	校内实习实训基地工位数	1621	个
4	校外实习实训基地	199	个
5	校外实训基地工位数	1152	个
6	实习工位数	2955	个

（四）职教集团

全市职业学校通过职教集团的平台建设，整合学校教育资源和企业生产资源，用于理论教学和生产实习，充分发挥各自的优势。通过职教集团，学校对接行业企业，联合开发教学资源，从而实现技术技能人才培养方案的系统设计。通过职教集团合理配置资源，建设校企协同创新机构，促进企业转型升级，将技术研发成果及时地应用于教学之中，从而实现高层次的产教融合。推动各职教集团积极组织交流活动，充分发挥各成员单位优势，通过校校、校企资源共享、优势互补，实现职教集团的增值效应，提高资源利用效率。

苏州继续发挥好职教集团的纽带作用，推进企业参与职业教育办学，推动职教集团高效运行，努力培育一批示范性职教集团。截至 2020 年，全市共有中等职业技术学校牵头组建的职教集团 11 个（见表 15）。

表 15　苏州市职业教育集团汇总（中等职业技术学校牵头）

序号	集团名称	牵头单位
1	苏州市光伏技术职业教育集团	江苏省吴中中等专业学校
2	苏州市创意职业教育集团	苏州高等职业技术学校
3	苏州市现代物流职业教育集团	苏州旅游与财经高等职业技术学校
4	苏州市现代商务职业教育集团	苏州旅游与财经高等职业技术学校
5	苏州市化工职业教育集团	江苏省太仓中等专业学校
6	苏州市现代农业职业教育集团	江苏省常熟职业教育中心校
7	苏州市现代金融职业教育集团	苏州旅游与财经高等职业技术学校
8	苏州市汽车职业教育集团	苏州建设交通高等职业技术学校
9	苏州市庆典礼仪与形象设计职业教育集团	苏州工业园区工业技术学校
10	苏州市现代电梯职业教育集团	江苏省吴江中等专业学校
11	苏州市城市轨道交通职业教育集团	苏州建设交通高等职业技术学校

五、信息化

苏州市适应“互联网 + 职业教育”发展需求，建设智慧职业教育。坚持以应用为驱动，推进信息技术与教育教学的深度融合，建设覆盖职业院校日常运行各个环节的智能终端，建立一体化智能化教学、管理与服务平台，运用大数据分析，开展学情分析、教学过程监测和教学诊断，推动新技术支持下的教育模式变革和生态重构。

各地各校注重加快智慧校园建设，对接企业生产服务智能化流程，建设智慧课堂、智慧车间、智慧图书馆、虚拟工厂等智能学习空间，改革教学内容，创新教学方式，推行翻转课堂、行走课堂、慕课教学、虚拟仿真实训、在线学习，构建线上线下协同教育新体系。遵循移动互联时代学生思维方式与认知规律，以信息技术提升办学质量，推动学校管理方式、教师教学手段和学生学习形态信息化。

（一）信息化基础设施与应用平台建设

1. 推动智慧校园建设

各地各校依托江苏省智慧校园建设标准，按照“顶层设计、应用驱动、分步实施”的建设原则推动各职业学校智慧校园建设。2020 年，新增 2 所职业学校为江苏省职业学校智慧校园立项建设单位，累计 13 所学校立项建设。苏州高等职业技术学校、苏州建设交通高等职业技术学校、苏州旅游与财经高等职业技术学校被评为苏州市首批智慧校园发展水平四星级学校。

表 16　2020 年江苏省职业学校智慧校园拟通过项目

序号	学校名称	项目名称
1	江苏省昆山第二中等专业学校	智慧校园
2	江苏省苏州丝绸中等专业学校	智慧校园

表 17　苏州市首批智慧校园发展水平四星级学校

序号	学校名称
1	苏州高等职业技术学校
2	苏州建设交通高等职业技术学校
3	苏州旅游与财经高等职业技术学校

2. 提升信息化管理水平

各职业学校加强信息化平台系统建设，实现学校相关业务的信息化管理，逐步构建“智慧学习、智慧管理、智慧生活”的智慧校园框架。

（二）优质数字资源共建共享

2020 年，各地各校注重开发内容丰富的网络教学资源平台，实现数据资源共享，加强信息技术与教育教学的深度融合，构建线上线下协同教育新体系，推动新技术支持下的教育模式变革和生态重构，数字资源量较 2019 年有明显增加。

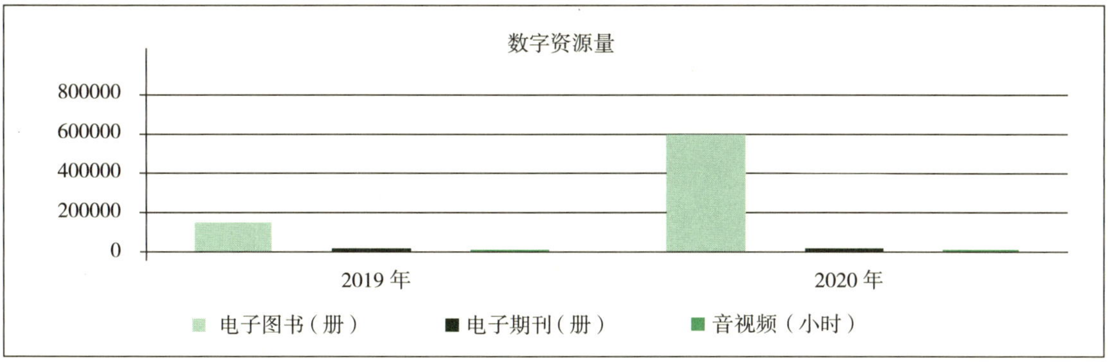

图 8　2019、2020 年苏州市中等职业学校数字资源量对比图

（三）信息化服务质量提升

各地各校积极拥抱教育信息化改革，遵循移动互联时代学生思维方式与认知规律，推动教师教学手段和学生学习形态信息化。组织开展信息化教学大赛及相关培训，不断提升教师信息化水平。提升广大师生的信息素养和驾驭信息技术的能力，提高学校教育信息化的应用水平和效能，倡导智慧课堂，创新教学模式，实现精准教学，让学习真正发生在学生身上。特别是在疫情期间，围绕着“停课不停教，停课不停学”的主线，打造适合学生的线上教学园地。

六、社会贡献

（一）人才支撑

苏州市中职学校 2020 届毕业生 18956 人，就业率达 96%，对口就业率达 95%，为苏州市、江苏省和长三角地区经济社会发展提供了有力的技术技能人才支撑。各学校加强技术技能人才培养，深化校企合作，发挥专业优势，服务地方经济发展，准确把握职业教育产教融合的基本内涵和要求，明确人才培养方向，集教育教学、生产劳动、情操陶冶、技能提升、科技研发和社会服务于一体，实现了“五个对接”，即专业设置与产业需求对接、课程内容与职业标准对接、教学过程与生产过程对接、毕业证书与职业资格证书对接、职业教育与终身学习对接。

对就业学生跟踪调查发现，毕业生从事第一产业、第二产业、第三产业人数比例分别为 0.19%、39.34%、60.47%，表明应苏州地方产业转型升级的需要，全市中职毕业生就业主要集中在以财经商贸、信息技术为主的第三产业，其次是以加工制造为主的第二产业。

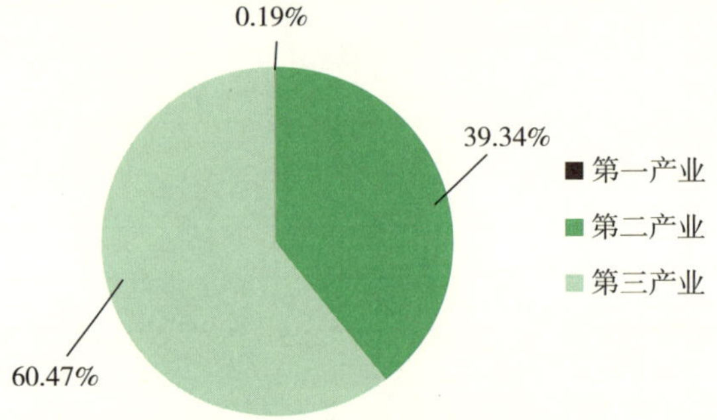

图 9　2020 年苏州市中等职业学校毕业生就业产业分布图

（数据来源：2020 年中等职业学校毕业生就业情况表）

同时，对毕业生的就业去向、就业地域、就业地点、就业渠道调研发现，直接就业的中职毕业生有 68% 去向机关和事业单位，7% 从事个体经营，其他去向占了 25%；绝大多数毕业生都选择留在本地就业，达到就业人数的 92%，异地就业占 8%；就业地点以城区为主、镇区为辅，分别占 63% 与 33%；中职毕业生的就业渠道以学校推荐就业为主，占就业渠道的 75.42%，其他渠道的占 24.45%，中介介绍仅占 0.13%。

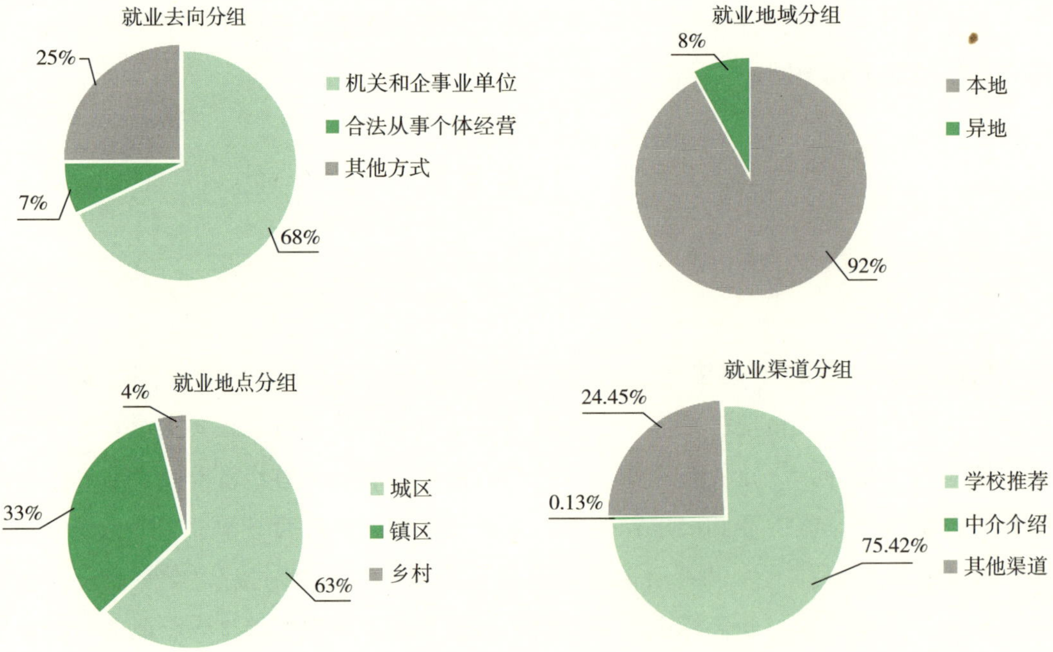

图 10　2020 年苏州市中等职业学校毕业生直接就业情况分布图

（数据来源：2020 年中等职业学校毕业生就业情况表）

苏州市中职毕业生就业排前 7 位的行业依次是财经商贸、加工制造、信息技术、旅游服务、文化艺术、交通运输和土木水利。

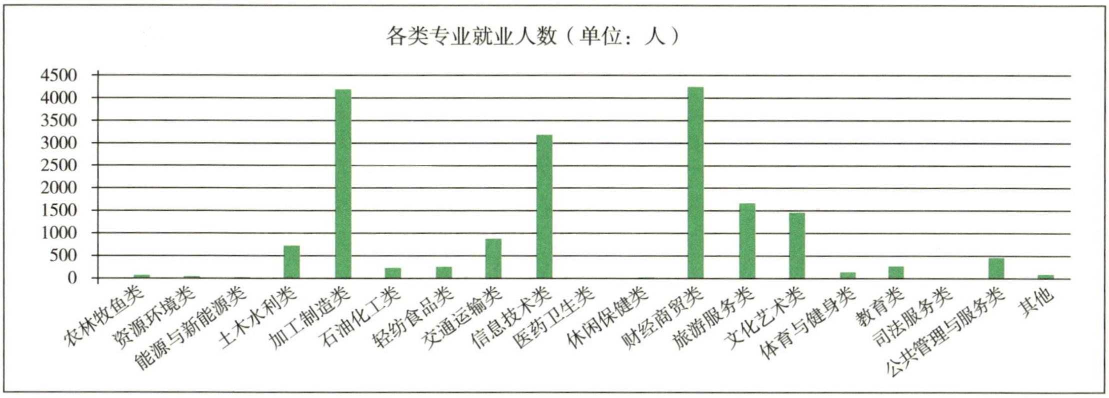

图 11　2020 年苏州市中等职业学校毕业生各类专业就业人数情况分布图

（数据来源：2020 年中等职业学校毕业生就业情况表）

（二）社会服务

全市各中等职业学校坚持将服务社会作为中职教育的重要职责，坚持学历教育和技能培训并举，积极主动承担社会培训任务，多形式地开展面向社会的各类技能培训，不断扩大培训规模。

1. 拓展培训功能

全市各职业学校发挥自身专业设施设备及人才的优势，帮助区域企业进行升级改造，取得了较好的经济效益。全年提供技术技能培训服务 6503 人次，培训新型职业农民 2164 人次，培训退役军人 13558 人次，共计 22225 人次。

2. 开放教育资源

全市各中等职业技术学校积极发挥专业技能优势，推动职业教育资源面向基础教育开放，提升中小学综合实践活动课程、劳动与技术课程学习实施水平，面向中小学生建设职业体验中心 14 个，通过开展综合实践和职业体验活动，弘扬工匠精神，引导学生们体验职教的乐趣和专业技艺的魅力，促进“普职融通”。

（三）对口支援

苏州市职业教育与贵州铜仁、陕西周至、新疆、西藏等地积极开展了职教对口帮扶工作，开展精准扶贫项目 15 个。苏州市中等职业学校认真落实职业教育脱贫攻坚相关任务，对口帮扶学校 20 所，其中帮扶省外学校 19 所，比 2019 年增长 30% 以上，取得了显著成果。

1. 致力扶贫助教

全市各职业学校建立相应组织机构，与对口帮扶学校合作，建立健全了结对帮扶工作领导小组，建立相应协调联系制度，认真制订切实可行的年度计划和目标，做到对口支援工作的机构落实、计划落实、人员落实、经费落实。推进落实《苏州市—铜仁市东西部扶贫协作职业教育千人培养计划》，采取“1+2、2+1”人才培养模式，与结对学校联合办学，进一步加强两市中职学校的对口合作，明确了两市教育的合作方向。

2. 推进政校联动

明确职业教育业务部门在职业教育扶贫协作中的主体责任，做到职教扶贫工作“四扎实”。职业教育分管领导亲力亲为、全程参与项目推进，全力研究解决问题。全市首批遴选了13所办学水平高的中职学校与铜仁的中职学校继续开展一对一帮扶协作。各职业学校始终把职业教育东西协作结对帮扶工作列为常态化工作，实现“规定动作做到位，自选动作创特色”。

3. 强化示范引领

各地各校积极指导帮扶学校开展专业建设，为实训基地援助相关实施设备，共同研讨修订人才培养方案，开放共享课程教学资源，帮助其开展精品课程建设，组织技能大赛优秀指导教师进行竞赛标准解读等，实现了精准帮扶。为深化产教融合、校企合作，发挥校企合作在职教扶贫中的重要作用，全市遴选推荐了部分优秀校企合作企业作为扶贫助教学校的意向合作单位，共同参与合作办学，开设智能制造、电子信息、汽车维修、酒店管理等专业的“订单班”。

4. 彰显帮扶特色

市职业教育在紧锣密鼓地对口帮扶铜仁地区教育的同时，也一如既往地有序开展对新疆、西藏、陕西等地的帮扶工作，将精准帮扶、高效帮扶落到了实处（见表18）。

表18　2020年苏州市中等职业教育对口帮扶其他区域项目情况

区域	帮扶学校	帮扶对象	帮扶形式
新疆	苏州旅游与财经高等职业技术学校	伊宁市霍尔果斯中等职业技术学校	支教
	江苏省昆山第一中等专业学校	新疆克州职业技术学校	支教
西藏	江苏省吴中中等专业学校	西藏	西藏中职班
陕西	江苏省太仓中等专业学校	陕西周至职教中心	支教

（数据来源：2020年苏州市各职业学校统计汇总）

（四）国际合作情况

2020年，全市各中等职业技术学校以更加开放的理念开展苏州职业教育国际交流与合作，积极引进国际先进职业教育理念、标准和资源，借鉴国际成功职教办学经验。上半年，受疫情冲击，一些学校的部分交流项目转入云端进行。下半年，在做好疫情防控工作的基础上，各职业学校重点打造以中德合作为主的国际合作办学特色，与德国、日本、加拿大等国家和地区建立紧密合作伙伴关系，有共建培训中心、引进国际考证项目、参与国际组织项目、缔结国际友好学校等多元化的国际合作样式。2020 年全市各中等职业技术学校进一步加强国际合作，全年累计合作项目 43 个，引进国（境）外行业标准 17 个，引进国（境）外课程标准 57 个，累计国（境）外人员培训量 95 人次。

（五）服务抗疫

苏州市贯彻落实国家、省、市文件要求，各职业学校一手抓疫情防控，一手抓教育教学，全力筑牢校园安全防线，坚决打赢学校疫情防控工作阻击战，服务抗击新冠肺炎疫情志愿者达 7815 人次，提供抗击新冠肺炎疫情物品价值共计 145853.7 万元。

一是迅速反应，抓牢最佳防控窗口期。各地各校第一时间落实市教育系统防控专题会议精神，第一时间制定各项防控工作方案，第一时间开展全校师生员工健康状况的全面排查。落实各级各类学校防控文件、指南、预案要求；通过微信公众号、学校官网等渠道及时发布疫情防控提示警示；动态排查师生员工情况，做到实时掌握、每日报告，为防控研判提供依据；积极响应“停课不停学”的号召，完成近百门网络课程的录制；建立家校沟通联系机制，开通 24 小时咨询热线供广大家长咨询联系；服务学生实习实训，探索利用虚拟实操等教学方式妥善解决实习时间减少的问题，并利用网络视频开设就业课程，帮助学生掌握求职技巧。

二是“三化”三案，严把复学复课防疫关。各地将校园作为疫情防控主战场，多措并举做好学校疫情防控工作。优化开学工作方案，针对职业学校生源面广，学生量大，住宿学生多的现状，挖掘校内空间、协调校外空间，设置相对独立的隔离场所，做好隔离场所的使用安排；重点做好学生返校途中、进校环节、入校之后等关键时间段的防护指导。细化“一校一策”校园防控预案，科学制定食堂就餐预案，实行师生员工分时段分批次就餐，以单面就餐、加餐桌隔离栏等方式，加强餐前餐中餐后的防控保护；及时做好校园消杀、师生员工心理健康防控等各项工作。强化物资保障方案，将学校物资配备作为防控工作的重中之重，明确校园防控物资种类和标准，对标省教育厅最新要求，配齐配足防控物资，并为家庭条件困难的学生免费提供物资。

三是联防联控，织密校园安全防控网。各校牵头组建了由属地街道、公安、城管、卫生、市场监管等部门组成的工作专班，定人定岗、联防联控；邀请卫生、公安、消防等部门专家对教职员工进行疫情防控培训和应急演练指导；完善了校园防控一日工作流程和疫情报告、晨午检、清洁消毒管理等各项制度；将中高风险地区返苏师生员工的健康管理作为严把复学准备关的重要抓手，对开学后因故无法及时返校的学生，制定个性化辅导方案，确保“不落一人，不缺一课”，全力以赴抓好疫情防控措施落地落实。

七、政府履责

（一）政策措施

1. 强化制度保障

各地各校结合国家、江苏省关于职业教育改革新要求，全面落实国务院《国家职业教育改革实施方案》、《省政府关于加快推进职业教育现代化的若干意见》要求，苏州先后出台《关于加快发展全市现代职业教育的实施意见》《苏州教育均衡、优质发展三年行动计划（2018—2020 年）》等文件，2019 年 10 月出台《关于深化产教融合的实施意见》，2020 年 3 月印发《关于加快推进职业教育现代化的实施意见》，不断完善顶层设计。

2. 强力推动落实

全市积极贯彻落实职教政策，市委、市政府迅速有力落实上级部门要求，围绕全市教育改革与发展的大局予以推进，统筹协调各级各部门明确责任、加强配合，为促进职业教育发展提供坚实的保障。

3. 深化产教融合

苏州积极创建产教融合试点城市。开展“产教融合型企业”等项目培育建设，厚植企业承担职业教育责任的社会环境，推动职业院校和企业形成命运共同体。苏州市教育局研究起草了《关于深化产教融合的实施意见》，引导行业部门和组织对职业教育工作的指导，推动职业院校和行业企业以专业为依托，围绕人才培养、招生就业、专业建设、课程教学、师资队伍建设、实训实习基地建设等方面深入合作，优化人才供给结构，精准对接市场需求。建设一批优秀企业学院和职业教育集团，充分发挥企业主体作用。

4. 探索合作新路

苏州市教育局制定出台《关于全面推行现代学徒制的实施意见》，在前期各校试点的基础上，全面开展市级现代学徒制项目遴选建设。组建面向全市 17 所高职高专院校的协调机构——苏州高职高专院校联席会议，下设教学、学工、后勤和产教四个联盟。其中产教联盟牵头遴选建设了 34 个校企合作示范组合，53 个定点实习企业。2020 年，全市 12 家企业入选江苏省首批产教融合型试点企业，占全省的 14.8%。

（二）经费保障

苏州市高度重视职业教育发展，建立公共财政对职业教育投入的正常增长机制，保证地方教育费附加用于职业教育的比例不低于 30%。适应技术技能人才培养需要，不断提高职业教育生均经费标准，中等职业学校生均财政公用经费达到当地普通高中的 1.5 倍。优化财政生均拨款制度，实行财政性经费与办学绩效、教育质量、本地就业率等因素挂钩的拨款方式。多次召开职业教育调研会、座谈会，及时协调解决职业教育校企合作、经费筹措问题。重视中职学校的办学经费保障，出台了多项制度性保障政策，为中职教育进一步发展提供了坚实的经费保障。2019—2020 学年，苏州市中等职业教育年生均财政拨款 31340.31 元，其中年生均财政专项经费 4911.93 元，年生均预算内教育经费 22915.56 元（见表 19）。财政拨款落实到位，整体健康发展。

表 19　苏州市中等职业学校落实政策情况

序号	指标	单位	2018—2019 学年	2019—2020 学年	增量
1	年生均财政拨款水平	元	27394.84	31340.31	3945.47
2	其中：年生均财政专项经费	元	4649.69	4911.93	262.24
3	年生均预算内教育经费	元	19039.85	22915.56	3875.71

（数据来源：2020 年苏州市各职业学校统计汇总）

苏州市重视专项经费落实和使用工作，确保省、市各项专项经费及时到校，确保专项经费专款专用，同时，督促各中职学校加强各项开支的预决算管理，确保专项用到位，服务学校师生，服务教育发展。

八、特色做法

（一）细化体系建设，拓宽上升渠道

苏州市贯彻落实《国家职业教育改革实施方案》和《省政府关于加快推进职业教育现代化的若干意见》等文件要求，坚持中等职业教育基础地位，根据经济社会发展和学生发展需求，进一步明晰中职教育办学定位，持续响应宏观层面的国家战略需求，满足更高质量更充分的就业需要，由注重培养一技之长转变为更加注重学生全面发展，由就业教育转向生涯教育。大力拓展职业教育上升通道，2020 年全市获批“3+3”中高职分段培养项目 98 个，获批“3+4”分段培养项目 7 个，满足地方经济社会发展对高素质技

术技能人才的需要，让每个孩子都有人生出彩的机会。

（二）强化制度保障，增强区域贡献

市教育局全面落实国务院《国家职业教育改革实施方案》、《省政府关于加快推进职业教育现代化的若干意见》要求，以市政府名义印发了《关于加快推进职业教育现代化的实施意见》，不断提升职业教育办学水平和人才培养质量，引领苏州职业教育现代化发展进程。紧抓苏锡常都市圈职业教育改革创新试验区建设的契机，紧贴长三角生态绿色一体化发展示范区建设的机遇，立足苏州，面向苏南，服务长三角一体化，辐射长江经济带。草拟《长三角生态绿色一体化发展示范区“新职教产业园”总体构想》《苏州市推进苏锡常都市圈职业教育改革创新打造高质量发展样板实施方案》，以高质量的实践成果、理论成果，打造新时代中国特色职业教育的“苏州样板”。

（三）深化“三教”改革，提升教学质量

苏州市中职教育不断深化“三教”改革，以教师为根本、教材为基础、教法为途径，激活中职教育迈向高质量发展的新动能。

“谁来教”是育人根本问题。苏州市推动企业工程技术人员、高技能人才和学校教师双向流动，提高教师的实践能力和综合职业素质。苏州市中职组教师在2020年江苏省职业院校教学大赛中获得的金牌数列全省第一。

围绕“教材”建设，苏州建设交通高等职业技术学校依据课程标准重组教学内容，编写和开发项目式、手册式、活页式教材，在内容上打破原有课程体系、融入“X”证书标准，突出其应用性与实践性。

坚持“教法”为育人手段，广泛运用体验式、现场式、角色扮演式等教学方法，运用AI、大数据等探索基于现代信息技术的新型教学手段。运用信息技术开展教学过程监测、学情分析和学业水平诊断，精准评估教与学绩效，有效提升教学质量。

九、挑战与展望

（一）主要问题

1. 职业教育服务经济社会发展的能力有待进一步提升

当前，苏州正努力建设具有国际竞争力的现代产业名城，高标准建设具有国际竞争力的先进制造业基地，打造现代服务业增长新高地，推动现代农业提质增效，在新一代

显示、生物医药、机器人及智能硬件、高端装备、汽车及零部件、软件和信息服务、集成电路、新能源、新材料等领域打造一批千亿级优势产业集群，迫切需要大批高素质技术技能人才的支撑。对此，苏州职业教育仍有许多不适应的地方。职业教育需要及时更新发展理念，在专业设置、装备提升、师资培养、教学改革等方面，努力与苏州市现代产业相匹配。

2. 职业教育体制机制有待进一步完善

以“放管服”为核心的政府、社会、学校多元治理格局尚未形成。职业学校自主办学受到较多制约，在专业设置、招生考试、师资招聘、绩效分配等方面缺乏自主权，办学积极性普遍不高，办学活力没有得到充分释放。民办职业教育的发展存在瓶颈。公办与民办职业教育虽然享有相同的法律地位，但在职称评定、社会保障、评优评先、社会尊严感方面存在较大差距。

3. 职业教育的作用和地位有待进一步提高

受传统观念和就业导向的影响，技能型人才的社会地位普遍不高，没有得到应有的尊重,这均导致职业教育吸引力不强。让孩子进入职业院校读书,成为家长们的无奈选择，“差生”成了职校生的代名词，“差校”成了职校的代名词。普高扩招的新形势，将进一步强化家长对普高的选择，职业院校的生源数量和质量将会急剧下降，办人民满意的职业教育将更加艰难。

（二）未来展望

1. 推动职业教育与区域经济社会融合发展

推动职业教育和人口分布相适应、与主体功能区相匹配、与产业园区相对接。实施职业教育质量提升工程，打造一批与苏州产业转型升级相适应的专业群和课程群，建设一批集区域技术技能人才培养中心、技能教学研究中心、技术创新推广中心、创业孵化中心于一体的职业学校现代化实训基地，不断提升职业教育的服务能力。坚持促进就业的方向，把就业质量作为办学水平考核的重要指标。

2. 深化职业教育与行业企业融合发展

进一步完善校企合作制度设计。规范校企合作行为，调动职业学校和企业的积极性，进一步明确政府等相关部门在推动校企合作中的职责，全面提升校企合作水平。推动多校多企集群式合作。推动中职学校和行业企业以专业为依托，围绕人才培养、招生就业、专业建设、课程教学、师资队伍建设、实训实习基地建设等方面深入合作，优化人才供给结构，精准对接市场需求。建设一批优秀企业学院和职业教育集团，充分发挥校企双主体育人的作用。

3. 加快职业教育与信息化建设融合发展

加快智慧职业教育步伐。坚持以应用为驱动，推进信息技术与教育教学的深度全面融合。创新应用新一代信息技术，建设覆盖学校日常运行各个环节的智能终端，建立智能化管理平台，强化关键事务的全过程、精细化、智能化管理。加快全市中职学校智慧校园建设，对接企业生产服务智能化流程，改革教学内容和方法，建设智慧课堂、智慧车间、智慧图书馆。适应学生智能化学习需求，推行各类在线学习，提升教师信息化教学水平，构建线上线下协同教育新体系。

（本文由苏州市教育局高等教育与职业教育处提供）

苏州市2020年义务教育学业质量监测公告

为深入贯彻落实中共中央国务院《关于深化教育教学改革全面提高义务教育质量的意见》和苏州市教育局《关于加强教育质量监测工作的意见》的相关要求，受苏州市教育局和苏州市人民政府教育督导室委托，苏州市教育质量监测中心于2020年9月组织实施了全市第六次义务教育学业质量监测，旨在深入了解苏州市各初中学校办学质量，充分把握各初中校学生学业水平，建立体现素质教育要求、以学生发展为核心、科学多元的义务教育质量评估监测体系，引导学校全面实施素质教育，规范办学行为，减轻学生学业负担，促进苏州市义务教育质量的全面提升。

一、监测对象与内容

（一）监测对象

本次监测对象为苏州市辖10个市（区）2020—2021学年度所有初中学生和主要学科初中教师，共计参测学校277所，学生287546名。

学科测试共剔除205份无效试卷，有效参测人数共计287341人，有效参测比例约为99.9%。其中，初一103818人参测，剔除68份无效试卷，有效参测比例约为99.9%；初二96769人参测，剔除43份无效试卷，有效参测比例约为100%；初三86959人参测，剔除94份无效试卷，有效参测比例约为99.9%。

学生相关因素问卷调查共剔除1233份无效问卷，有效参测人数共计286313人，有效参测比例约为99.6%。

通过对初一年级学生倒追至小学的方式，共追踪到苏州市2020届小学毕业生99866名，涉及小学共487所。小学教师未参测。

参测教师方面，全市各区域排除了新教师、上学年外出交流不在本校的教师，所有初中学校的语文、数学、英语、物理、生物、地理、体育、音乐、美术、劳技学科教师全员参测，参测教师总人数为16736人，剔除182份无效问卷，有效参测人数共计16554人，有效参测比例约为98.9%。

参测对象基本信息如下：

表 1　2020 年监测对象基本信息[①]

区域	参测学校数（所）	年级	实测学生数（人）	有效参测数（人）	有效参测比例	参测教师数（人）
苏州市	277	初一	103818	103750	99.9%	16736
	269	初二	96769	96726	100.0%	
	261	初三	86959	86865	99.9%	
张家港市	34	初一	12845	12839	100.0%	1932
	33	初二	12184	12182	100.0%	
	33	初三	11150	11146	100.0%	
常熟市	39	初一	10847	10838	99.9%	2019
	39	初二	10545	10541	100.0%	
	37	初三	10426	10404	99.8%	
太仓市	16	初一	6427	6422	99.9%	1054
	16	初二	6048	6046	100.0%	
	16	初三	5685	5677	99.9%	
昆山市	35	初一	17850	17835	99.9%	2364
	35	初二	15821	15819	100.0%	
	35	初三	14084	14070	99.9%	
吴江区	39	初一	12294	12284	99.9%	2190
	39	初二	11863	11860	100.0%	
	37	初三	10697	10685	99.9%	
吴中区	29	初一	10156	10148	99.9%	1632
	29	初二	9373	9356	99.8%	
	29	初三	8497	8481	99.8%	
相城区	19	初一	6157	6153	99.9%	1024
	16	初二	5693	5693	100.0%	
	16	初三	5358	5357	100.0%	

① 2020 年苏州市参测学校有 277 所。其中，273 所为 10 个市（区）的参测初中校，4 所为代管学校。表 1 主要呈现 10 个市（区）的参测对象基本信息，未具体呈现代管学校信息。

续表

区域	参测学校数（所）	年级	实测学生数（人）	有效参测数（人）	有效参测比例	参测教师数（人）
苏州工业园区	25	初一	10260	10257	100.0%	1680
	24	初二	8931	8930	100.0%	
	23	初三	7022	7018	99.9%	1680
高新区	16	初一	7598	7593	99.9%	1103
	14	初二	7092	7083	99.9%	
	13	初三	5966	5956	99.8%	
市直属	21	初一	8719	8717	100.0%	1624
	20	初二	8557	8554	100.0%	
	18	初三	7571	7568	100.0%	

（二）监测内容

本次监测包括学科测试和问卷调查两部分。学科测试内容为义务教育阶段学生语文、数学、英语、科学四科的学业质量。问卷调查包括学生问卷和教师问卷。学生问卷重点关注学生的成长背景、一般学习行为、身心健康、学习品质、学业负担和学业支持等相关影响因素。教师问卷主要调查学校的内涵建设、教师教学、职业状态和学校满意度等情况（见图 1）。

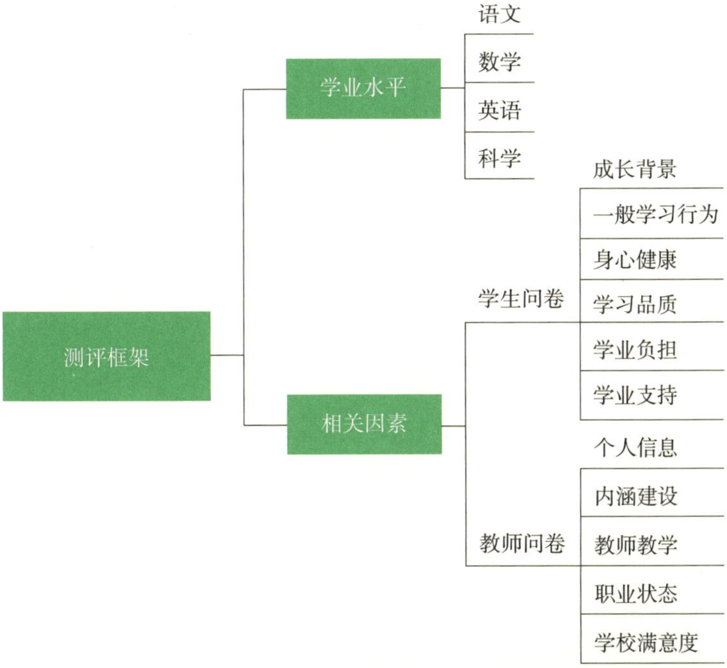

图 1　测评框架

二、学业表现状况

本次监测采用量尺分数来呈现学生的总体学业水平。量尺分数是根据学生的作答情况，采用项目反应理论模型得到学生能力分数后再转换成的测验标准分数。量尺分数具有不受测试题目差异和题目难度影响的特点，从而使得同一年度中以及不同年度间完成不同测试卷的学生分数具有可比性。本次监测将各年度各学科量尺分调整为苏州大市量尺分数得分为 500 分，标准差为 100 分的呈现形式。

区域间学业质量的均衡性仍显不足。监测结果显示，苏州市 10 个区域之间学业成绩发展仍存在一定差异。在四门学科上得分最高的区域与得分最低的区域之间均存在差值，尤其是英语学科学生学业表现的区域间差异较大，最大差异达到了 88 分（见表 2）。

表 2　各区域 2020 年各科学业成绩比较

单位：分

区域	语文			数学			英语			科学	
	初一	初二	初三	初一	初二	初三	初一	初二	初三	初一	初三
A	471	489	494	476	485	503	466	481	486	492	506
C	495	501	500	510	505	502	485	494	500	485	500
D	497	487	497	511	484	481	501	489	493	494	484
E	504	500	505	503	510	512	509	511	515	508	508
F	492	486	483	490	491	487	486	486	481	499	493
G	476	469	474	469	459	461	465	459	456	460	454
H	488	495	495	487	487	495	480	497	498	478	474
K	525	540	535	517	537	535	543	546	544	531	541
P	532	522	510	533	524	511	551	532	519	513	506
Q	530	522	517	517	516	511	529	513	521	534	524
最大值	532	540	535	533	537	535	551	546	544	534	541
最小值	471	469	474	469	459	461	465	459	456	460	454
差值	61	71	61	64	78	74	86	87	88	74	87

三、学生学业发展相关因素状况

（一）学生主观幸福感总体较高；人际支持更充分、教学支持更有效、学习品质更好的学生，主观幸福感更高

1. 小学毕业生和初中生主观幸福感总体较高，近三年保持在较高水平

“主观幸福感”是学生对自身生活质量所做的情感性和认知性的整体评价，包括生活满意度和情感体验两个基本成分，以 0~6 分赋分，中间值 3 分，分数越高，主观幸福感越高。

2018—2020 年，全市小学毕业生和初中生主观幸福感得分总体高位平稳，与全国常模进行比照，均高于全国二类地区[①]常模，这表明本市初中学生主观幸福感高于全国同类地区平均水平。三年间，小学毕业生主观幸福感的得分均高于 4.61 分，初中生主观幸福感的得分均高于 4.28 分（见图 2）。

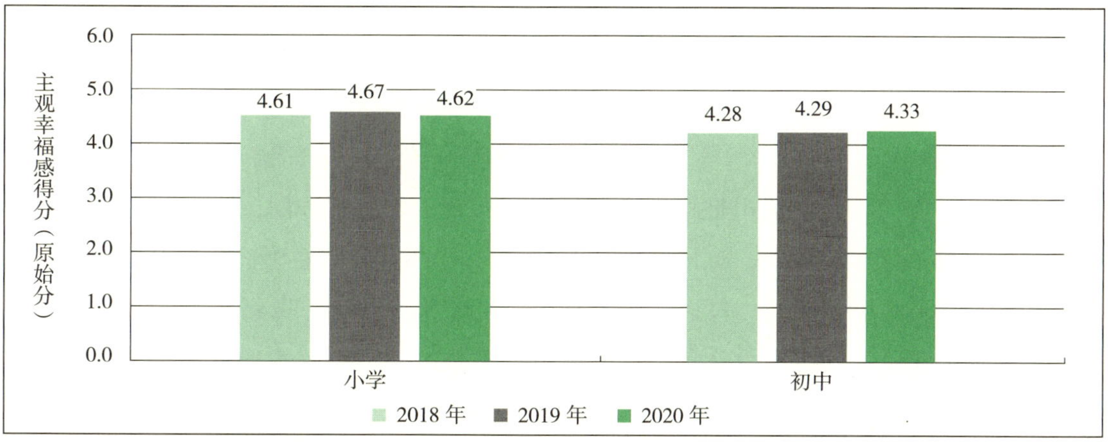

图 2　2018—2020 年苏州市小学毕业生和初中生主观幸福感得分

2. 人际支持更充分、教学支持更有效、学习品质更好的学生，主观幸福感更高

将人际支持（师生关系、同伴关系和学校归属感）、教学支持、学习品质（学习习惯、学习方法和内驱动机）得分由低到高排序，并划分为四个水平（人数各占 25%），得分最低的 25% 为水平 I，得分最高的 25% 为水平 IV，得分越高状况越好。结果显示，四个维度上得分在水平 IV 的学生比水平 I 的学生有着更高的主观幸福感（见图 3）。这表明，学生感受到的对其学业的教学支持越充分，学生的主观幸福感越高。同时，有着更好的

① 依据中国人民大学发布的“2017 中国发展指数”（袁卫，彭非，2008），第二类地区的综合发展水平较高，包括浙江、江苏、山东、辽宁、广东、吉林。

学习习惯、学习方法和更强的内驱动机的学生，主观幸福感更高。人际支持作为影响学生心理环境的重要因素也与学生的主观幸福感密切相关，有着更高人际支持水平的学生，主观幸福感更高。

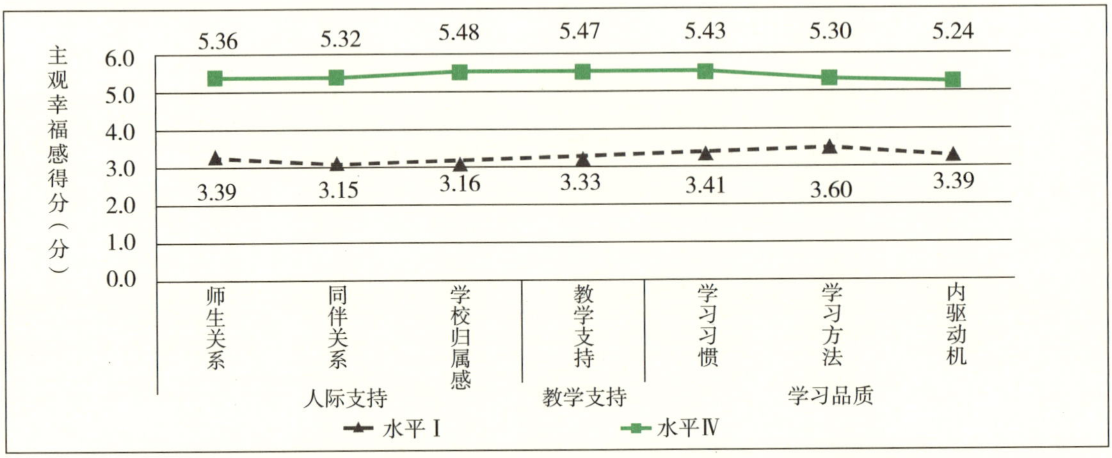

图 3　不同水平人际支持、教学支持和学习品质学生的主观幸福感得分

3. 客观学业负担和主观学业负担轻的学生，焦虑程度更轻

"焦虑"指个人预料会有某种不良后果出现时产生的紧张、心神不宁、烦躁等情绪。以 0~4 分赋分（中间值 2 分），分数越高，焦虑程度越轻。客观学业负担包括作业负担和补习负担两个方面，作业负担是指完成学校老师布置的家庭作业时间，补习负担是指学生参加学科类（语文、数学、英语等学科）校外补习的时间。主观学业负担指学生完成学业任务时相关的压力感受，包括外部压力感受和自身压力感受两个方面。

将客观学业负担和主观学业负担得分由低到高排序，并划分为四个水平（人数各占 25%），得分最低的 25% 为水平 I，得分最高的 25% 为水平 IV，得分越高，负担越轻。结果显示，客观学业负担和主观学业负担在水平 IV 的学生比在水平 I 的学生的焦虑程度更轻（见图 4）。

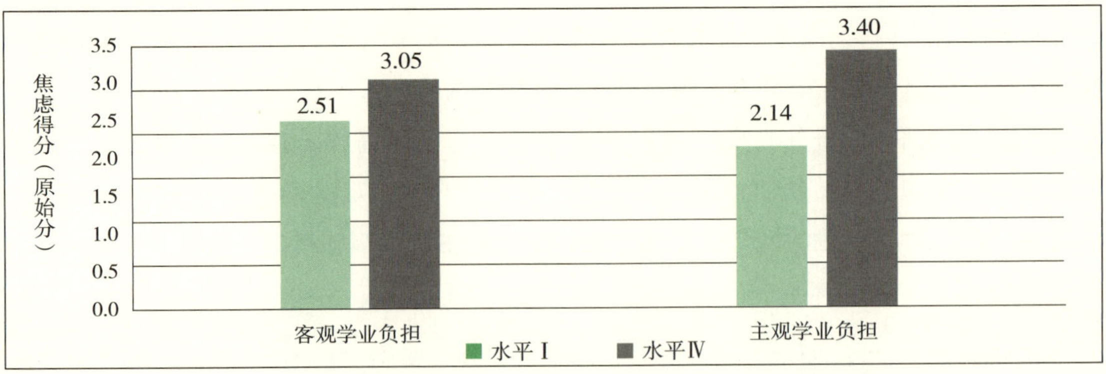

图 4　不同水平客观学业负担和主观学业负担学生的焦虑得分

（二）学生的体美劳态度、爱好与习惯情况较好；在这些方面表现好的学生，发展更全面

1. 九成以上学生具备 1 项及以上的体育爱好与特长，九成以上女生具备 1 项及以上的艺术爱好与特长，近八成男生具备 1 项及以上的艺术爱好与特长

2019 年中共中央国务院发布的《关于深化教育教学改革全面提高义务教育质量的意见》明确指出，“让每位学生掌握 1 至 2 项运动技能”“帮助每位学生学会 1 至 2 项艺术技能”。监测结果显示，九成以上学生具备 1 项及以上的体育爱好与特长，九成以上女生具备 1 项及以上的艺术爱好与特长[①]，近八成男生具备 1 项及以上的艺术爱好与特长。女生具备 2 项及以上的艺术爱好与特长的比例高于男生 27.2%（见图 5）。

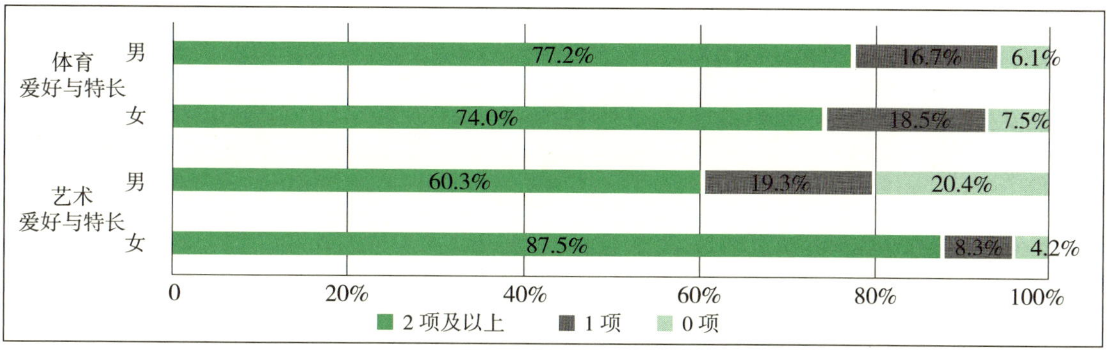

图 5　男女生具备的体育、艺术爱好与特长情况

2. 六成左右小学毕业生和初中生经常或总是做一些家务劳动

监测结果显示，全市六成左右小学毕业生和初中生能够经常或总是做一些家务劳动，仅有 2% 左右的学生从来不做家务劳动。从学段上来看，小学毕业生经常或总是做家务的比例高于初中生（见图 6）。

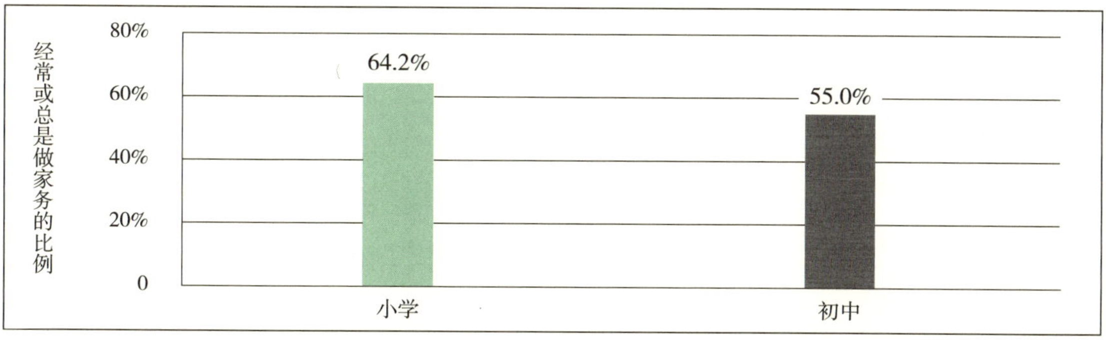

图 6　经常或总是做家务的学生比例

① 艺术爱好与特长包含了美术和音乐两个方面的爱好与特长。

3. 体美劳态度、爱好与习惯好的学生，学业成绩更好

将体美劳态度、爱好与习惯得分由低到高排序，并划分为四个水平（人数各占25%），得分最低的25%为水平I，得分最高的25%为水平IV，得分越高状况越好。结果显示，体美劳态度、爱好与习惯处于水平IV的学生学业成绩明显好于处于水平I的学生。以体育为例，体育态度处于水平IV的学生学业成绩高于水平I的学生34分，体育爱好与习惯处于水平IV的学生学业成绩高于水平I的学生21分（见图7）。

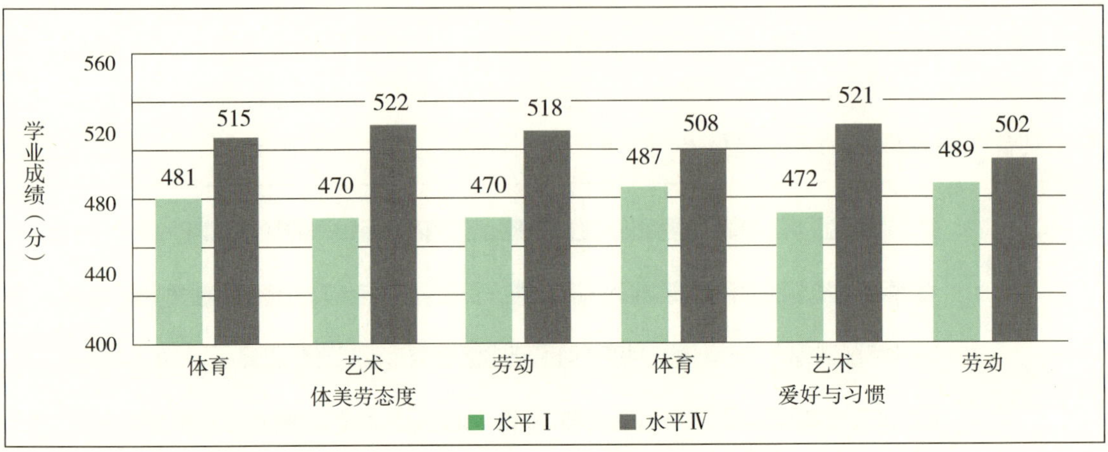

图7　不同水平体美劳态度、爱好与习惯学生的学业成绩

4. 体美劳态度、爱好与习惯好的学生，心理健康、学习品质、人际支持得分更高

监测结果显示，体美劳态度、爱好与习惯处于水平IV的学生在心理健康、学习品质和人际支持上得分均明显高于水平I的学生。以体育为例，体育态度处于水平IV的学生心理健康、学习品质和人际支持的得分分别为5.75分、5.79分和5.97分，各维度得分均比水平I学生高出1.5分以上（见图8）。

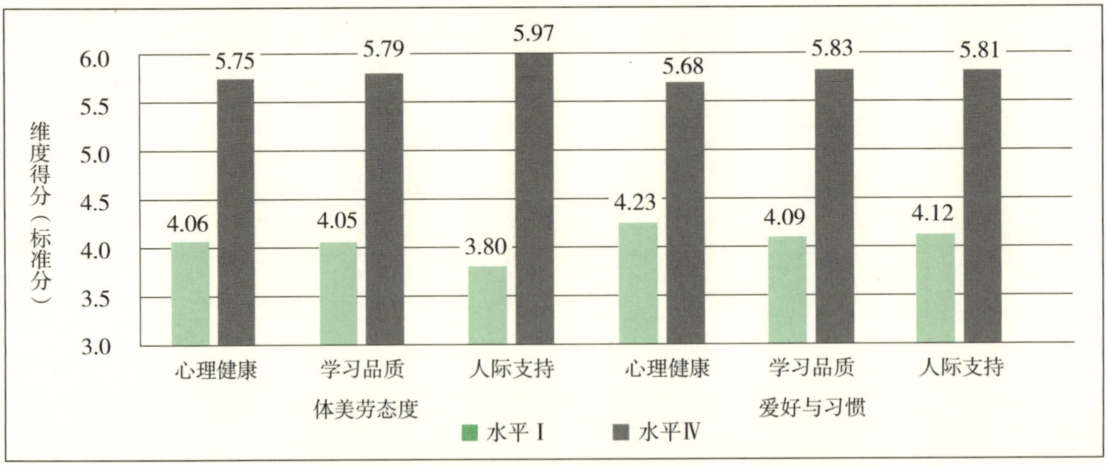

图8　不同水平体育态度、爱好与习惯学生的相关因素得分

（三）学业负担重的学生，心理健康、人际支持、学习品质和家庭教育的得分均偏低

将客观学业负担和主观学业负担得分由低到高排序，并划分为四个水平（人数各占25%），得分最低的25%为水平I，得分最高的25%为水平IV，得分越高表示负担越轻。监测结果显示，无论是客观学业负担还是主观学业负担，水平IV的学生在心理健康、人际支持、学习品质和家庭教育指标上的得分均高于水平I的学生。

具体来看，客观学业负担和主观学业负担水平IV和水平I的学生相比，差值最大的前三个指标均为焦虑、主观幸福感、学校归属感。客观学业负担水平IV的学生和水平I的学生在这三个指标上的得分差值在1分左右，主观学业负担水平IV和水平I的学生在这三个指标上得分差值在2分左右。除了这三个指标外，客观学业负担重的学生在学习习惯上得分也偏低，主观学业负担重的学生在家长的生活陪伴上得分也偏低。（见图9、图10）

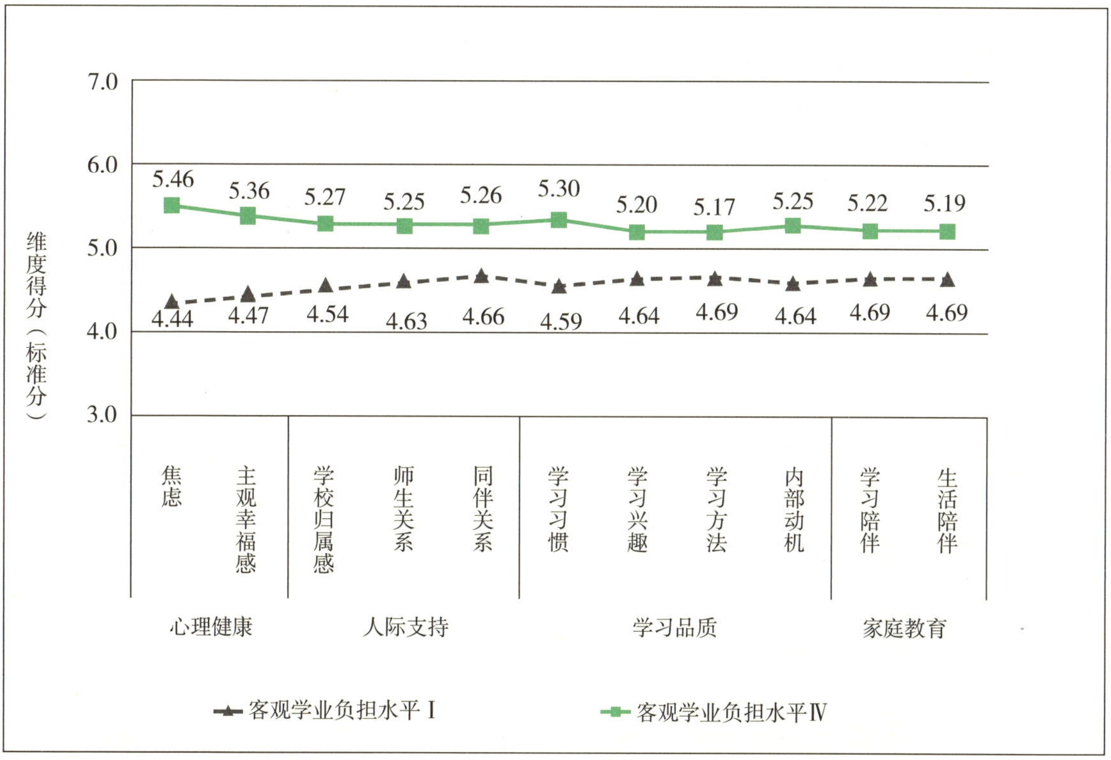

图9　不同水平客观学业负担学生在相关因素各指标上的得分

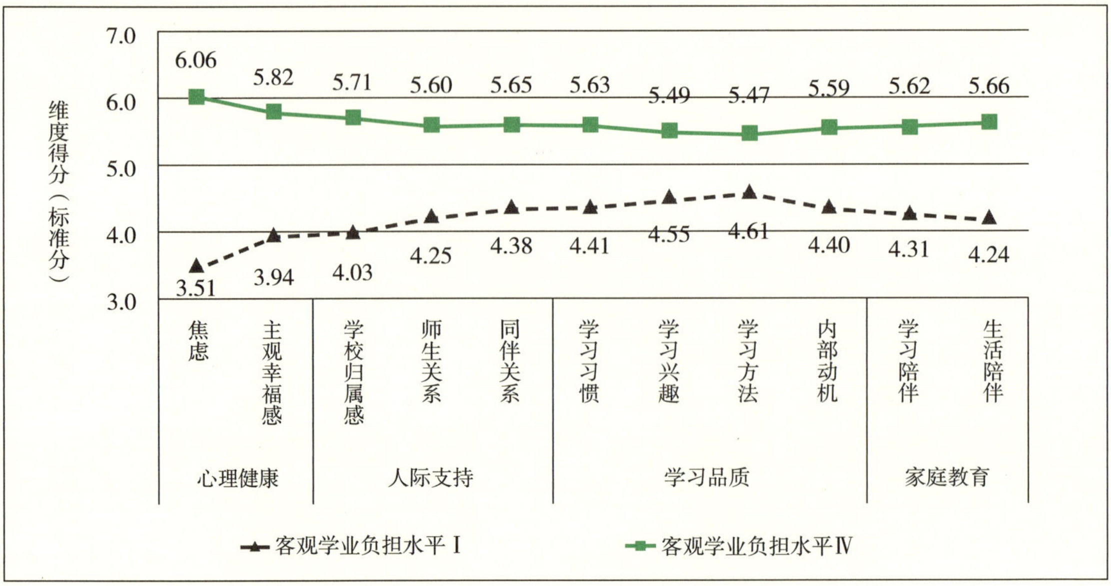

图 10　不同水平主观学业负担学生在相关因素各指标上的得分

（四）母亲是孩子学习的主要陪伴者；家长支持型行为多、干扰型行为少，学生的学业成绩、学习品质和心理健康更好

1. 母亲是孩子学习的主要陪伴者

监测数据显示，七成左右小学毕业生和初中生学习的主要陪伴者是母亲，父亲陪伴孩子学习的比例不足 25%（见图 11）。

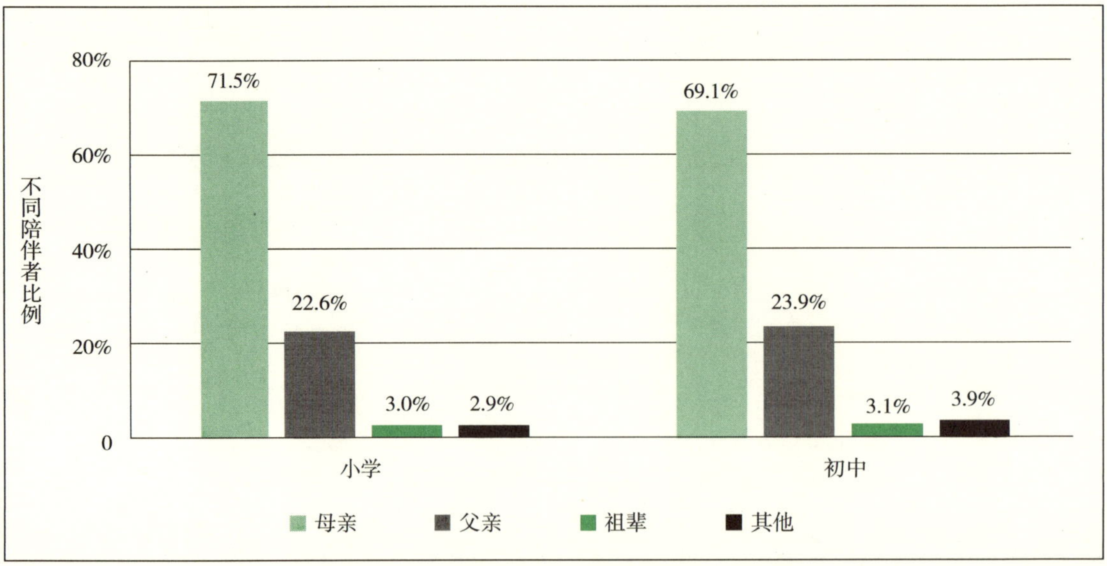

图 11　不同学段主要陪伴者占比

2. 学习陪伴以父母为主的学生，学业成绩、学习品质、心理健康更好

监测数据显示，相较于“祖辈”和“其他”，学习陪伴者为“母亲”或“父亲”的学生在学业成绩、学习品质、心理健康方面均更好。以小学毕业生为例，母亲和父亲陪伴的学生学业成绩为 507 分和 493 分，分别比祖辈陪伴的学生高 27 分和 13 分（见图 12）。母亲和父亲陪伴的学生在学习品质上分别比祖辈陪伴的学生高 0.63 分和 0.56 分；母亲和父亲陪伴的学生在心理健康上分别比祖辈陪伴的学生高 0.83 分和 0.74 分（见图 13）。

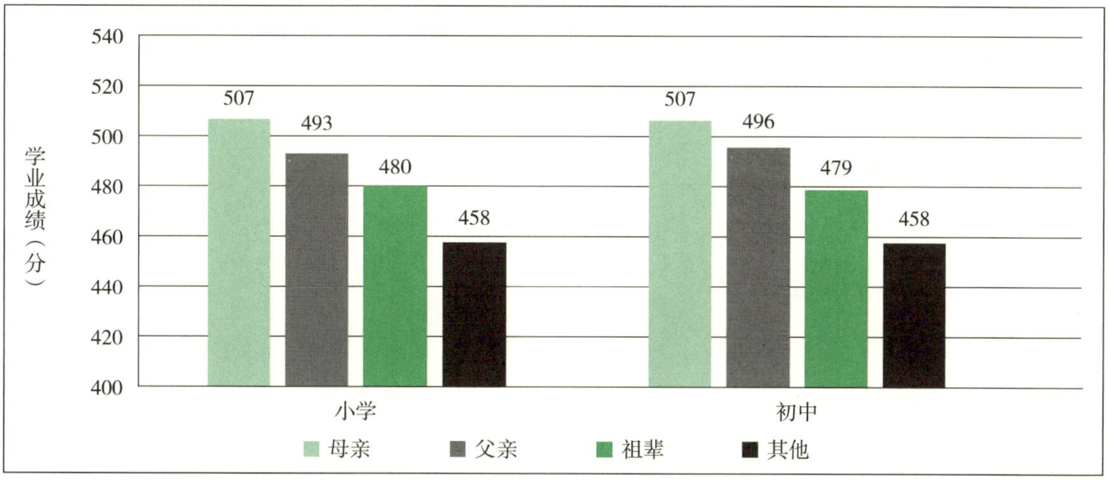

图 12　不同学习陪伴者的学生的学业成绩

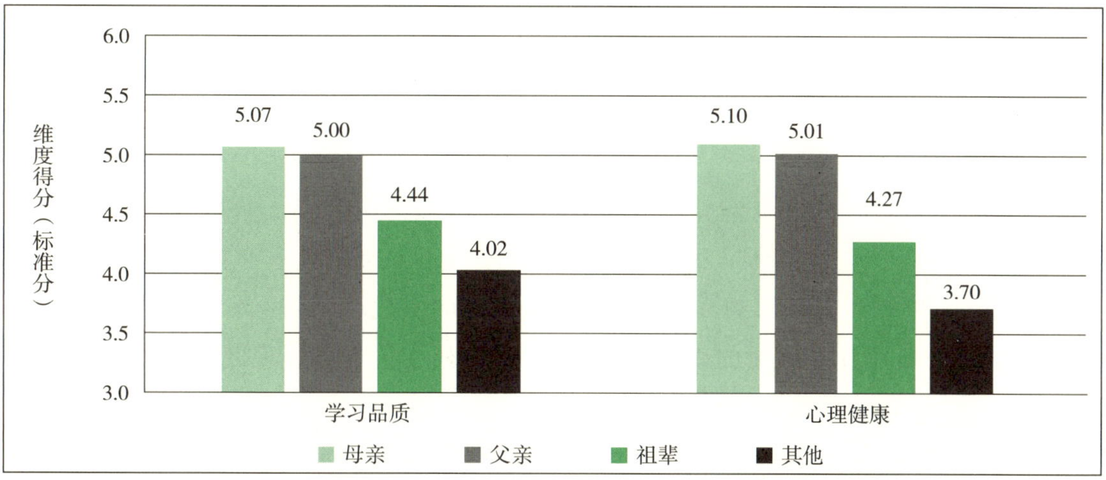

图 13　不同学习陪伴者的学生在学习品质、心理健康上的得分

3. 家长支持型行为多、干扰型行为少，学生学业成绩更好；控制型行为和责备型行为的频次差异，反映到学生学业成绩的差异不明显

将家长对子女的学习陪伴行为分为支持型行为、控制型行为、责备型行为、干扰型行为四类。支持型行为是指家长对学生学习给予积极的鼓励、支持和帮助；控制型行为

是指家长严格地监督、掌控学生学习行为和动态；责备型行为是指家长在学习陪伴时采取责备、发火等行为；干扰型行为是指家长做一些与学校老师的要求相违背，干扰学生学习的其他事情。

将四种学习陪伴行为的得分由低到高排序，并划分为四个水平（人数各占 25%），得分最低的 25% 为水平 I，得分最高的 25% 为水平 IV，得分越高表示该行为的频次越多。监测结果显示，支持型行为得分在水平 IV 的学生比水平 I 的学生学业成绩高 53 分，而干扰型行为得分在水平 IV 的学生比水平 I 的学生学业成绩低 23 分，说明家长支持型行为多、干扰型行为少，学生学业成绩更好。控制型行为和责备型行为得分在水平 IV 的学生与水平 I 的学生相比，学业成绩差异不明显。（见图 14）

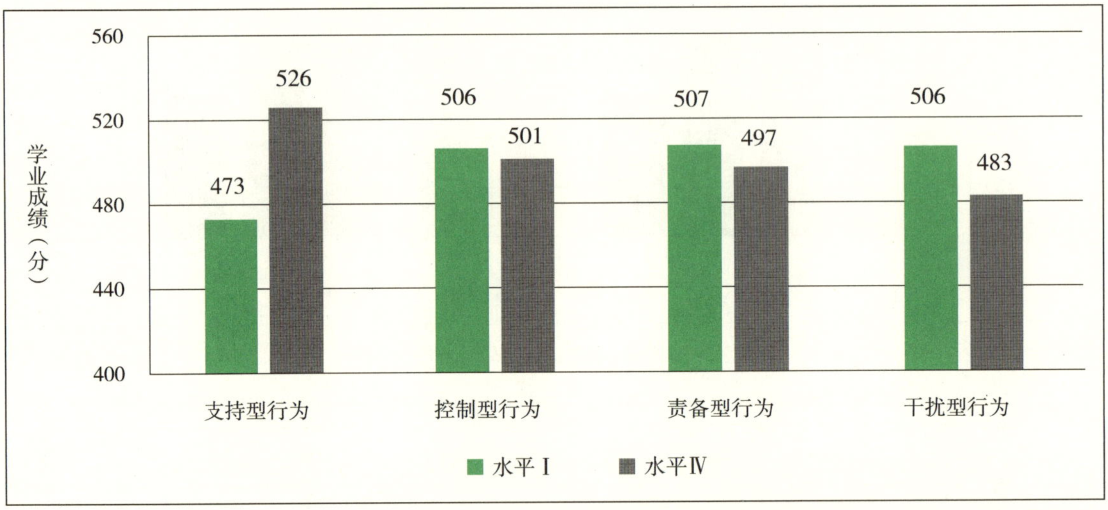

图 14　不同家长陪伴行为水平学生的学业成绩得分

4. 家长支持型行为多、干扰型行为少，学生学习品质和心理健康更好，学业负担更轻；家长责备型行为多，学生的焦虑感更强

监测分析可知，家长支持型行为得分水平 IV 的学生在学习品质、心理健康和学业负担上的得分均比水平 I 的学生高，尤其是在学习品质和心理健康上的得分更高（见图 15）。

家长控制型行为得分水平 IV 的学生在客观学业负担上的得分均比水平 I 的学生略低（见图 16）。

家长责备型行为得分水平 IV 的学生在学习品质、心理健康和学业负担上的得分均比水平 I 的学生低，尤其是焦虑上的得分差异比较显著（见图 17）。

家长干扰型行为得分水平 IV 的学生在学习品质、心理健康和学业负担上的得分均比水平 I 的学生低（见图 18）。

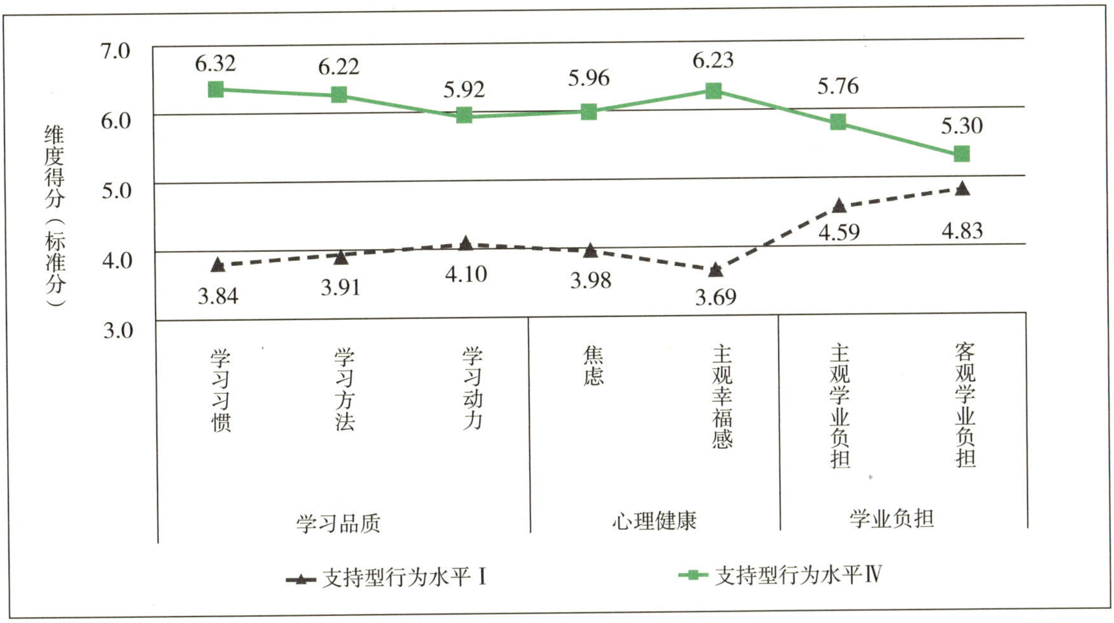

图 15　家长不同水平支持型行为的学生相关因素得分

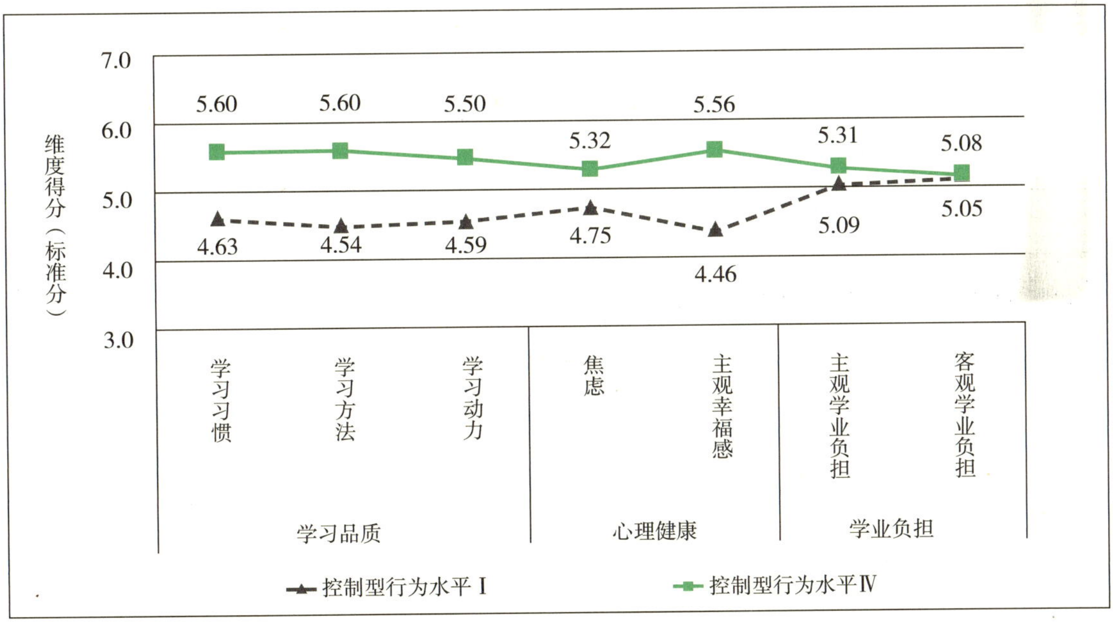

图 16　家长不同水平控制型行为的学生相关因素得分

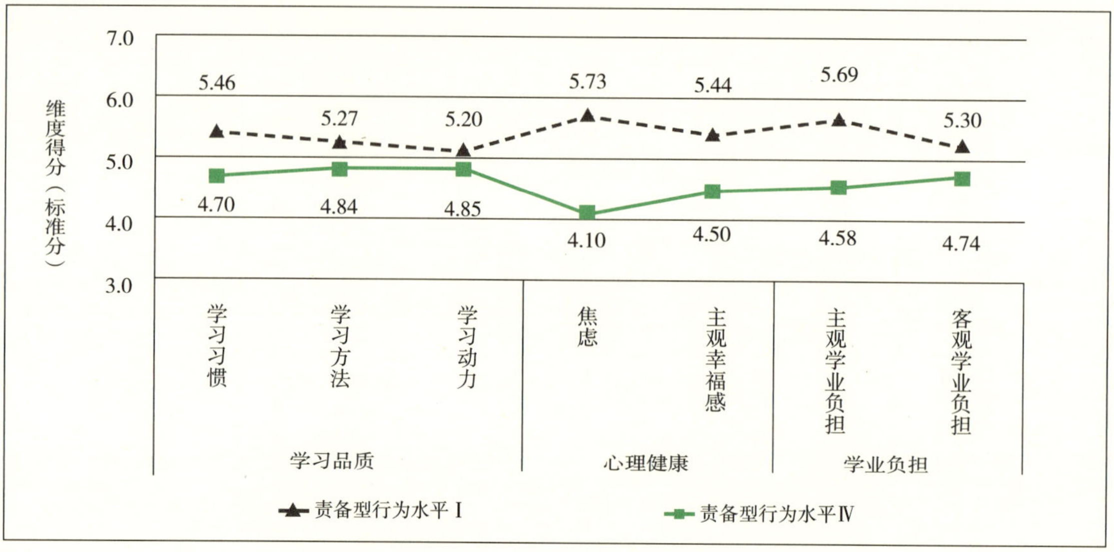

图 17　家长不同水平责备型行为的学生相关因素得分

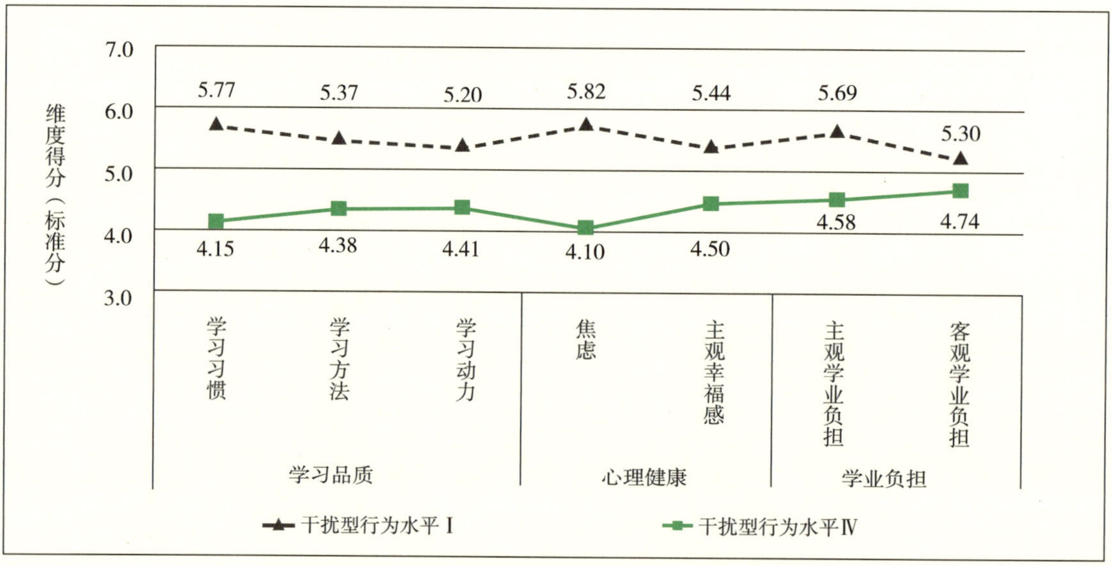

图 18　家长不同水平干扰型行为的学生相关因素得分

5. 学业成绩得分高的学生，家长的支持型行为频次更高，而控制型、责备型和干扰型行为的频次更低

将学业成绩得分由低到高排序，并划分为四个水平（人数各占 25%），得分最低的 25% 为水平 I，得分最高的 25% 为水平 IV。分析不同学业水平学生关于家长学习陪伴的答题情况可知，学业成绩得分高的学生，其家长会更多地采用支持型陪伴行为，而更少地采用控制型行为、责备型行为和干扰型行为（见图 19）。

图 19 中 1、2、3 属于支持型陪伴行为，4、5 属于控制型陪伴行为，6、7 属于责备型陪伴行为，8 属于干扰型陪伴行为。

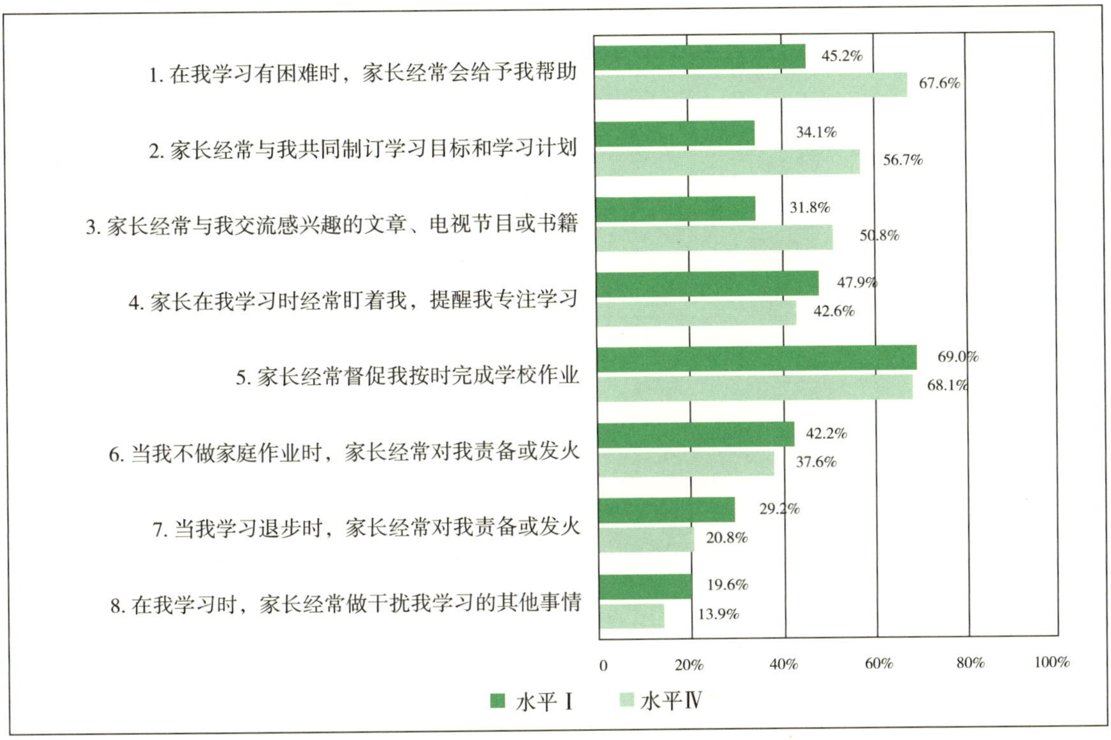

图 19　不同学业水平学生关于家长学习陪伴的部分题目答题情况

（五）学业优秀学生的学习品质更高、人际支持获得感更强、家庭教育支持更好，同时睡眠时间严重不足的比例相对较少

将各年级学生的各科学业成绩分别由低到高排序，并划分为四个水平（人数各占 25%），得分最低的 25% 为水平 I，得分最高的 25% 为水平 IV，我们将水平 IV 的学生定义为“学业优秀学生”①，其余学生定义为“其他学生”。通过对这两个学生群体的差异分析，可以发现学业优秀学生的群体特征。

1. 女生学业优秀的比例相对男生更高

监测数据显示，在全体参测学生中，学业优秀学生的占比为 25%；在女生中，学业优秀学生的占比为 28.2%，在男生中，学业优秀学生的占比为 23.5%。可见，女生中学

① 报告中关于“学业优秀学生”的定义借鉴了国家监测中关于“优秀”的定义，即将学生的学业成绩划分为四个水平等级，从高到低依次为水平 IV（优秀）、水平 III（良好）、水平 II（中等）和水平 I（待提高）。参见《2019 年国家义务教育质量监测语文学习质量监测结果报告》。

业优秀的学生比例相对男生更高（见图 20）。

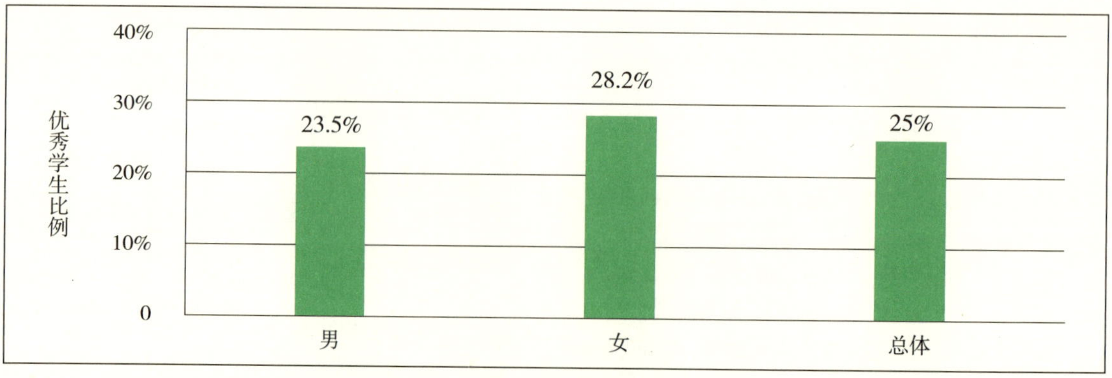

图 20 男、女生学业优秀学生比例

2. 学业优秀学生的学习品质、人际支持获得感、家庭教育支持更好

学业优秀学生在学习品质、人际支持和家庭教育各指标得分上均明显高于其他学生，其中差值最大的三个指标依次为学习习惯、学习方法和学校归属感。可见，学业优秀学生相较其他学生具备更优秀的学习品质、更强的人际支持获得感以及更高的家庭教育支持（见图 21）。

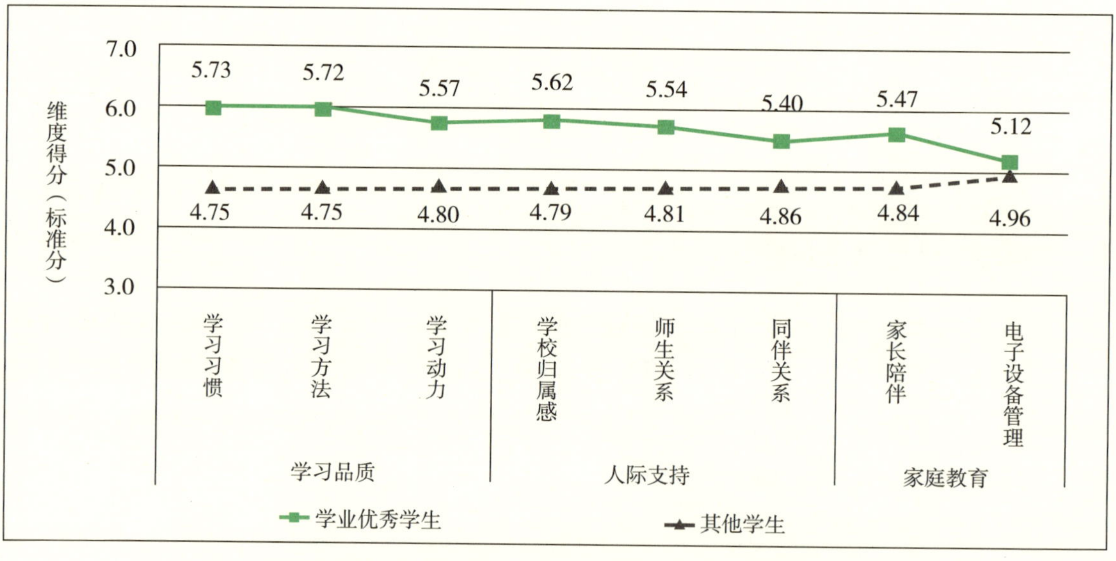

图 21 学业优秀学生和其他学生的学习品质、人际支持和家庭教育得分

3. 学业优秀学生中，睡眠时间严重不足的比例相对较少

把小学生平均每天睡眠时间少于 8 小时和初中生平均每天睡眠时间少于 7 小时定义为睡眠时间严重不足[①]。监测结果显示，小学毕业生中学业优秀学生睡眠严重不足的比例

① 报告中将睡眠时间少于国家规定的时间（小学生 10 小时、初中生 9 小时）2 小时的情况定义为睡眠严重不足。

比其他学生少 9.2%，初中学业优秀学生睡眠严重不足的比例比其他学生少 5.9%。总体来说，与其他学生相比，学业优秀学生睡眠时间严重不足的比例较少（见图 22）。

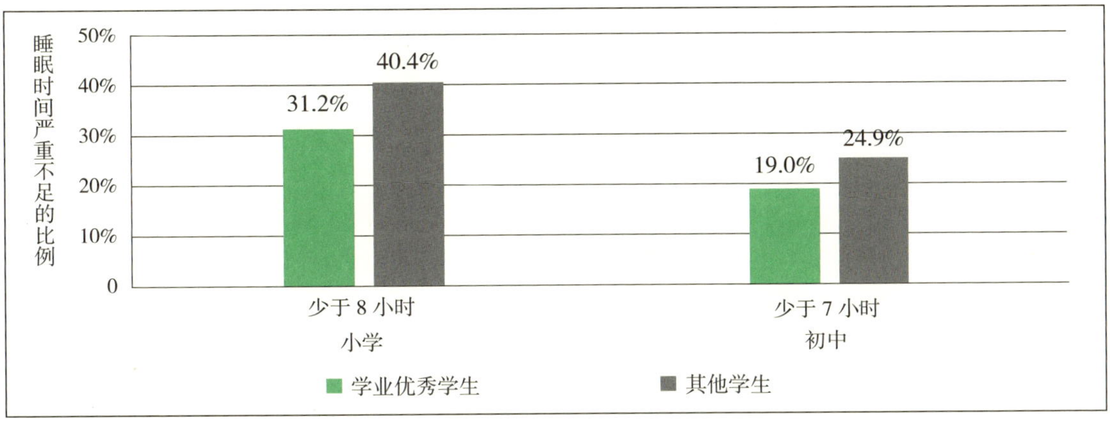

图 22　学业优秀学生和其他学生睡眠严重不足情况

4. 学业优秀学生家长的学习陪伴和生活陪伴质量更高

家长陪伴指家长通过一些具体的活动参与孩子的教育过程，本次监测包括了“学习陪伴”和“生活陪伴”。学习陪伴是指家长通过学习方面的活动参与孩子的教育过程，生活陪伴是指家长通过生活方面的活动参与孩子的教育过程。

监测结果显示，学业优秀学生的家长在学习陪伴和生活陪伴上的得分均明显高于其他学生。在学习陪伴上，学业优秀学生的得分为 5.42 分，高出其他学生 0.57 分；在生活陪伴上，学业优秀学生的得分为 5.65 分，高出其他学生 0.87 分。可见，学业优秀学生的家长能够给予孩子更多高质量的学习陪伴和生活陪伴（见图 23）。值得关注的是，学业优秀学生的家长在生活陪伴方面的得分更高，这表明这些家长在关心督促孩子学习之外，能够全面关心孩子的生活与身心发展，如孩子在生活中的烦恼以及遇到的困难等方面（见图 24）。

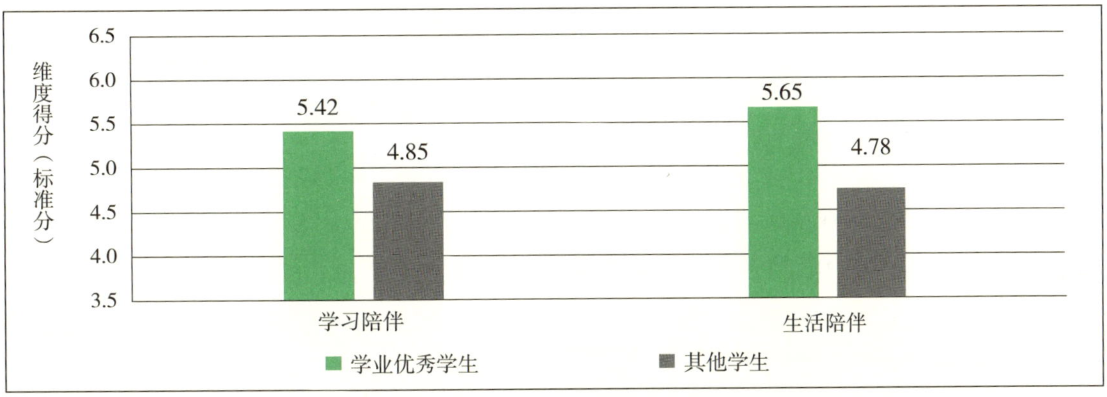

图 23　学业优秀学生和其他学生在家长陪伴上的得分

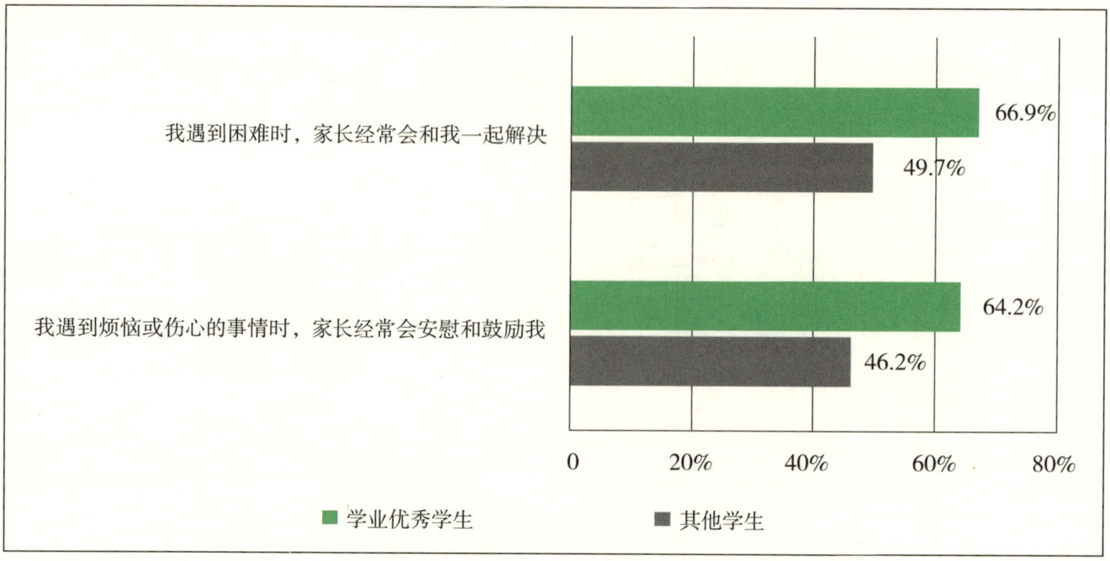

图 24　学业优秀学生和其他学生关于生活陪伴的答题情况

5. 学业优秀学生的电子设备依赖更低，家长的管理更好

监测结果显示，学业优秀学生在电子设备依赖上的得分为 5.36 分，显著高于其他学生的 4.87 分（苏州市平均分为 5 分，分值越高，表明电子设备依赖程度越低），表明学业优秀学生的电子设备依赖程度相对其他学生较低（见图 25）。

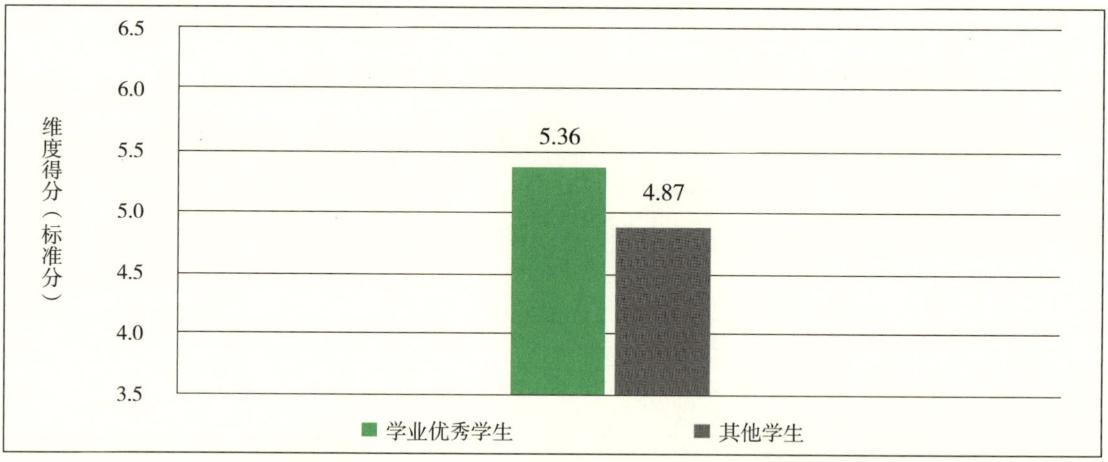

图 25　学业优秀学生和其他学生的电子设备依赖得分

在本次监测中，将家长对孩子使用电子设备的干预情况分为三类：限制干预、积极干预和监督干预。其中限制干预是指家长对孩子使用电子设备的用途和时间等做出规定，做出限制；积极干预是指家长和孩子之间开展关于电子设备使用的互动和讨论；监督干预是指家长会了解、关注孩子使用电子设备的情况并进行督促。在本报告中，以得分方式呈现数据（苏州市平均分为 5 分），得分越高，表明家长在此类干预行为上关注和管理

的程度越高。

监测结果显示，学业优秀学生的家长对孩子使用电子设备的三类干预方式得分均高于其他学生对应干预方式上的得分。其中，在监督干预上两类学生群体的分差最大：学业优秀学生的家长在监督干预上的得分为 5.18 分，比其他学生在此项上的得分高 0.24 分（见图 26）。

此外，在参加线上教育时，学业优秀学生使用台式或笔记本电脑的比例高于其他学生 13.9%，学业优秀学生使用智能手机的比例低于其他学生 18.4%。可见，学业优秀学生在线上教育时更倾向于使用大屏电子设备（见图 27）。

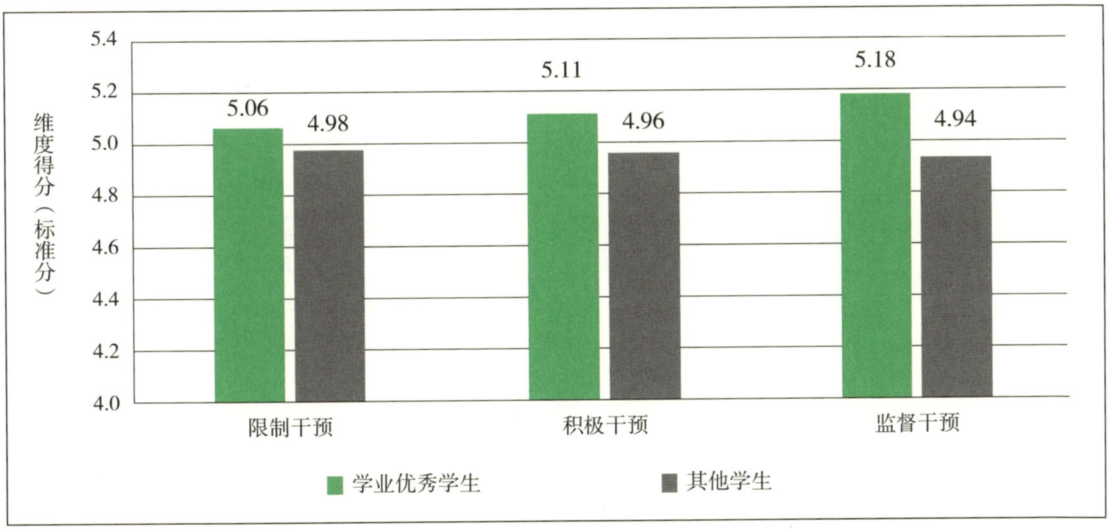

图 26　学业优秀学生和其他学生的家长对孩子使用电子设备的干预情况

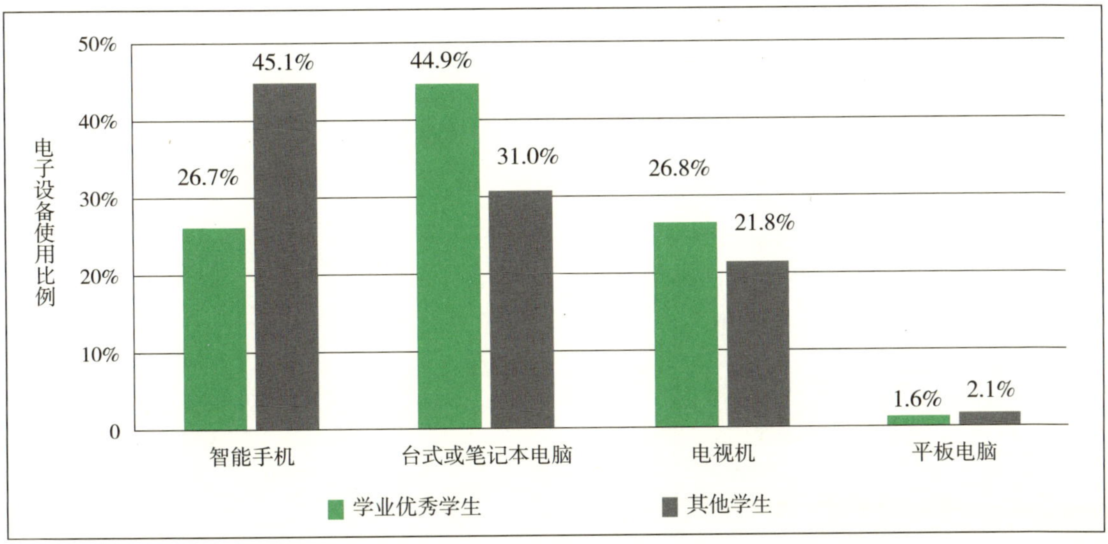

图 27　学业优秀学生和其他学生线上教育时电子设备使用比例

6. 学业优秀学生选择纸质书籍阅读的比例更高，语文学科学业优秀学生的字迹更加端正

监测结果发现，超过六成的学业优秀学生选择“更多阅读纸质书籍”，比其他学生高 10.8%；学业优秀学生中选择“更多使用电子设备阅读”的比例比其他学生低 9.1%。可见，学业优秀学生在阅读上更多选择纸质书（见图 28）。

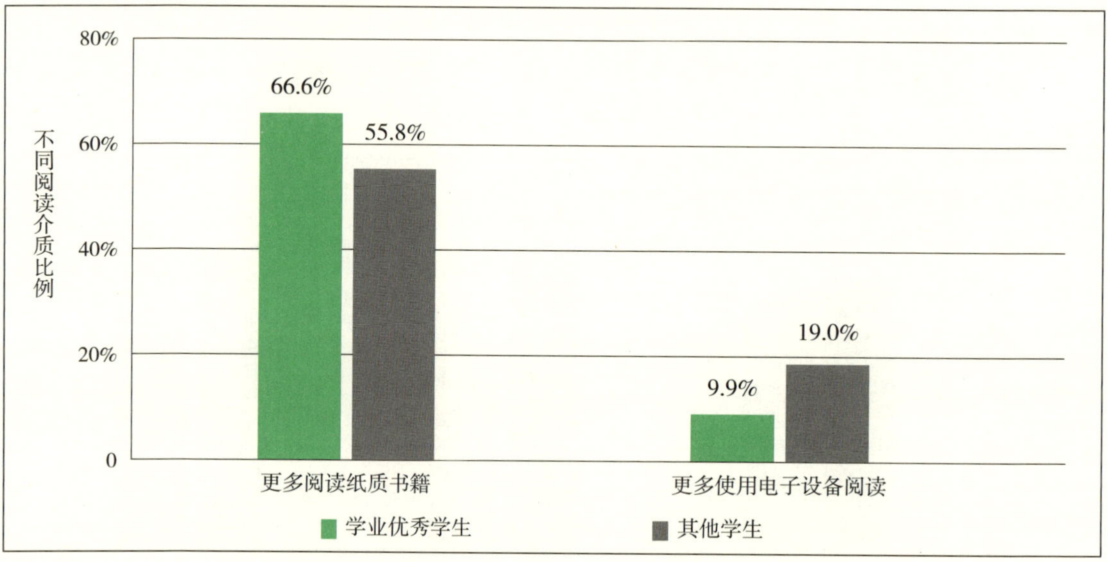

图 28　学业优秀学生和其他学生阅读介质的选择

从字迹方面来看，本次参测学生中，语文学科的学业优秀学生字迹明显比其他学生更加端正，而在科学学科中两者并无明显差距（见图 29）。

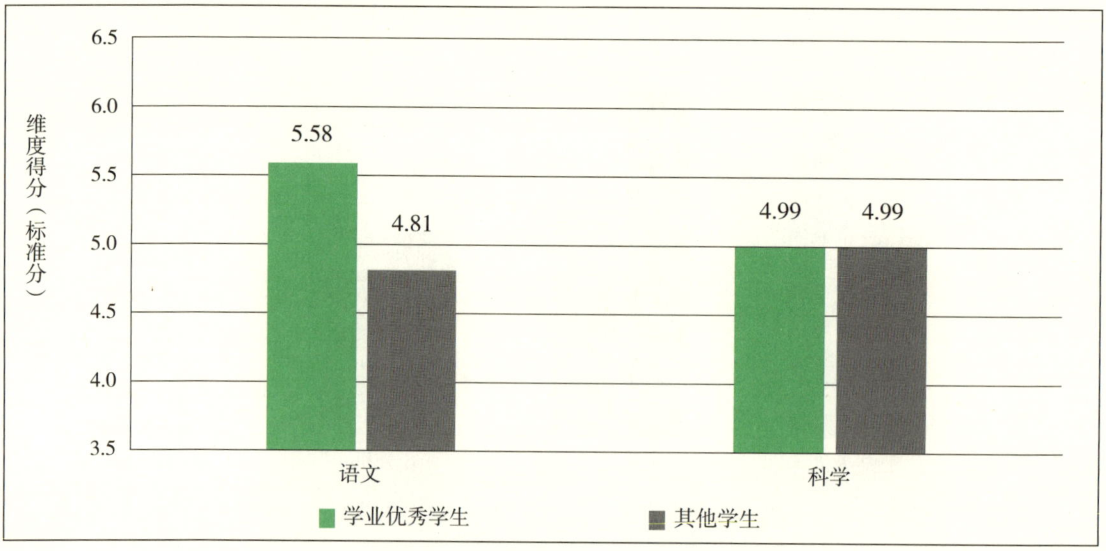

图 29　不同学科学业优秀学生和其他学生的字迹得分

（六）学业跃进学生具备更优秀的学习品质、更好的一般学习行为、更强的人际支持获得感、更高的家长陪伴质量

我们将 2020 年初二和初三学生中可追踪到的学生按照 2019 年的学业成绩分别由低到高平均划分为低水平组、中水平组、高水平组，作为学生的学业起点水平。计算这批学生在 2019 年和 2020 年两年成绩的进步值，将进步值大于“平均值与 1 个标准差之和”[①] 的学生，界定为学业跃进学生，其他学生界定为非学业跃进学生。通过对学业跃进学生和非学业跃进学生的差异分析，可以发现不同起点水平学生中，学业跃进学生的群体特征。

1. 低起点学生实现学业跃进的比例相对更高

计算三个不同起点水平学生群体中学业跃进与非跃进学生占比，结果显示：低起点学生中实现学业跃进的人数占比为 21.5%，中起点学生中实现学业跃进的人数占比为 13.9%，高起点学生中实现学业跃进的人数占比为 6.4%。因此，以同样的进步幅度为标准，低起点学生实现学业跃进的可能性最大，中起点学生次之，高起点学生实现学业跃进的可能性最小（见图 30）。

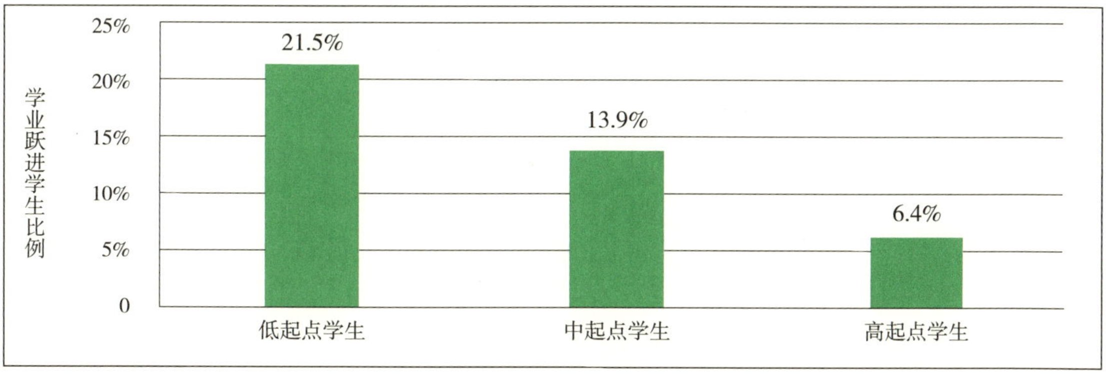

图 30　不同起点的学业跃进学生人数占比

2. 低起点学业跃进学生高于非学业跃进学生的前三项指标是学习习惯、学习方法、学习动力

在低起点学生群体中，学业跃进学生在各相关因素指标得分上基本均高于非学业跃进学生，其中，相差最大的五个指标依次为学习习惯、学习方法、学习动力、阅读兴趣、学校归属感。也就是说，处于低起点的学业跃进学生具备更优秀的学习品质、更好的一

① 本报告中关于学业跃进学生的定义是依据统计学原理，将“进步值”看作一组符合正态分布的变量，以“平均值与 1 个标准差之和”为界限，凡变量超过这一界限的学生被归为学业跃进学生，未达到这一界限的学生被归为非学业跃进学生。

般学习行为、更强的人际支持获得感、更高的家长陪伴质量。在客观学业负担上学业跃进学生的得分比非学业跃进学生低 0.12 分，说明低起点跃进学生的客观学业负担相对略重（见图 31）。

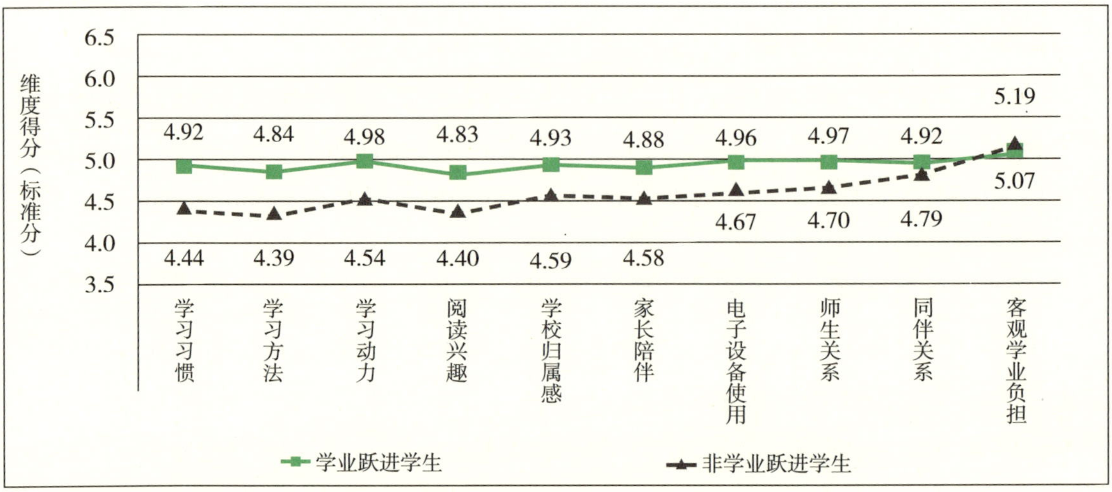

图 31　处于低起点的学业跃进与非跃进学生各指标得分情况

3. 中起点学业跃进学生高于非学业跃进学生的前三项指标是阅读兴趣、学习习惯、学习方法，在客观学业负担上这两类学生差异不大

在中起点学生群体中，学业跃进学生在各相关因素指标得分上均高于非学业跃进学生，其中，相差最大的五个指标为阅读兴趣、学习习惯、学习方法、学习动力、学校归属感，客观学业负担上两类学生差值仅为 0.03 分。也就是说，处于中起点的学业跃进学生具备更优秀的学习品质、更好的一般学习行为、更强的人际支持获得感、更高的家长陪伴质量，并且这两类学生在客观学业负担上差异不大（见图 32）。

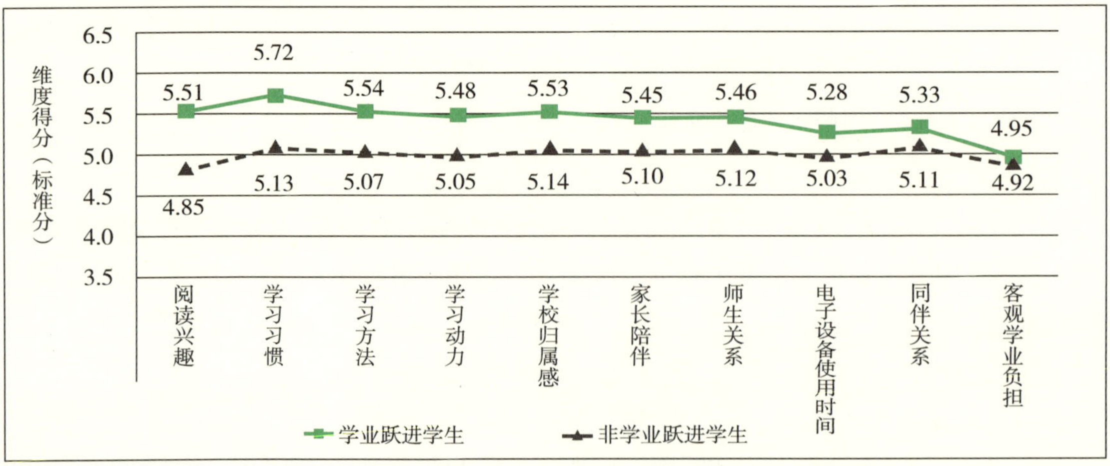

图 32　处于中起点的学业跃进与非跃进学生各指标得分情况

4. 高起点学业跃进学生高于非学业跃进学生的前三项指标是家长陪伴、阅读兴趣、学习习惯，在客观学业负担上这两类学生差异不大

在高起点学生群体中，学业跃进学生在各相关因素指标得分上均高于非学业跃进学生，其中，相差最大的五个指标依次为家长陪伴、阅读兴趣、学习习惯、学习方法、学校归属感，客观学业负担上两类学生差值仅为0.03分。也就是说，处于高起点的学业跃进学生具备更优秀的学习品质、更好的一般学习行为、更强的人际支持获得感、更高的家长陪伴质量，并且这两类学生在客观学业负担上差异不大（见图33）。

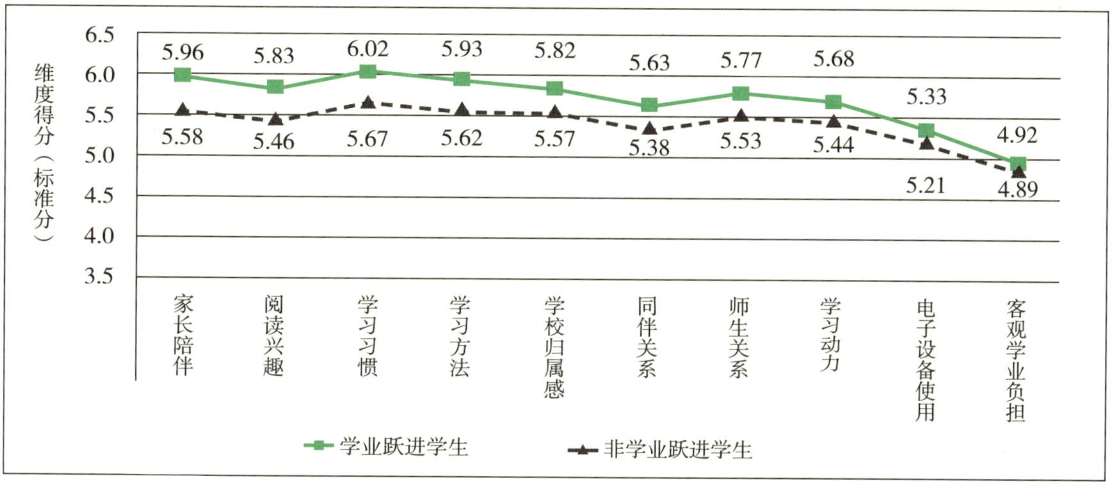

图33 处于高起点的学业跃进与非跃进学生各指标得分情况

四、对策与建议

学业质量监测的意义在于让苏州教育回归本真，遵循学生成长规律，依照教育发展规律，走"科学提质"之路。监测数据的深度挖掘可以帮助各级政府、教育部门和社会各界树立全面、科学的教育观，进而改进教育行为，共同推动区域教育质量的提升。以下四点是基于本次监测结果所得到的启示和建议：

（一）注重德智体美劳全面发展

在对体美劳态度、体美劳爱好与习惯的分析中，我们发现，体美劳态度、体美劳爱好与习惯好的学生，学业成绩更好，心理健康、学习品质和人际支持均更好。可见，体美劳发展好的学生发展更全面。因此，家庭教育方面，家长除了关心孩子的学业成绩外，也要关注孩子体美劳的发展，多带孩子参加体美劳方面的活动，让孩子在更健康、更幸福、更淡定从容的成长环境下，获得更全面、更充分和更可持续的发展。学校方面，要确保

开齐开足体美劳等国家课程，保证学生每天在校的体育锻炼时间，同时可以通过多元化的选修课设置培养学生在体美劳方面的兴趣与爱好。

（二）培养孩子良好的学习品质

在对学业优秀学生和学业跃进学生的分析中，我们发现，这两类学生普遍具有良好的学习品质，在学习习惯、学习兴趣、学习方法和学习动力上都明显好于其他学生。因此，家庭教育方面，家长要培养孩子良好的学习习惯，引导孩子找到适合的学习方法，激发孩子的学习动力和兴趣，通过多种方式促进孩子主动学习，进而提高学习效能。学校方面，特别是小学阶段，要重视学生学习品质的培养，保护好学生的好奇心和求知欲，及时调整学生的不良学习习惯，指导学生科学的学习方法。

（三）给予孩子更多的支持型陪伴

在对家长陪伴的分析中，我们发现，家长在学习陪伴中支持型行为多、干扰型行为少，学生的学业成绩、学习品质和心理健康均更好，且学习陪伴以父母陪伴为主的学生，各方面的表现也好于以祖辈陪伴为主的学生。同时，我们也发现父亲陪伴孩子学习的比例不足。因此，在家庭教育中，父母特别是父亲要避免角色缺位，在陪伴孩子的过程中要给予更多的鼓励、支持和帮助，多配合学校和老师，减少责备、发火、急躁等消极情绪，也不要在孩子学习时做一些干扰孩子学习的事情。对于学校而言，需要多对家长进行一些科学的家庭教育指导，与家长形成良好的教育合力。

（四）重视减轻孩子的学业负担

监测数据显示，小学毕业生和初中生睡眠时间不足问题依然存在，学生补习比例高、作业时间长，学业负担整体较重。但是，在对学业优秀和学业跃进学生的分析中，我们发现，这两类学生的学业负担与其他学生没有明显差异。因此，家庭教育方面，家长要认识到过重的学业负担不但不能提高孩子的学业成绩，反而会影响孩子的身心健康，所以要尽可能保证孩子充足的睡眠和体育锻炼时间；同时，家长要正确看待校外补习，合理安排补习时间，避免盲目跟风报班。学校方面，要严控作业总量，科学合理布置作业；同时，要通过各种渠道向家长传递科学的教育质量观，减轻家长的教育焦虑。

（本文由苏州市教育质量监测中心提供，撰稿人：罗强、宋一丹）

调查报告

基于样本分析的苏州教育博物馆调研报告

一、苏州教育博物馆概述

（一）苏州教育博物馆沿革

苏州教育博物馆是一座专题博物馆，位于姑苏古城醋库巷44号柴园内。柴园为浙江上虞人柴安圃于清光绪年间购得并重新修建的，苏州解放初期曾经是苏州市南区人民政府驻地。1957年，苏州市盲聋学校开始在此办校。1982年，被列为苏州市文物保护单位。2012年，苏州市盲聋学校搬迁。2013年，经苏州市人民政府批准，柴园被辟为苏州教育博物馆，于2017年9月8日正式开馆。

（二）苏州教育博物馆的功能

“彰教化功是馆藏故事，得游观乐斯园秀新姿。”正如这副楹联所述，苏州教育博物馆具备两大功能：一是用丰富的实物来讲述苏州教育故事，二是大家在这里可以欣赏到苏州古典园林之美。因此，也有人说柴园就像苏州的双面绣，既是一座古典园林，也是一座教育专题博物馆。在这里可以聆听苏州教育的精彩故事，也可以领略苏州园林的美学意蕴。

（三）苏州教育博物馆主要场馆简介

博物馆由序言馆、名人馆、古代馆、近代馆、现代馆、院士馆、名师馆、荣誉馆、视听馆和体验馆等部分组成，几千件珍贵的教育文物提供了讲述苏州教育故事的丰富素材，先进的现代传媒设备可以让参观者获得亲身体验、连接更多苏州教育信息。

1. 序言馆

序言馆原是柴园的轿厅。现在经过重新修建的序言馆主要有以下几方面内容：一是苏州教育地图；二是东西两侧墙上的教育名人名言；三是中屏背面的一篇《苏州教育赋》，概括了苏州教育的发展历程。

2. 名人馆

名人馆是柴园的正厅，名为仁至堂。大厅正中有孔子青铜塑像，东西两侧是苏州教育名人的浮雕像、姓名及其展品，有泰伯、澹台灭明、言偃、范仲淹、叶圣陶等22位名人的头像，还有56位名人的姓名印章。

3. 古代馆

古代馆分为东厢房、鸳鸯厅、西厢房。

东厢房陈列着由吴县人、清代宫廷画家徐扬绘制的《姑苏繁华图》，描绘了六个与教育有关的场景，分别为“村塾授业”“书楼挥毫”“义学发蒙”“科举府试”“文庙府学”“状元及第”。

鸳鸯厅以屏风和地罩为隔断，形成南北两个空间。南厅（“文开吴会”），陈列着言子和澹台讲学的情景、三文庙模型、三块碑刻等。北厅（“道启东南”），介绍的是苏州书院发展的概况。

西厢房是私塾模拟场景，观众在此处可以体会对对子、描红习字的乐趣。

4. 专题馆

博物馆开馆以来，馆方根据苏州崇文重教的传统及其优势，积极全面地举办各类讲座、培训、专题展览、学术交流等公益活动，陆续推出“老园丁书画展”“老园丁摄影展”“民国教科书展”“苏州教育红色印记展”……

5. 近代馆

本场馆展示了近代以来苏州新学的发展历程，从早期国民初等教育、幼儿教育、女子教育、高等教育、师范教育、职业教育等方面介绍了一百多年来苏州近代教育的发生和发展。

苏州教育的一个显著特点就是百年老校多、办学质量高。

6. 楠木厅

该厅内外所有木构件均为缅甸进口楠木，按传统工艺精心制作，构架大气，斗拱奇巧，雕刻精美，体现古典建筑的华贵大气。本场馆东西两边陈列的是12座具有代表性的苏州百年老校校舍模型，这些校舍目前均存于世，是具有厚重历史积淀的建筑经典，也展示了苏州百年老校风采。

7. 现代馆

本展馆从扫盲教育、九年义务教育、外来务工人员子女教育、普高教育、中职教育、学前教育、特殊教育、高等教育、成人教育、苏州教育对外开放等方面，记录了中华人民共和国成立以来特别是改革开放以来苏州教育事业跨越式发展、高水平推进的历程。

8. 体验馆

体验馆一楼有汉字听写、体感互动游戏、理化生物实验、学说苏州话、VR体验、学籍查询系统等项目，二楼为青少年参加未成年体验站课程活动的场所。

（四）馆藏基本情况

本馆从筹建至今已搜集教育主题藏品总计2320余件，共分10大类，分别为教材、古籍、照片、文档、书画、器物、工具书、碑刻、音像、外文。其中有相对珍贵的教育文献，包括教育名家著作、民国教科书、代表性工具书、教育名人字画等。

比较有代表性的藏品有：榜眼冯桂芬书大中堂、顾廷龙手书题署、顾可权聘书、顾炎武著《日知录》、1928年的《新闻小学校刊》以及原版民国教材等。

（五）基本客流分析

苏州教育博物馆于2017年9月8日开馆，当月观众人数超9000人次，10月、11月更多，分别为16330人次、17131人次。自开馆之日至12月底，观众人数共计53051人次，平均每月13263人次。

2018年、2019年观众人数分别为102762人次、107931人次，平均每月游客将近9000人次。从表1、表2可以看出，博物馆客流具有明显的时间性和周期性，一般寒暑假和国庆长假客流量明显增多，而开学季及学期期末客流量相对较少。

2020年，由于国内外疫情影响，馆方根据上级疫情防控要求，采取预约登记、限流等形式，严格控制客流量，在2020年2—4月根据要求闭馆。5月8日恢复开馆，实施预约入馆，客流量控制在每天100人次以内；至12月底，2020年全年的客流量为17629人次，与2017年11月份一个月的客流量相当。2021年因继续实行预约入馆，客流限制措施，1月至8月底，客流量为16420人次。预约限流措施的严格实施，有效落实了上级部门开馆迎客与限流防疫的双重要求。

表1　总客流量（2017年9月至2021年8月）

单位：人次

时间	2017年	2018年	2019年	2020年	2021年
1月	筹建中（9月8日开馆）	5014	10959	6379	1100
2月		15868	9195	因疫情防控闭馆	1577
3月		8439	8521		2301
4月		8924	9415		2242
5月		7247	8814	572	2225

续表

时间	2017 年	2018 年	2019 年	2020 年	2021 年
6 月	筹建中（9月8日开馆）	7749	8258	914	2836
7 月		8943	12304	1511	2990
8 月		10862	11577	1329	1149
9 月	9333	5709	6451	1046	
10 月	16330	10684	9009	2442	
11 月	17131	7159	7267	2119	
12 月	10257	6164	6161	1317	
总计	53051	102762	107931	17629	16420

表 2　未成年人客流量（2017 年 9 月至 2021 年 8 月）

单位：人次

时间	2017 年	2018 年	2019 年	2020 年	2021 年
1 月	筹建中（9月8日开馆）	321	1931	1186	174
2 月		8491	1961	因疫情防控闭馆	515
3 月		560	778		390
4 月		752	777		399
5 月		703	1118	67	405
6 月		848	905	141	406
7 月		1701	2465	335	908
8 月		2421	2605	416	290
9 月	272	340	554	100	
10 月	8688	1025	1039	291	
11 月	3889	362	589	252	
12 月	577	534	586	112	
总计	13426	18058	15308	2900	3487

二、基于问卷抽样的分析报告

为了进一步了解开馆以来的整体状况，我们决定采取抽样调查的方式，以观众视野来综合评估我们的工作，总结成绩、发现不足，用于改进今后的工作。我们在综合专家意见和同行建议的基础上，完成了问卷设计，并采用在馆内发放问卷的方式进行调查。问卷包括了 4 大类，17 个子问题，80% 的观众可以在 5~8 分钟完成。

2019 年 10 月至 2020 年 5 月发放了问卷样本，在前后半年时间里，共发放问卷 500 份，收回 411 份，回收率 82.2 %，剔除 10 份无效问卷，回收有效问卷 401 份。有效问卷占比为 97.57 %。

（一）问卷的基本内容

1. 观众的自然特征：性别、年龄、教育程度、职业、推荐度；

2. 参观群众对苏州教育博物馆基本情况的了解情况；

3. 观众对苏州教育博物馆展示及活动的参观态度，喜欢的场馆及活动等；

4. 观众对苏州教育博物馆公共服务及设施的评价，如：馆内公共设施、馆内外公共空间、讲解服务等。

（二）问卷数据统计情况

1. 进馆参观观众特征

本次调查问卷共回收 411 份，有效问卷为 401 份。男性为 149 份（37.2%），女性为 252 份（62.8%）。性别占比：女性观众高于男性观众。

接受调查的观众中，以“19~35 岁”和“36~59 岁”的居多，分别有 131 份（32.67%）和 177 份（44.14%）问卷；其次是“60 岁以上”69 份（17.21%）和“6~11 岁”15 份（3.74%）；最少的是“12~18 岁”9 份（2.24%）。年龄占比：中青年观众高于青少年和老年观众。

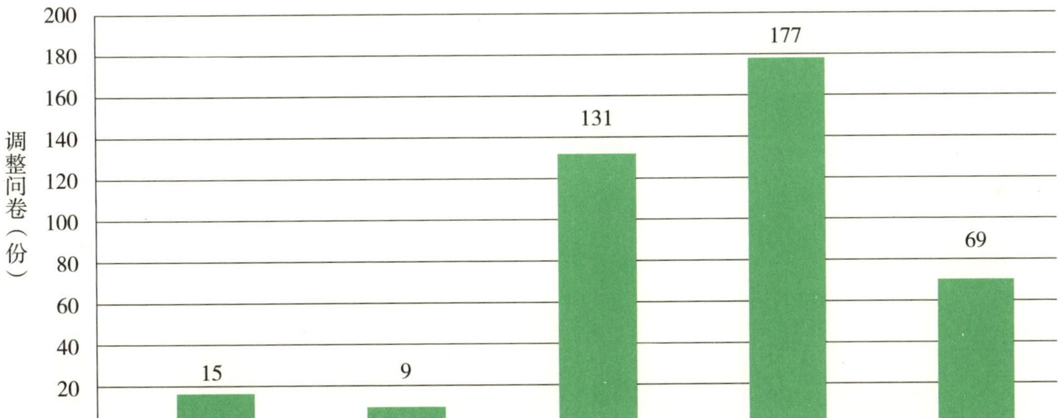

图 1　进馆观众不同年龄段的人数情况

接受调查的观众中，“本科及以上”的人数最多，有 239 份（59.6%）问卷；“高中”或“大专”占比也较高，分别是 83 份（20.7%）和 52 份（12.97%）问卷；最后是“初中”和“小学及以下”，分别是 24 份（5.99%）和 3 份（0.75%）问卷。学历占比：本科及以上观众高于其他学历观众。

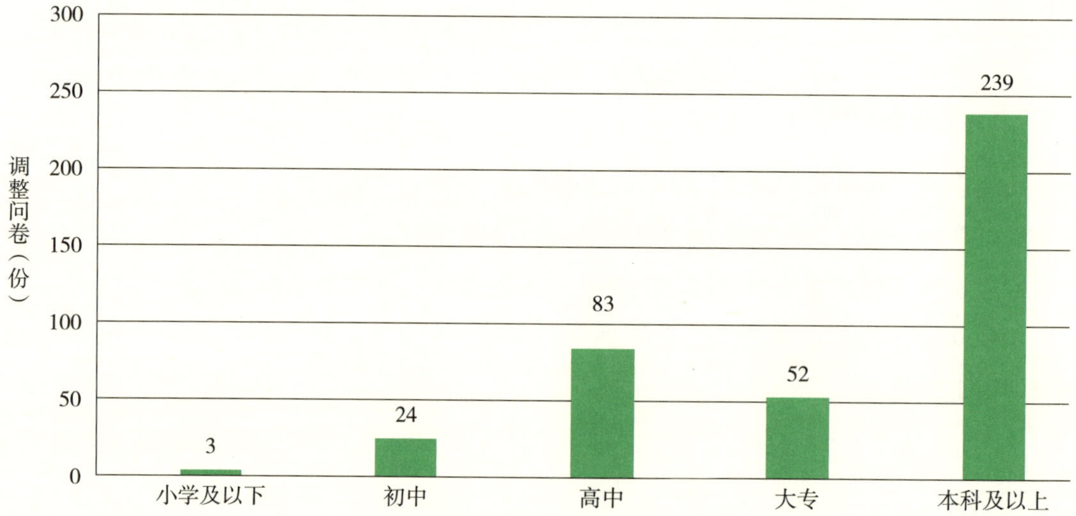

图 2　进馆观众不同学历的人数情况

在职业调查统计中，“教师”和“企事业单位人员”较多，分别为 134 份（33.42%）和 118 份（29.43%）问卷；其次为“离退休人员”“自由职业者”“其他”，分别为 47 份（11.72%）、42 份（10.47%）、38 份（9.48%）；再次为“学生”15 份（3.74%）、“公务员”7 份（1.75%）。职业占比：教育和企事业单位观众高于其他职业观众。

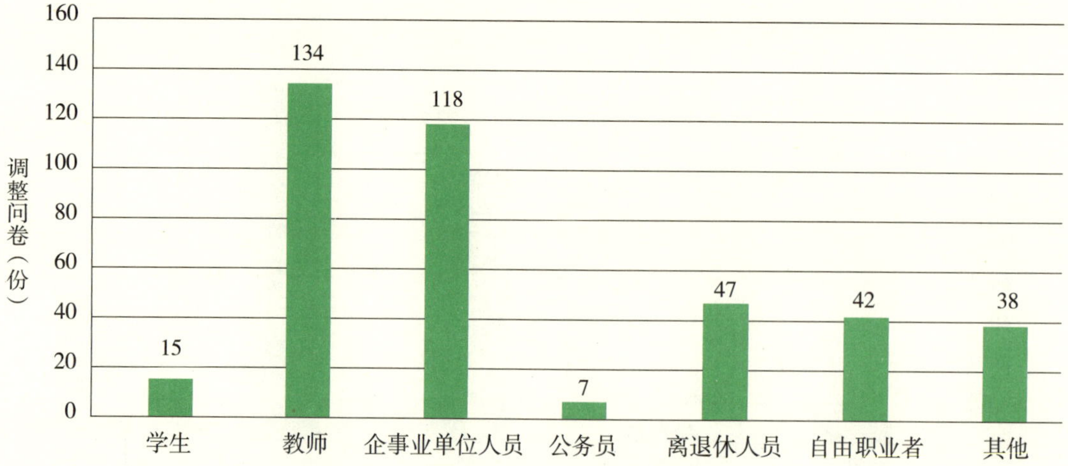

图 3　进馆观众不同职业的人数情况

2. 观众来馆动机及满意度分析

接受调查的观众中，“第一次来馆”人数最多，共 260 份（64.84%）问卷；“第二次来馆”和“第三次来馆”分别为 49 份（12.22%）和 54 份（13.47%）问卷；“四次及以上”为 38 份（9.48%）问卷。

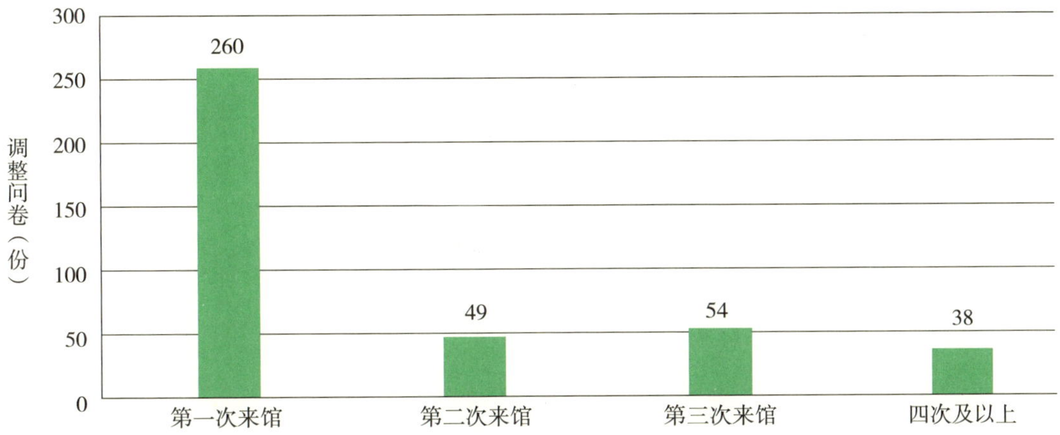

图 4　进馆观众来馆不同次数的人数情况

在了解途径中，选择“朋友介绍”的最多，有 188 份（46.88%）问卷；选择“其他”的有 103 份（25.69%）问卷；选择“网络”“电视、报纸、杂志”的观众人数没有显著差异，分别为 62 份（15.46%）和 48 份（11.97%）问卷。

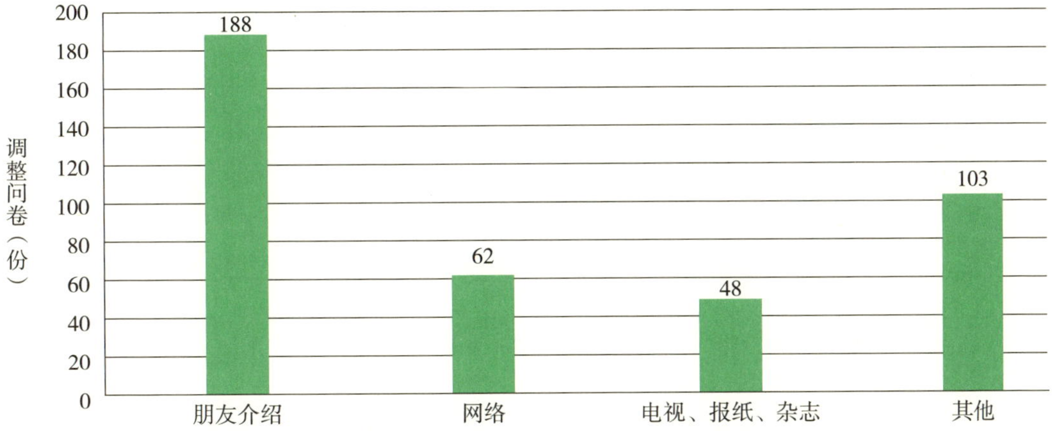

图 5　进馆观众不同途径了解苏州教育博物馆的人数情况

本馆既是一家教育专题博物馆，也是一所古典私家园林。在调查吸引观众来馆参观的缘由时，选择“教育文物 / 展陈”的有 207 份（51.62%）问卷；选择“建筑 / 园林景色”的有 127 份（31.67%）问卷；同时选择“教育文物 / 展陈”和“建筑 / 园林景色”的有

42 份问卷，占比 10.47%；此外还有 23 人选择“博物馆活动”，占比 5.74%；2 人选择“其他”。来馆动机：观众更多的是希望了解苏州教育及教育展陈情况。

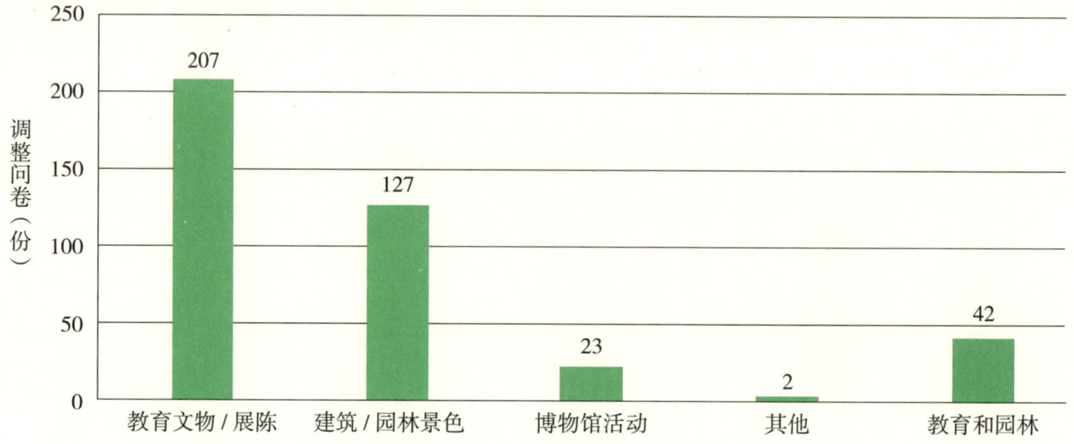

图 6　进馆观众不同动机参观苏州教育博物馆的人数情况

在是否愿意进行再次参观或推荐给亲朋好友问题的选择上，大部分观众愿意再次参观：表示“非常愿意”的观众有 256 位（63.84%），“愿意”的有 139 位（34.66%），“一般”的有 6 位（1.5%）；无人表示“不愿意”。

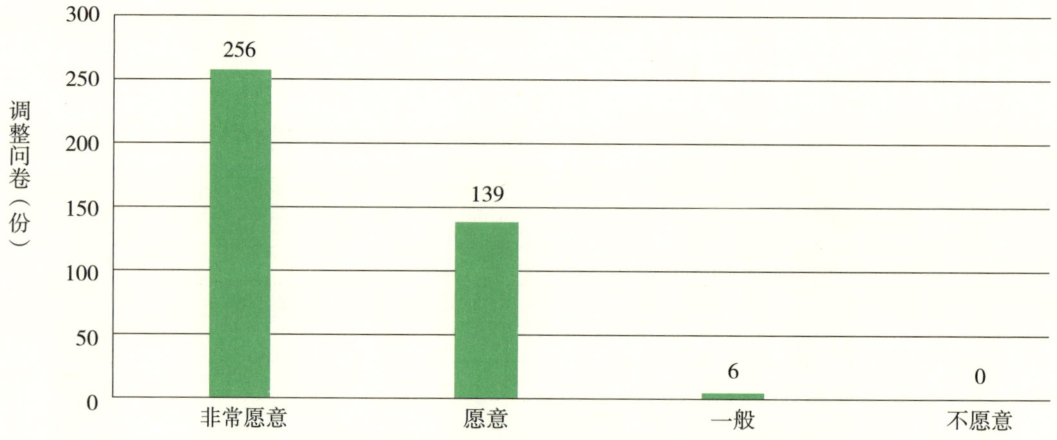

图 7　进馆观众对苏州教育博物馆不同推荐程度的人数情况

在问卷统计中，观众对博物馆展示或活动给予了高度肯定，大部分观众给出了“非常满意”或“满意”的评价。其中，对“宣传力度”表示“非常满意”或“满意”（即下文的“肯定”）的共计 384 份（95.76%）问卷，肯定“展厅内说明牌”的为 374 份（93.27%）问卷，肯定“展厅内灯光”的为 388 份（96.76%）问卷，肯定“展厅内多媒体互动”的为 372 份（92.77%）问卷，肯定“展品质量”的为 388 份（96.76%）问卷，肯定“展品展出方式”的为 385 份（96.01%）问卷，肯定“展品丰富程度”的为 379 份（94.51%）

问卷。数据表明，观众对本馆的推荐度和满意度均高。

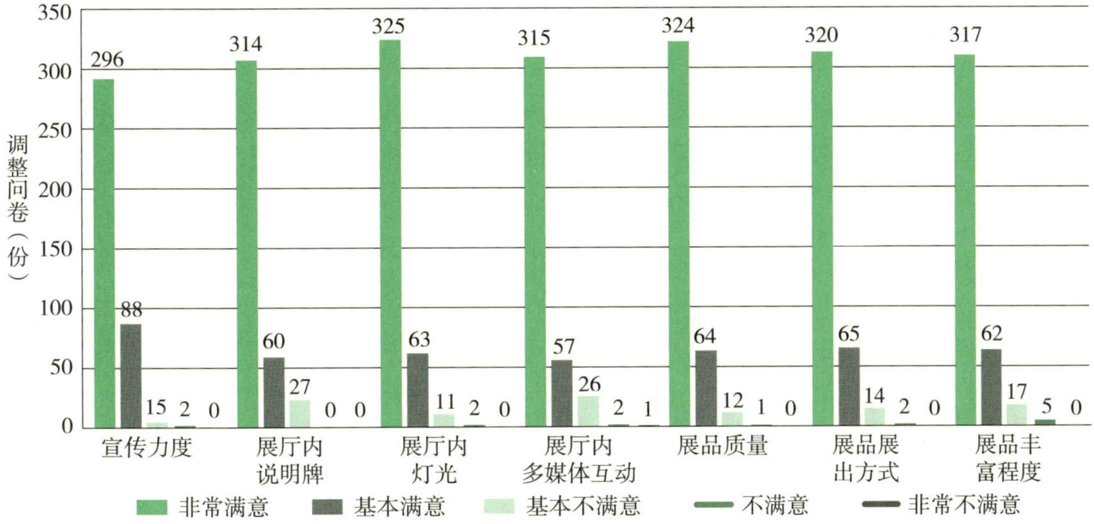

图 8　进馆观众对博物馆展示或活动满意度情况

3. 观众对苏州教育博物馆公共空间和服务情况意见分析

观众总体认为苏州教育博物馆环境优美，布展得当，较好地呈现了苏州教育博物馆的“双面绣”功能，即教育展陈与园林美学结合完美，相得益彰。

（1）公共空间

观众对馆内外公共空间进行了评价，229 人认为“有必要”或“非常有必要”增加“园内景观，如绿地、水池、喷泉等”，占比 57.11%；213 人认为“有必要”或“非常有必要”增加“馆外路标指示牌”，占比 53.12%；203 人认为“有必要”或“非常有必要”增加“馆内休息座椅数量”，占比 50.62%；152 人认为“有必要”或“非常有必要”增加“馆内垃圾桶数量”，占比 37.91%。总的来说，观众认为馆内外公共空间还有较大提升空间。

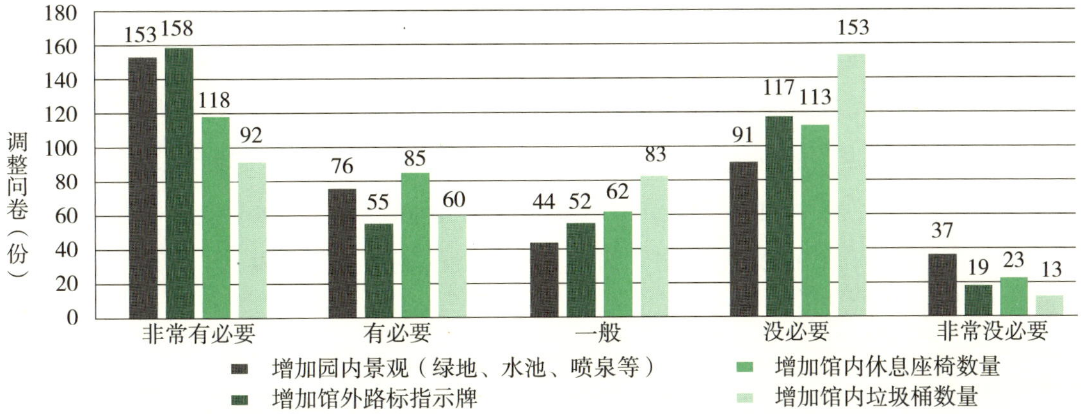

图 9　进馆观众对馆内设施是否增加不同意见的人数情况

观众选择最喜欢的展馆时，名人馆高居榜首，楠木厅位列其次，接下来是古代馆、现代馆、近代馆、名师馆 / 视听室等。

（2）公共设施

观众对馆内公共设施总体满意度较高。总计有 394 位（98.25%）观众对“宣传册、线路指示”表示“非常满意”或“满意”；286 位（71.32%）观众对“馆内 Wi-Fi 服务”表示“非常满意”或“满意”；353 位（88.03%）观众对“休息座椅”表示“非常满意”或“满意”；395 位（98.5%）观众对“洗手间”表示“非常满意”或“满意”。问卷调查数据显示，观众对馆内 Wi-Fi 服务满意度相对较低，建议完善馆内 Wi-Fi 设施建设，保障观众需求，提升观众满意度。

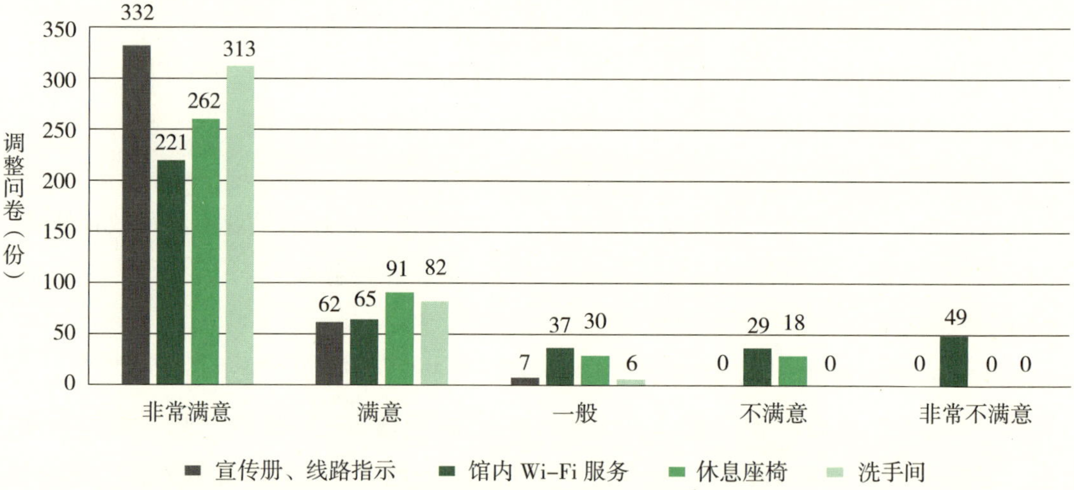

图 10　进馆观众对馆内各项公共设施的满意度情况

（3）讲解服务

在问卷调查中，有 257 位观众接受过人工讲解服务，占比为 64.09%。在接受人工讲解服务的观众中，244 位（94.94%）观众是由馆内专业讲解员讲解，观众对讲解服务的满意度均高于97%。具体如下：接受人工讲解服务的问卷调查中认为“解说内容真实可靠、全面具体、知识性强”的有 251 份（97.67%），认为“讲解人员服务态度和蔼、举止大方”的有 255 份（99.22%），对“讲解员与观众之间的互动交流”表示“非常满意”或“基本满意”的有 255 份（99.22%），对“讲解人员服务的主动性”表示“非常满意”或“基本满意”的有 255 份（99.22%）。

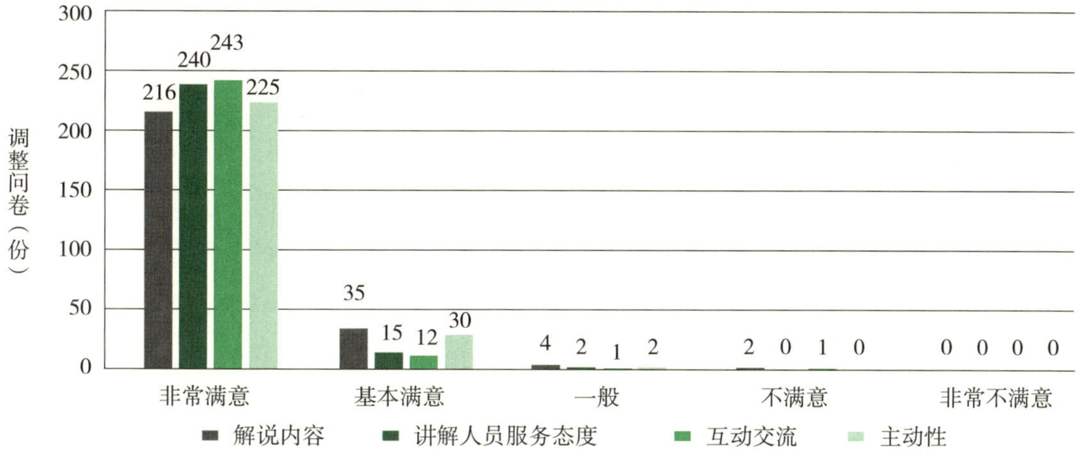

图 11　进馆观众对馆内讲解各方面服务的满意度情况

（4）活动开展

从问卷统计中可以看出观众对博物馆的活动参与度较高，136 人（33.92%）参与过“系列讲座 / 课程”；52 人（12.97%）参与过“未成年人体验站实践活动”；60 人（14.96%）参与过“志愿服务”；80 人（19.95%）参与过“研学活动”；90 人（22.44%）参与过“其他活动”；其中 17 人（4.24%）既参加过“系列讲座 / 课程”，也参与过“志愿服务”。观众希望举办的活动类型主要集中在“苏州教育历史文化的讲座”“园林知识”“志愿服务”“体验活动”等。

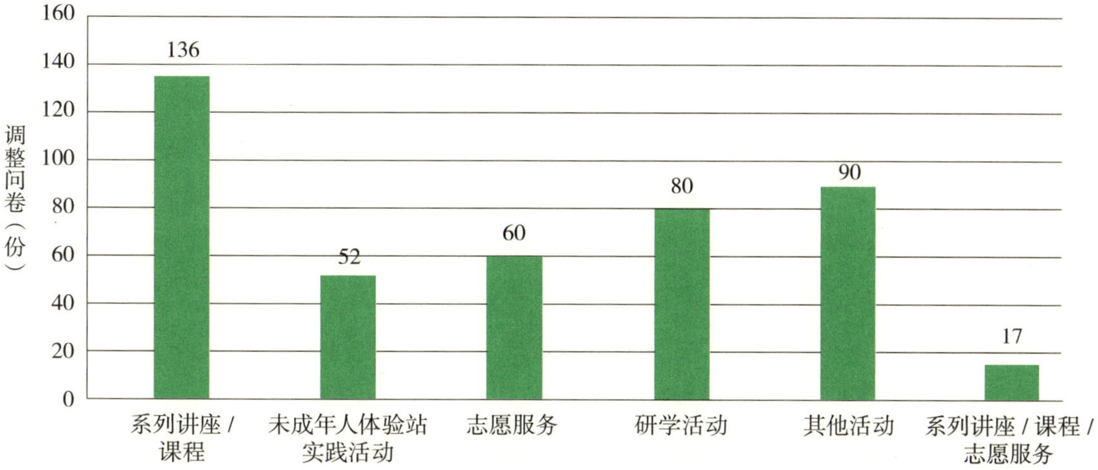

图 12　进馆观众对馆内不同活动参与的人数情况

三、对问卷数据的结果分析

（一）优势及亮点

1. 进馆观众数量基本恒定，学历层级、文化素养相对偏高

苏州教育博物馆具园林和博物馆双重功能，客观上具备吸引观众进馆的优势。从开馆至今，观众人数基本恒定。自 2017 年 9 月开馆至新冠肺炎疫情前的一段时期，观众人数基本保持在每月近万人；疫情期间，由于闭馆和控流要求，进馆观众每月也达控流上限，说明苏州教育博物馆对观众的吸引力非常强。从进馆观众基本情况调查统计中发现，教师及本科以上层次的人数占比远超其他职业人员，表明苏州教育博物馆得到教师和高学历层次观众的认可，他们将博物馆当作“一所可以自学的学校”，当成能提升自我素养的地方。

2. 观众对馆内环境满意度高

对观众来馆缘由的调查显示，被馆内“建筑 / 园林景色”吸引来馆的观众占比 31.67%，被馆内“教育文物 / 展陈”吸引来馆的观众占比 51.62%，同时选择二者的观众占比 10.47%，说明苏州教育博物馆较好地发挥了“双面绣”的功能。同时，观众对馆内公共设施的满意度也较高，除“馆内 Wi-Fi 服务”之外，均高于 88%。

3. 客服讲解满意度高

经对 257 名接受过人工讲解服务的观众进行问卷调查，由观众从“解说内容、服务态度、互动交流、主动性”四个方面对讲解员做出评价，发现观众对馆内讲解服务满意度很高，均高于 97%。

（二）存在问题及改进思路

1. 需要进一步丰富藏品数量，优化藏品结构

从基本情况分析可以看出，截至 2021 年 12 月底，馆藏数量 2300 多件，藏品数量不够丰富，需要进一步扩增。藏品内容偏重教材，教具较为缺乏；藏品年代主要集中在民国、近现代，其他朝代内容偏少，需要进一步扩大藏品外延，优化藏品结构。

藏品是博物馆生存的根本；保护、利用藏品，通过各种形式将藏品介绍给社会，是博物馆发展的重要途径。有的博物馆几十年如一日的单一陈列模式，没有创意，缺乏艺术性和观赏性，有的甚至将“珍宝”藏于库房终年不见人，等等，从客观上讲，降低了文物本身价值和博物馆知名度，也制约了博物馆的生存和发展。可以通过缩短展品的更新周期、丰富展品内容、增加一些互动内容、增加馆内多媒体使用、改进展品解说文字等手段改进藏品结构，丰富藏品内容。

2. 进一步提升公共服务水平，提高进馆观众舒适度

进馆预约手续繁琐，需要进一步简化。因防疫要求，对观众进馆预约手续进行了细致要求，游客表示入馆手续过于繁琐，希望能简化预约流程。

观众对休息座椅、馆内绿化、Wi-Fi 等提出进一步改进建议：希望增加休息座椅；在馆内绿化上希望能多些乔木类的高大树种，增加空间美感；希望提高 Wi-Fi 覆盖面，一方面便于观众利用手机的自媒体发布功能，另一方面也为运行智能讲解系统提供网络基础条件。

进一步提高讲解质量。随着客源结构与旅游方式的转变，游客作为主体，其品位、要求越来越高，更强调个人化的服务，注重精神上的愉悦和美的感受。这就要求博物馆须站在观众的立场上考虑和解决问题，树立“观众至上”的意识，针对观众需求提供个性化讲解，同时聘请更多的专业人士加入志愿者队伍为观众进行讲解。

开发智能讲解服务。接受人工讲解的观众占比并不高，为 64.09%。一方面是由于受疫情影响，馆方在很长一段时间内不能提供人工讲解服务；另一方面是由于人工讲解服务受到其他因素影响，比如讲解员数量、观众喜好等等，很难进一步提高。这就需要借助科技手段，开发智能讲解服务。

3. 维持长期客流，提高回头观众入馆率

苏州教育博物馆客流量呈现明显的时间性和周期性，除了利用好寒暑假、节假日客流量增加的客观因素，还需要多管齐下，稳定客源。要挖掘苏州教育历史、教育名人、教育故事等，通过大力宣传，更好地服务引导观众参观博物馆。要加强博物馆课程体系建设，开发一系列适合各个年龄段青少年的身心和兴趣特点的活动和课程。

四、结束语

本次小样本问卷调查，使得我们更加清晰地认识到办好博物馆的不易。虽然苏州教育博物馆从创办之初就有了良好的基础，但是随着博物馆与公众连接方式的不断改变，观众对博物馆的要求和期望值也日益提高。因此，我们不仅仅要在原有工作基础上进行优化升级，还要在服务理念和思路上不断转变、创新。我们将建立长效动态的调研机制，进一步跟踪了解观众的需求与想法，在尊重和重视观众意见建议的基础上，构建更加符合公众文化需求的服务形式和内容，真正将“以人为本”“观众满意”落实为苏州教育博物馆人努力的根本方向，实现苏州教育博物馆教育功能和社会效益的最大化！

（本文由苏州教育博物馆提供，撰稿人：邢华、王桃桂）

“解析‘高质量课堂’的教学密码观察项目”案例研究

教育的高质量发展，离不开教师的高质量课堂，科学提升教学质量的主阵地是课堂。姑苏区推出“解析‘高质量课堂’的教学密码观察项目”教科研融合建设行动，聚焦课堂，探寻高质量课堂的教学特质，解析高质量课堂的教学密码，为区域广大一线教师“立足课堂，有效提升教学质量”提供朴素榜样和有益服务。

一、观察对象

项目的观察对象为姑苏区近两年区域学业质量监测中，执教学科学业水平居于区域领雁位置的10位教师代表。10位教师涵盖语文、数学、英语、科学四个学科，其中，学校学科分管行政领导、质量提升“引路人”3人，具有区级及以上专业称号、质量提升“领航者”2人，普通学科教师、质量提升“奠基石”5人。5位普通学科教师中，有1位30多年教龄的老教师，有3位中青年骨干教师，还有1位3年以内教龄的新教师。

二、课堂观察

项目组对10位样本教师进行课堂观察，共计听课10节。为提升观察过程的真实性和有效性，项目组每次都是提前一天通知相关对象，依据自主设计的“课堂教学5级水平评价表”（见附录），对课堂真实情境中教师和学生的真实状态进行专项观察和评估。

通过课堂观察，结合课后访谈以及观察量表各项指标水平评价的数据分析，项目组一致认为，10位样本教师的课堂朴实无华，师生情感融洽，教与学有机融合，学生学习卓有成效，这些课堂无疑都是高质量的。这些样本课堂所呈现出的某些教学特质，可以为所有学科教师努力构建高质量课堂带来诸多有益的启示。

三、课堂解密

比照日常课堂观察中的事实材料，过滤掉10个样本课堂的一般性数据和课堂观感，有显著样本意义亦即感受最深的有两方面，集中体现在以下两个关键词上。

（一）“情感性”

1. 样本课堂的学生是“喜爱”这样的课堂的

从数据上看，10个样本课堂中，学生“学习状态”的三项指标“兴趣度”“专注度”“参与度”都达到了4级及以上水平。绝大多数学生，都能以一种轻松的心态，在课堂上与老师、同伴亲切对话，甚至是“争论”；都能兴致勃勃地投入教师组织的探究、实践活动中去。惊叹声、欢笑声、掌声会不时自发地在课堂中响起。他们是发自内心喜爱这样的教师、这样的学习样态，喜爱这样的课堂。

2. 样本课堂的教师是“享受”这样的课堂的

从访谈中得知，10个样本课堂的教师都很“享受”自己的课堂。他们总是精心钻研教材，精心准备课件，精心组织每一次常态教学活动；与学生平等地对话交流，共同合作探究；没有严厉的斥责，更多的是幽默的提示、会心的微笑；对于学习后进生，给予的是细致的引导、耐心的等待、亲切的勉励、热情的褒奖……享受与学生真诚相处的课堂氛围，享受自己真心付出后学生的成长进程，这是样本课堂教师的课堂真实样态。

“要学生喜爱我的课堂，首先要与学生做朋友，让学生真心喜爱我这个教师！”“要学生喜爱这门学科，就要让学生增强学习的兴趣，有收获学习成功的成就感。”这是教师访谈中听到最多的话语。“老师很喜欢我们！”“老师常常会给我们惊喜的！”这些话语在学生访谈中反复出现。“敬业、爱学生、与学生打成一片。”这些是校长、分管行政访谈中对样本课堂教师的普遍评价。

对教师这个称谓心存敬畏，真心爱学生；对执教学科保持一种发自内心的尊重和喜爱，对课堂始终充满情感。情感性，应该是高质量课堂的重要特质。

（二）“精准性”

1. 教学目标精准

在10位样本课堂教师“教学目标”的四项指标中，“学科目标清晰”“学段目标彰显”“课时目标合理”这三项都达到了5级水平；学科“监测目标对接”这一项指标虽然有参差，平均水平也达到了4级。

学科、学段、课时目标的精准定位，与所在学校长久以来注重校本培训、校本教研，教师学科“课程标准”精神吃得透、教育理念有效转变密不可分。尽管教师都很重视学科“监测目标对接”，但在课堂教学中又几乎没有具体体现，而这10个样本课堂却不约而同地把“监测目标对接”落到了教学的实处，这应该是他们高质量教学的重要支撑。

2. 教学内容精准

听课中发现，10 个样本课堂都非常注重对教学内容的精准把握，他们不是简单地把教材“照单全收”，而是合理剪裁教学内容，特别注重把握教学内容与教学目标的一致性，教学内容的可接受性，教学内容对学生发展的独特性，教学内容的首因范例性，教学内容与课堂作业的顺应性。教学内容不但着眼于开拓学生思路、增大信息量、加速知识的储存，而且着眼于学生学了能用、学了会用、学了就用。最后，教学内容的所有“营养”经学生“孵化”后都在课堂作业上得到很好的“生长”。Z 老师在访谈中说得朴素而真实，很有代表性——“真正的减负，不是减去这些有效的作业，而是要避免没有方向没有重点地瞎练。所以，我的教学是‘精准’的，‘精准’地教，‘精准’地问，‘精准’地练。在我看来，这就是走向高效课堂的第一步。”

3. 教学方法精准

在样本课堂，10 位教师对教学方法的精准选择，引发了作为观察者的我们的啧啧称赞。在“自行车上的简单机械”一课，自行车从图片来到了讲台上，在学生一次次与自行车的亲密接触中，滑轮的驱动、杠杆的省力设计原理这些教学难点统统消失了。在“光与影”一课，三次实验使学生轻松找寻出了光源、遮挡物、影子之间复杂的变化规律。6 个游戏活动就是课堂教学的全部内容，对四年级孩子来说比较复杂的“可能性”难题在欢声笑语中轻易解决了。贴近生活，得当使用教学材料；注重学生实践活动过程中真实体验的积累，注重对学生学习兴趣的激发，注重对学生预习习惯、阅读习惯、发言习惯、练习习惯等良好学习习惯的养成，让课堂生动化、生活化、思辨化，精准选择教学方法，这是提升课堂教学质量的法宝。

4. 教学语言精准

数据显示，10 位教师的教学语言的精准性和启发性都在 4~5 级水平，“教学评价”指标达到 4 级水平，其中的 3 个二级指标中，“评价正面有积极性”为 5 级水平，“评价精准有引领性”为 4 级水平，“评价及时有时效性”为 4 级水平。访谈中，10 位教师都有同感：当需要讲解一些教学内容的时候，我总是尽力地用精准的、简洁的或形象的语言来表述；当学生讲得不对的时候，我一定会明确地指出来；当后进学生实在不会的时候，我会说一遍标准答案，让学生复述一遍、两遍甚至三遍。从现场听课中，我们深切地感受到，教师教学语言的精准是影响课堂教学质量的重要因素。实践证明，学生对简洁明快的语言反应快，能在大脑中留下深刻的印象，而对冗长生硬的语言反应慢，难以记忆。如果教师在教学中信口开河，词不达意，模棱两可，含糊不清，就会导致学生抓不住要领，对所学内容难以正确理解，甚至还会越听越糊涂。因此，教师的教学语言要一语中的，使学生听得清，记得明。

当然，影响教学质量的因素是综合的、多方面的，家庭教育、社会环境、动机需求、个体差异等等显性和隐性的因素还有很多，本次 10 个高质量课堂的教学观察与访谈，主要是基于课堂教学视角的小样本研究，由于观察时间的非连续性，对观察对象仅进行了一次性观察，仅是通过操纵自变量，观察和记录因变量的变化做了数据采集和分析，而没能从撤除自变量，继续监测因变量的情况角度再做后续的完整性比对。因此，无法系统地测量自变量的效应，其外部效度很难达到精准的要求，我们将在后续观察中再做更多的验证性研究。还须说明的是，观察组自主设计的“课堂教学 5 级水平评价表”呈现的教师和学生维度“教”与“学”的 9 个一级指标 27 个二级指标，是在满足教育原理一般要求的基础上，根据我区教育教学实际和 10 个样本课堂的观察需求而做的非典型性设计。

四、教学密码

为把握课堂质的规定性，组织 10 位样本教师对自己课堂广泛细致地分析，深入理解，从参与者角度来描述课堂的价值和特点，增强高质量课堂的指向性、有效性，并使参与的每一个人受益。

【案例透视】

W 老师

解码密语：课堂扎实、高效且爱心满满，让学生们都“信其道”

教学反思：高质量课堂是作为老师和学生都期盼的教学理想境界。课堂教学中不仅要重视“教”的策略，更应重视学生如何学习。所以我不断改进教学方法，提高效率。我的“法宝”很简单，谁坚持做了都会有高质量的回报：一是从情感入手，和孩子们做好朋友，从而使他们爱上我这个老师，继而爱上这门学科；二是优化时间安排，在有限的 40 分钟内精讲精练，减少学生低效或无效的劳动；三是重视培养学生认真做作业的习惯，务必要做到当天的作业当天清，不理解或者没掌握的内容一定要今日毕。

Y 老师

解码密语：“五化”汇聚，让课堂成为学生向往的近景魔术互动体验场

教学反思：科学课堂应该生活化，用身边的例子来解释科学现象，会让学生有亲切

感和熟悉感。科学课堂应该幽默化，幽默的语言能唤醒走神的思维，笑一笑，精神好，也记得牢。科学课堂应该辩论化，允许有不同的观点时当场反驳，让学生更投入。科学课堂应该容错化，鼓励学生发表自己的观点，不怕说错，就怕不说。科学课堂应该负责化，要让学生牢记自己的学习责任，不能总被无关的事分了心。

F老师

解码密语：平实中显露出智慧与坚守，做一位有思想的质量提升引路人

教学反思：学习没有捷径，语文学习尤其需要时间的沉淀，这就需要老师们首先沉下来。提升教学质量，必须处理好标准化与个性化的平衡关系。课程标准、监测标准是我们要时时“带着”的。课堂上按标准来问，按标准来教，课后按标准来练，这在我看来，就是走向高效的第一步。我会在心中对要提的问题有一个预估，这个问题属于怎样类型的问题，可分为简单、普通、有难度、很有难度四类。在问的时候，我会有针对性地请孩子回答，让每一个孩子站起来说一次，这是我的一个永恒的课堂目标。

C老师

解码密语：有一颗对学生炽热的爱心，做一块平凡的质量提升“奠基石”

教学反思：我求的不是喜人的成绩，而是学生能感受学习的幸福；我教的不仅是语文知识，更是终身受益的学习方法。培养学生良好的听讲习惯，重视学生课前预习指导，以丰富多彩的活动激发学生的兴趣，注重语言的积累和运用，引导学生根据自己的学习情况自主布置课外作业，这些是我语文教学中的体会与实践。今后我将继续以学生学习的所得感、幸福感，对祖国语言的由衷热爱为目标，为学生终身的语文素养而教、而引、而导。

J老师

解码密语：始终尊重学生作为“生命体”的存在，真情流淌自然而然，儿童在场、生命在场

教学反思：“假如我是孩子”“假如是我的孩子”。我时常思考这两个“假如”，努力以一个教师真诚的爱去尊重、关心、理解和宽容每一个孩子。我总告诉孩子们：“老师的热线为你们而开！当你们遇到困难时，我希望你们第一个能想到我；当你们需要帮助时，我希望能为你们排忧解难；当然，我也希望，当你们快乐成功时，能和我一起分享。”就这样，一种默契、亲切和期盼，在师生之间生成并回流。我没有别的秘诀，就是把每个学生当成自己的孩子！

【学生留言】

我眼中的C老师风趣幽默。她的语文课堂有趣极了，她时常把我们逗得哈哈大笑。但在有趣中，也透露着一些严厉：同学即使有一点儿不专心，她的“火眼金睛”都会发现，把他毫不客气地“拉回来”；课文的重点、难点，她都讲得那么清楚明白，我们不知不觉就都学会了。我好喜欢她哈。

我眼中的Y老师是一位教学认真，幽默风趣的老师。他为人和善，善于调动课堂气氛，讲课非常细致有耐心。女生给他起了个外号“螺丝刀”——其实是说他有“螺丝刀”精神。课堂实验时，他能关注我们完成的情况，像伙伴一样指导我们的实验。这就是我眼中的Y老师，我们的“螺丝刀”。

J老师的英语课十分有趣、生动，大家在其中都学得很认真。我们的英语课有游戏，有歌曲，有表演，不知不觉地我们就学到了很多很多知识。J老师很爱我们，不仅教我们知识，还给我们准备礼物。J老师虽是我们的老师，但更像妈妈，她关心着我们每一个孩子！

【启示思考】

不同的学科、不同的领域，每一位不同风格的老师，有着自己独立的思考和创造性的个性化表达。“爱，专业，用心，坚持”应是教师打开高质量课堂大门的密钥所在，他们的课堂之所以受到学生、家长和同事的点赞，是因为不仅有个性的彰显，还有共性的张力，学生对教师心存敬畏，教师真心爱学生。情感性，应是高质量课堂的重要特质。

教学目标精准，在于不约而同把“学科目标”落到教学实处。教学内容精准，在于合理筛选教学内容，注重教学内容与教学目标的一致性。教学方法精准，在于贴近生活，得当使用教学资源。精准性，应是高质量课堂的重要支撑。

结语：

通过课堂观察，结合课后访谈以及观察量表各项指标水平评价的数据分析，姑苏区将样本教师课堂的朴实无华，师生情感融洽，教与学有机融合，学生学习卓有成效等教学特质，凝练成“爱，专业，用心，坚持”以及“教学目标精准、教学内容精准、教学方法精准”这一系列高质量课堂的密钥并在区域大力推广。“情感性”成为姑苏教师高质量课堂的重要特质，“精准性”成为姑苏教师高质量课堂的重要支撑。放大平凡“树榜样”、聚焦课堂“解密码”，是姑苏教育人在高质量发展背景下不断提升教师专业水平，从源头上治理违规办学行为，切实减轻学生过重课业负担，轻负高效实施教学改革的努力探索，这为真正落实规范办学奠定了坚实的基础。

（本文由姑苏区教师发展中心提供）

附录：课堂教学5级水平评价表

评价对象	一级指标	二级指标	5级水平评价
教师	教学目标	学科目标清晰	
		学段目标彰显	
		课时目标合理	
		监测目标对接	
	教学资源	教材理解准确透彻	
		教学材料使用得当	
	教学实施	教学内容适宜有创造性	
		教学语言精准有启发性	
		教学方法适切有灵活性	
		教学情感饱满有亲和性	
	教学评价	评价正面有积极性	
		评价精准有引领性	
		评价及时有时效性	
	教学时间	讲解时间	
		提问次数	
学生	学习习惯	预习习惯	
		阅读习惯	
		发言习惯	
		练习习惯	
	学习状态	兴趣度	
		专注度	
		参与度	
	学习品质	观察力	

续表

评价对象	一级指标	二级指标	5级水平评价
学生	学习品质	思维力	
		表达力	
	学习效果	正确率	
		创新性	

苏州市 2020 年初中教师工作负担调查

一、监测简介

2020 年 9 月，苏州市教育质量监测中心组织实施了第六次全市义务教育学业质量监测。本次监测主要由学业水平测试、学生相关因素问卷和教师相关因素问卷调查三个部分构成，学业水平测试内容包括语文、数学、英语和科学四门学科，相关因素问卷包括学生身心健康、学习品质、一般学习行为、学业负担、学业支持等维度，以及影响学生发展的个体、学校、家庭、社会等多方面因素。

本次监测覆盖苏州市辖内 10 个市（区）全部初中学校（包括公办和民办初中，不含特教），采用学科抽测和相关因素全测的方式采集样本，共 277 所初中校，287546 名学生。参测教师方面，全市各区域排除了新教师、上学年外出交流不在本校的教师，所有初中学校的语文、数学、英语、物理、生物、地理、体育、艺术和劳技学科教师全员参测，参测教师总人数为 16736 人，剔除 182 份无效问卷，有效参测人数共计 16554 人，有效参测比例约为 98.9%。因本次教师相关因素调查为非全样本参测，故基础数据与实际情况存在一定的误差。

2019 年和 2020 年监测均采用学校全覆盖、相关学科教师全员参测的方式实施测评。从 2019 年开始，增加体育、艺术和劳技学科教师参与相关因素教师问卷调查。因此，2019 年和 2020 年苏州市初中教师群体测评结果更加全面、可靠，具有更高的信度。各区域参测情况如表 1 所示。

表 1　大市各区域参测教师人数汇总

区域	2019 年参测总人数	2020 年		
		参测总人数	有效参测人数	有效参测比例
张家港市	1697	1932	1928	99.8%
苏州工业园区	1371	1680	1676	99.8%
相城区	914	1024	1021	99.7%
市直属	1470	1624	1616	99.5%

续表

区域	2019年参测总人数	2020年		
		参测总人数	有效参测人数	有效参测比例
吴中区	1324	1632	1621	99.3%
高新区	962	1103	1094	99.2%
太仓市	936	1054	1045	99.1%
昆山市	1939	2364	2338	98.9%
吴江区	1884	2190	2138	97.6%
常熟市	1790	2019	1963	97.2%
其他	105	114	114	100.0%
大市总计	14392	16736	16554	98.9%

表2 参测教师特征分布情况

变量名分类	年龄				
	30岁以下	31~40岁	41~50岁	51~60岁	60岁以上
教师数（人）	3871	5021	5537	2107	18
占比	23.4%	30.3%	33.4%	12.7%	0.1%

变量名分类	职称			学历			性别	
	初级	中级	高级及以上	大专及以下	本科	硕士及以上	男	女
教师数（人）	5483	6752	4319	342	13648	2564	5822	10732
占比	33.1%	40.8%	26.1%	2.1%	82.4%	15.5%	35.2%	64.8%

二、指标体系

（一）监测指标

苏州市义务教育学业质量监测相关因素教师问卷的指标体系主要包括“个人信息”“内涵建设”“教师教学”“职业状态”四个一级维度，下设二级维度和三级维度。本报告中，主要呈现2019年和2020年与教师工作负担密切相关的部分维度的基础数据，包括教师的客观工作投入、主观负担感受和职业状态。主观负担感受包括总体压力感受，各压力来源的压力大小，2019年学校各类活动带来的负担大小，以及2020年教师在工作中的身体反应所反映的负担大小；职业状态包括职业内驱力和主观幸福感（见表 3）。

本次相关因素监测指标、问卷经过了多轮次试测和研磨，各项量化指标均符合测量学要求，具有良好的信效度。

表 3　教师工作负担指标体系

一级维度	二级维度	主要监测点	
		2019 年	2020 年
工作负担	客观工作投入	完全周工作总时间	
	主观负担感受	总体压力感受	
		压力来源①	压力来源②
		各类活动负担	身体反应
	职业状态	职业内驱力	
		主观幸福感	

表 4　教师工作负担指标体系解释

一级指标	二级指标	指标解释
工作负担	客观工作投入	指教师个体在完全周内的工作总时间
	主观负担感受	指的是教师个体对上学期压力大小的主观感受
	职业状态	本次监测主要关注职业内驱力和主观幸福感。职业内驱力指教师个体对职业目标执着追求的原动力，主观幸福感指教师个体对其生活质量所做的情感性和认知性的整体评价

（二）概念界定

1. 负担

《现代汉语词典》中对“负担”的解释分为两类：作为动词，为承担之义（承担责任、工作、费用等）；作为名词，为承受的压力或担当的责任、费用等。《汉语大词典》中对“负担”的解释有四种：①背负肩挑；②对自己所担负的工作的谦称；③指物质上精神上所承担的压力和担当的责任；④指承担、承受。按照各词典的释义，可以总结归纳“负担”的概念。一是当“负担”作为动词的时候，与“承担、承受”之义等同；二是当“负

① 2019 年压力来源主要包括：社会压力、学生压力、学校压力和自我实现压力。

② 2020 年压力来源主要包括：来自学生家长的要求、来自学校管理的要求、来自课堂教学的压力、来自个人发展的压力和来自学生管理的压力。本报告呈现 2020 年的苏州市及各区域各压力来源情况。

担”作为名词的时候，是指所承受的精神上的压力以及工作上所担当的责任。

学者邓志祥指出:“负担是一种承受、负载以及相应生命的消耗,它总是与目标、任务、责任或兴趣相联系，个体对负担的体验与其对目标、任务和责任的价值判断和自身素质的现行状态大致维持一种反比例关系，因此‘负担’不仅是可以感受的，而且还带有鲜明的个体差异性。”杜立娟阐述的“负担”是指“生活在一定的社会关系中的社会成员所担当的社会职责或责任，负担既可以是主体外在的职责量的反映，也可以是主体内在的心理感受，二者互为补充；然而，负担的轻和重在一定程度上可以说是相对的，它与主体对其自身的职责、态度直接相关”。

结合词典和学术界对“负担”的认识,本文认为“负担”的概念常常指向名词之义，为主体在一定的社会关系中的两个指向。一是理应承担的社会职责或责任，及其对应所承受的个体体验（包括合理的个体压力）等合理负担；二是指延伸之意，即主体在承担社会职责中承担了不应当承担、不合理的任务与压力，以及对其身心健康造成危害的负担。

2. 教师工作负担

尽管关于减轻中小学教师负担的研究较多，但是关于教师负担的定义却很少。学界把“教师负担”按负担的来源分为“教师工作负担”“教师生活负担”“教师心理负担”三大结构，则“教师工作负担”是属于“教师负担”的下位概念之一。

任丹娜在研究“新课程背景下宿州市高中化学教师负担”的论文中写出关于政策规定的“教师负担”的概念,认为“教师负担”涵盖以下内容：①作为教师理应承担教学工作、教研工作和学生的教育及培养工作；②教师理应参加各种有关教师培训活动；③教师每天的工作时间不超过八小时。从这些政策内容来看,这是有关“教师负担”的“理应、应当”承担之义。

“教师工作负担”对应国外的“teachers' workload”，也称教师工作量。有学者认为：“工作时间是教师工作量最直接的体现，中小学教师工作量是指教师履行职业角色时践行的具体工作任务及其所需要的时间，由工作时间总量和具体工作任务的时间分配两方面承载。”国外开展了大量关于“教师工作负担”的实证研究，2013 年经济合作与发展组织（OECD）在开展的“教师教学国际调查项目”（Teaching and Learning International Survey，简称 TALIS）中认为“教师的工作负担指教师在各项教育教学活动上的实际工作时间，包括教学时间和非教学任务工作时间（备课、改作业、家访、学校管理、课外活动、课堂问题处理）”。

因此，本研究中的“教师工作负担”有以下含义：一是指理应之意，教师为了完成教育教学活动而所需要承担的任务以及相应的实际工作量（包括教学任务与非教学任务），涵盖教学、教科研、管理，以及其他（包括与上述教学、教科研、管理无关的一些校内、校外工作事务）；二是指延伸之意，除上述之外的、其他额外的工作和压力。

此外，本文认为教师产生工作负担的来源有多种：一是承受的工作压力超过自身的承受能力和恢复能力；二是个体的压力承受能力低；三是个人认为某件事情没有必要去做以及完成某件事情没有相应价值，也会产生负担；四是个体缺乏内驱动力，即使是合理的客观工作投入也会认为是工作负担。

三、研究结果

本部分呈现2019年和2020年的监测调查结果。完全周工作总时间呈现具体调查结果（呈现时间长短），在其余各维度，以原始得分方式呈现数据，不同维度计分方式不同。

总体压力感受以1~8分进行赋分，分数越高，表明压力越小。

2020年各压力来源大小，以1~8分进行赋分，分数越高，表明压力越小。

2019年各类活动带来的负担以1~5分进行赋分，分数越高，表明负担越小。

职业内驱力以1~5分进行赋分，分数越高，表明内驱力越高。

主观幸福感以1~7分进行赋分，分数越高，表明幸福感越高。

（一）客观工作投入

教师的客观工作投入主要表现为教师完全周实际的工作总时间。完全周指的是不包含请假、公共假期等的工作周。工作总时间（小时）主要包括教学、备课、批改作业、与其他教师合作、参加工作会议、参加专业发展和其他工作花费的时间，也包括晚上、周末以及其他课外时间所花费在工作上的时间。

本部分主要呈现苏州市和各区域教师完全周实际的平均工作总时间以及各学科教师完全周实际的平均工作总时间，以此来呈现苏州市教师的客观工作投入现状以及区域间和学科间的差异。在分析学科差异时，任教多门学科的教师的完全周工作总时间包含其他学科的工作时间，如劳技教师如果是兼职教师，那么该教师的完全周工作总时间更多的是其他学科的工作时间。

调查结果显示：（1）苏州市教师2020年每周工作时间为49.18小时，较2019年的47.30小时有所增加，且高于2018年TALIS上海初中教师报告的每周工作时间45.30小时；（2）从区域来看，各区域教师2020年每周工作时间较2019年均有所增加；（3）K区域教师每周工作时间相对较长，F 区域相对较短；（4）语文、数学、英语、物理学科教师每周工作时间相对更长。

从表 5 可以看出，教师每周工作时间 40 小时以下的有 1186 人，占比 7.2%；每周工作时间超过 60 小时的有 3636 人，占比 22%。也就是说，如果按照每周 5 天计算，每天工作 8 小时以内的教师仅占 7.2%，92.8% 的教师每天工作超过 8 小时，而每天工作 12 小时以上的教师占比达 22%。

◄ 2020 年	■ 2019 年	区域
51.69	49.80	K
51.10	48.80	P
50.68	48.60	H
50.46	47.50	D
49.66	47.30	A
49.24	48.70	Q
49.18	47.30	大市
48.99	46.10	C
48.36	47.10	E
48.26	46.10	G
46.16	44.60	F

图 1　各区域教师 2019 年和 2020 年完全周工作时间

◄ 2020 年	■ 2019 年	学科
51.43	49.24	语文
51.21	48.33	英语
50.20	48.35	数学
49.03	47.16	物理
47.53	46.41	其他
47.45	45.89	劳技
46.39	44.92	地理
46.33	45.13	生物
44.29	43.39	体育
43.31	42.76	艺术

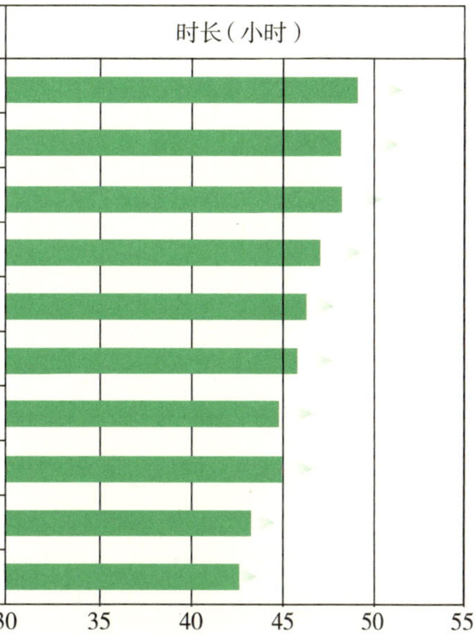

图 2　大市各学科教师 2019 年和 2020 年完全周工作时间

表 5　2020 年教师完全周工作时间

工作时间	教师人数	百分比
40 小时以下	1186	7.1%
40~50 小时	5547	33.5%
50~60 小时	6185	37.4%
60 小时以上	3636	22%
总计	16554	100%

（二）主观压力感受

2019 年监测主要关注了教师上学期的总体压力大小、各压力来源（社会压力、学校压力、自我实现压力和学生压力）大小以及学校各类活动带来的负担大小；2020 年监测主要关注了教师上学期的总体压力大小、各压力来源（学生家长、学校管理、课堂教学、个人发展和学生管理）大小以及身体反应（在平时工作中出现紧张、睡眠不好、头疼、心烦、脾气暴躁等的频率）。因此，教师的总体压力大小可进行追踪比较。

1. 总体压力感受

教师的总体压力感受以 1~8 分进行赋分，分数越高，表明压力越小。调查结果显示：（1）苏州市教师总体压力感受偏大，各年各区域得分均低于量表的中间值 4.5 分；（2）各区域 2020 年得分较 2019 年得分有所上升，表明苏州市教师总体压力 2020 年较 2019 年有所缓解。

2020 年	2019 年	区域
3.72	3.41	F
3.68	3.31	E
3.52	3.19	G
3.51	3.17	大市
3.46	3.07	D
3.46	3.11	C
3.46	3.07	Q
3.42	3.12	A
3.40	3.16	K
3.36	3.09	P
3.34	2.99	H

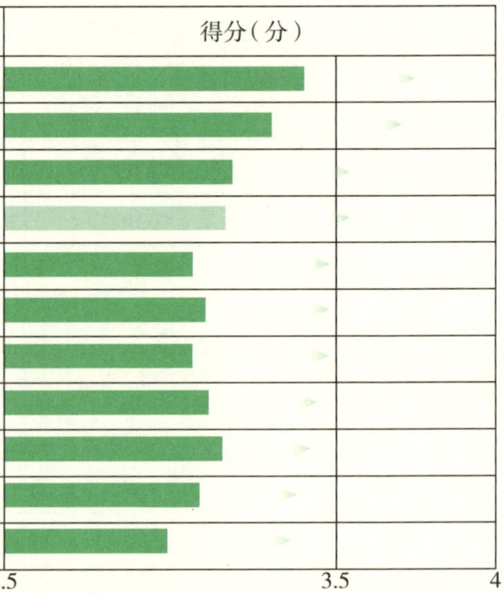

图 3　各区域 2019 年和 2020 年总体压力感受得分情况

2. 各压力来源大小

2020 年各压力来源大小，以 1~8 分进行赋分，分数越高，表明负担越小。调查结果显示:（1）苏州市教师在各压力来源上的得分略低于量表的中间值 4.5 分，说明在各压力来源上的负担略大，其中，来自学校管理的要求和来自个人发展的压力给教师带来的负担相对较大，来自学生家长的要求带来的负担相对较小;（2）从区域来看，E 区域教师的负担相对较小，P 区域教师的负担相对较大。

单位：分

区域	来自学生家长的要求▲	来自学校管理的要求▲	来自课堂教学的压力▲	来自个人发展的压力▲	来自学生管理的压力▲
E	4.34	3.90	4.35	4.03	4.07
F	4.27	3.78	4.26	3.89	4.15
Q	4.31	3.63	4.16	3.88	4.11
D	4.34	3.56	4.14	4.01	4.00
K	4.34	3.52	4.19	3.80	4.20
大市	4.30	3.61	4.16	3.87	4.00
C	4.18	3.56	4.11	3.98	3.88
G	4.37	3.60	4.09	3.73	3.86
A	4.35	3.45	4.05	3.84	3.89
H	4.31	3.28	4.05	3.77	3.85
P	4.10	3.44	4.07	3.66	3.93

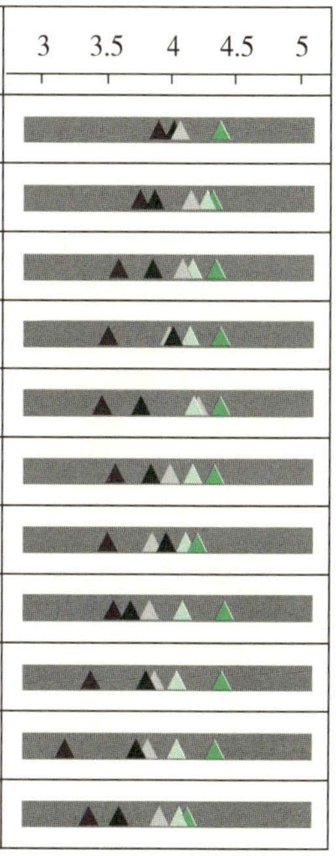

图 4　各区域 2020 年各压力来源得分情况

3. 负担清单

2019 年各类活动带来的负担以 1~5 分进行赋分，分数越高，表明压力越小。调查结果显示:（1）“非教学类考核、评比、督查与检查”和“与教学无关的各类活动”以及“教学成绩考核”给教师带来的负担相对较大，“课程改革”和“各类专业学习、培训”给教师带来的负担相对较小;（2）从区域来看，各类负担清单给 E 区域教师带来的负担相对较小，给 H 区域教师带来的负担相对较大。

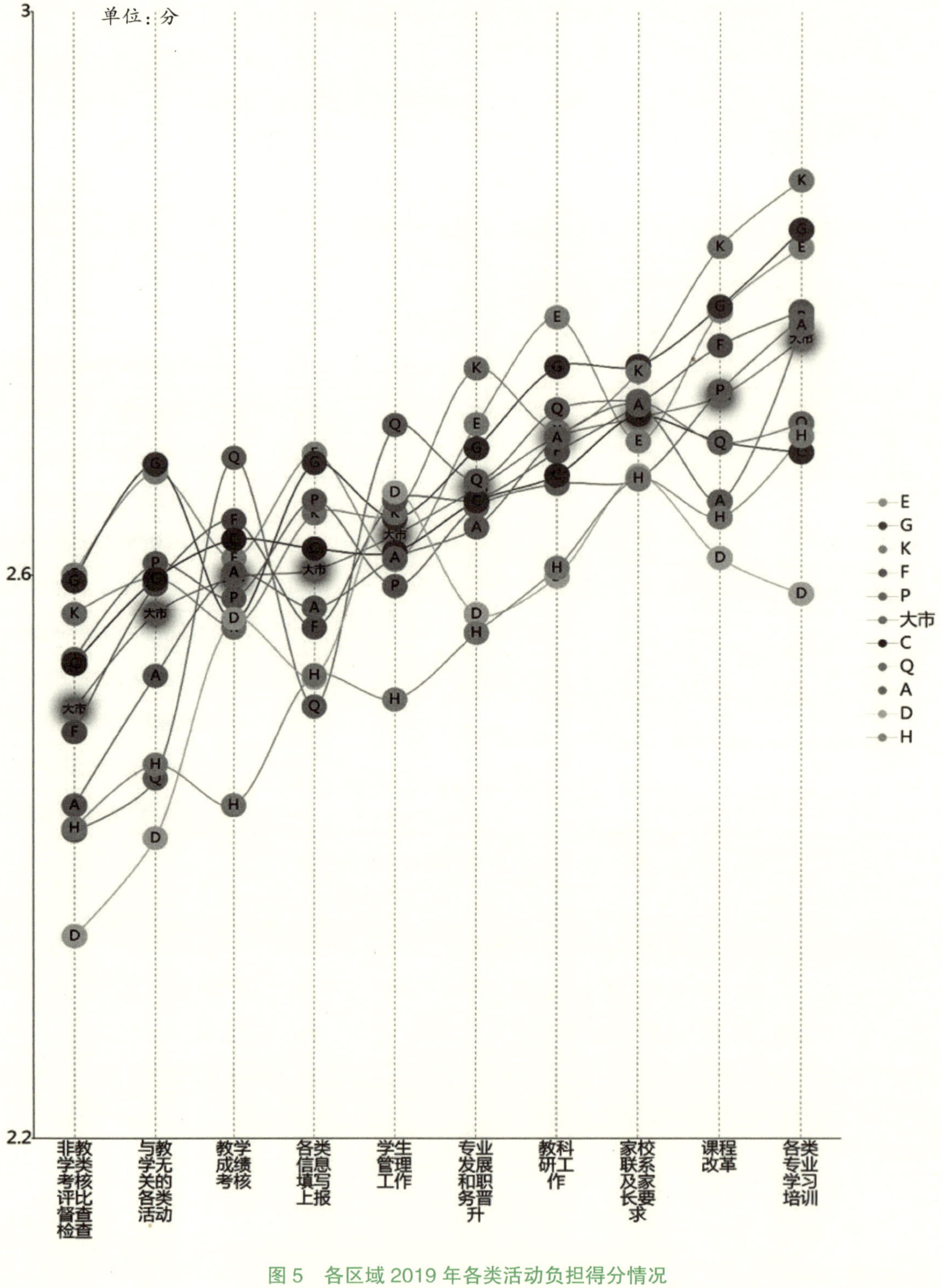

图 5　各区域 2019 年各类活动负担得分情况

表 6　各区域 2019 年各类活动负担得分情况

单位：分

区域	非教学类考核、评比、督查、检查	与教学无关的各类活动	教学成绩考核	各类信息填写、上报	学生管理工作	专业发展和职务晋升	教科研工作	家校联系及家长要求	课程改革	各类专业学习、培训
G	2.60	2.68	2.57	2.67	2.64	2.69	2.75	2.75	2.79	2.85
E	2.60	2.67	2.61	2.69	2.61	2.71	2.78	2.69	2.79	2.83
K	2.57	2.60	2.56	2.64	2.64	2.75	2.70	2.74	2.83	2.88
F	2.49	2.59	2.64	2.56	2.65	2.65	2.69	2.72	2.76	2.79
大市	2.50	2.57	2.60	2.60	2.63	2.66	2.70	2.71	2.73	2.77
P	2.54	2.61	2.58	2.65	2.59	2.65	2.66	2.67	2.73	2.78
C	2.54	2.60	2.63	2.62	2.62	2.65	2.67	2.71	2.69	2.69
Q	2.42	2.46	2.68	2.51	2.71	2.67	2.72	2.72	2.69	2.71
A	2.44	2.53	2.60	2.58	2.61	2.63	2.70	2.72	2.65	2.78
D	2.34	2.41	2.57	2.53	2.66	2.57	2.60	2.67	2.61	2.59
H	2.42	2.47	2.44	2.53	2.51	2.56	2.61	2.67	2.64	2.70

（三）职业状态

1. 职业内驱力

职业内驱力以 1~5 分进行赋分，分数越高，表明内驱力越高。调查结果显示：（1）苏州市各年各区域得分均高于量表的中间值 3 分，表明苏州市教师职业内驱力总体较高；（2）不管是大市还是各区域，2020 年得分均高于 2019 年得分，表明苏州市教师职业内驱力有所增强；（3）从各区域来看，K 区域教师的职业内驱力相对较高，C 区域教师的职业内驱力相对较低。

◄ 2020 年	■ 2019 年	区域	得分（分）
3.45	3.43	K	
3.45	3.40	E	
3.37	3.35	A	
3.34	3.29	大市	
3.34	3.29	F	
3.33	3.22	Q	
3.32	3.26	P	
3.29	3.25	G	
3.28	3.21	D	
3.26	3.18	H	
3.21	3.20	C	

2.5 3.5 4

图 6　各区域在职业内驱力维度的发展情况

2. 主观幸福感

主观幸福感以 1~7 分进行赋分，分数越高，表明幸福感越高。调查结果显示：（1）苏州市各区域两年主观幸福感得分均高于量表的中间值 4 分，表明苏州市教师主观幸福感较高；（2）不管是大市还是各区域，2020 年得分均高于 2019 年得分，表明苏州市教师主观幸福感有所增强；（3）从各区域来看，K 区域教师的主观幸福感相对较高，C 区域教师的主观幸福感相对较低。

◄ 2020 年	■ 2019 年	区域	得分（分）
5.46	5.33	K	
5.40	5.21	E	
5.32	5.17	P	
5.26	5.04	Q	
5.24	5.10	大市	
5.20	5.15	A	
5.19	5.13	F	
5.16	5.08	G	
5.13	4.90	D	
5.10	4.87	H	
5.06	4.99	C	

3.5 4.5 5.5 6

图 7　各区域 2019 年和 2020 年主观幸福感得分情况

（四）不同教师群体的维度得分差异

1. 不同相关因素特征的教师在各维度上得分差异

（1）不同工作压力得分的教师的职业内驱力和主观幸福感得分

将苏州市教师工作压力得分按照前 27%、中间 46% 和后 27% 划分为不同教师群体。从数据可以看出，总体压力感受得分为低分组、中分组和高分组的教师，职业内驱力得分分别为 3.20 分、3.30 分和 3.43 分（以 1~5 分赋分），主观幸福感得分分别为 4.79 分、5.10 分和 5.56 分（以 1~7 分赋分），即教师的工作压力越高（得分越低），其职业内驱力和主观幸福感均越低。

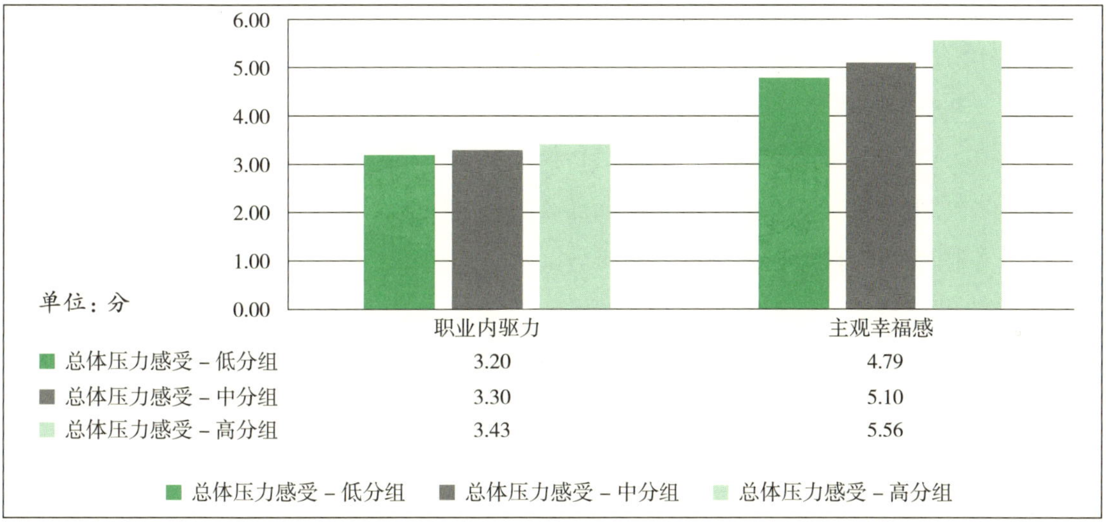

图 8　2020 年不同工作压力得分的教师的职业内驱力和主观幸福感得分

（2）不同工作时长的教师在各维度上的得分

将苏州市教师工作时长划分为四段，分别为每周工作总时间为 40 小时以下、40~50 小时、50~60 小时和 60 小时以上。从数据可以看出，每周工作总时间为 40~50 小时教师的总体压力感受得分为 4.01 分，得分最高，压力最小，职业内驱力和主观幸福感得分均最高，分别为 3.41 分和 5.46 分；每周工作总时间 60 小时以上的教师总体压力感受得分为 2.87 分，得分最低，压力最大，职业内驱力和主观幸福感得分均最低，分别为 3.26 分和 4.96 分。

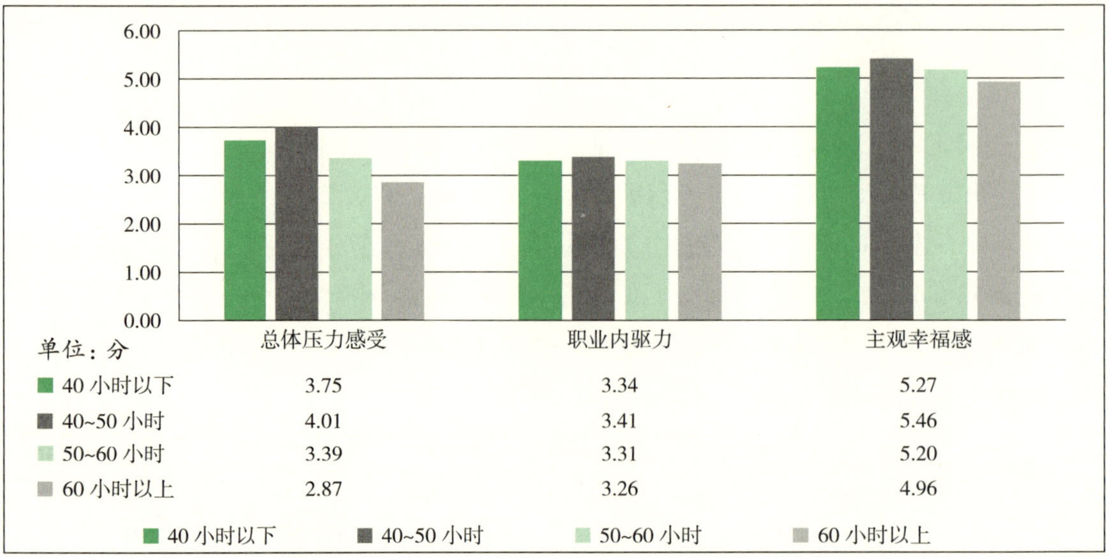

图 9　2020 年不同工作时长的教师在各维度上的得分

2. 不同人口学变量的教师在各维度上得分差异

（1）不同性别的教师在各维度上的得分

调查结果显示，男教师在总体压力感受、职业内驱力和主观幸福感维度上的得分均相对较高，其中，男女教师在总体压力感受和主观幸福感维度上得分差异相对较大，即男教师的工作压力相对较轻，主观幸福感相对较高。

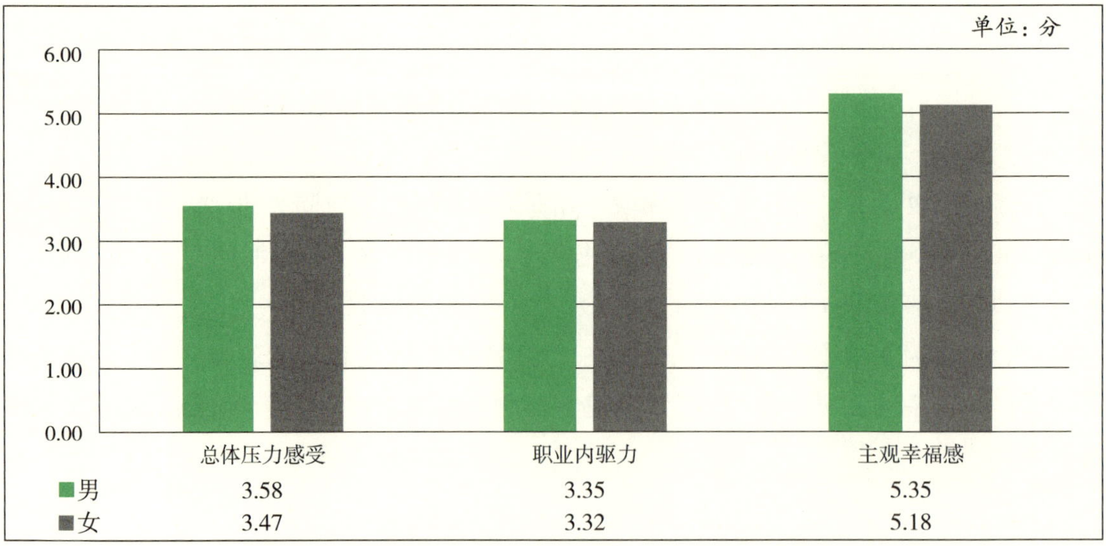

图 10　苏州市 2020 年不同性别教师在各维度上的得分

（2）不同年龄的教师在各维度上的得分

调查结果显示，40~50 岁教师的总体压力感受得分为 3.42 分，得分最低，压力最大；

随着教师年龄的增长，职业内驱力得分逐渐下降；50 岁及以上教师的主观幸福感得分相对最高，主观幸福感最高，其他年龄段教师的得分相差不大。

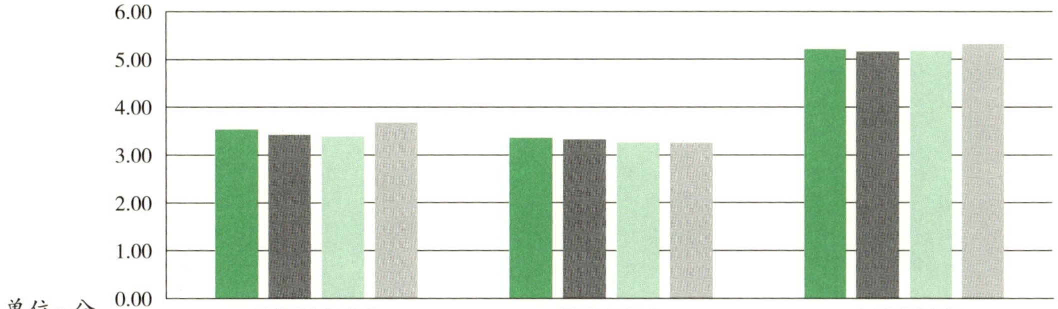

单位：分	总体压力感受	职业内驱力	主观幸福感
30 岁及以下	3.58	3.39	5.25
30~40 岁	3.47	3.36	5.20
40~50 岁	3.42	3.30	5.21
50 岁及以上	3.71	3.29	5.36

■ 30 岁及以下 ■ 30~40 岁 ■ 40~50 岁 ■ 50 岁及以上

图 11　苏州市 2020 年不同年龄教师在各维度上的得分

（3）不同学历的教师在各维度上的得分

调查结果显示，学历为硕士及以上的教师总体压力感受得分为 3.45 分，得分最低，压力最大；学历为硕士及以上教师的职业内驱力得分为 3.38 分，得分最高，职业内驱力最强；学历为本科的教师幸福感得分为 5.22 分，得分最低，主观幸福感最低。

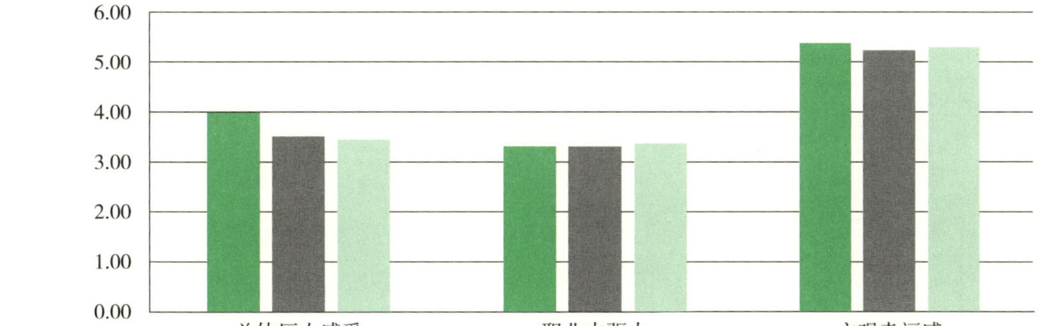

单位：分	总体压力感受	职业内驱力	主观幸福感
大专及以下	3.98	3.32	5.37
本科	3.51	3.33	5.22
硕士及以上	3.45	3.38	5.29

■ 大专及以下 ■ 本科 ■ 硕士及以上

图 12　苏州市 2020 年不同学历教师在各维度上的得分

（4）不同职称的教师在各维度上的得分

调查结果显示，中级职称的教师总体压力感受、职业内驱力和主观幸福感得分分别为 3.43 分、3.29 分和 5.17 分，工作压力最大，职业内驱力最低，主观幸福感也最低。

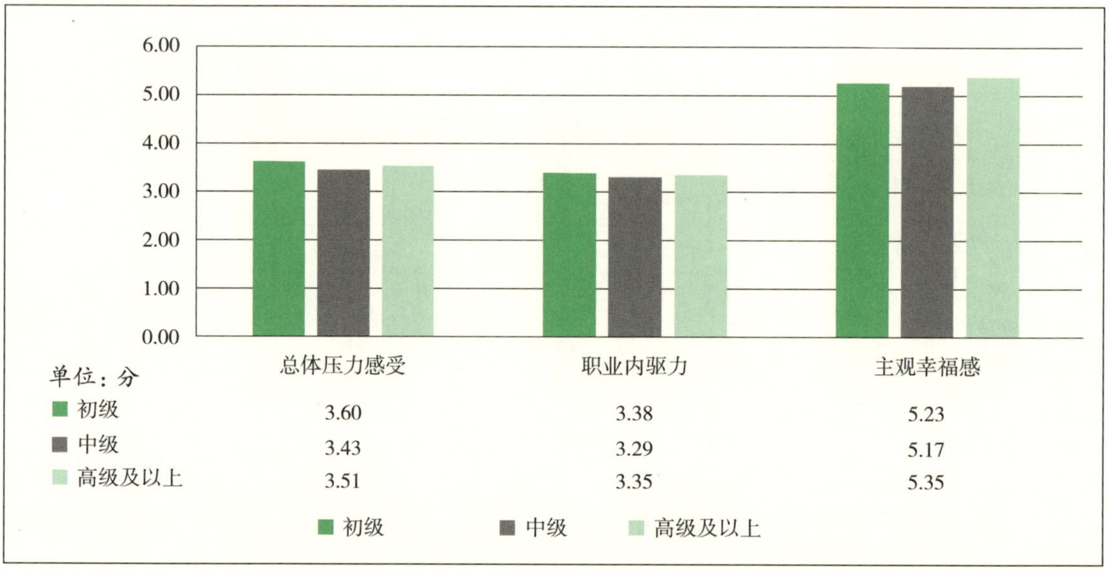

图 13　苏州市 2020 年不同职称教师在各维度上的得分

四、结论与建议

从总体上来看：

1．苏州市教师每周工作总时间相对较长，且每周工作 60 小时以上的教师比例相对较高。

2．苏州市教师工作压力偏大，但是 2020 年与 2019 年相比有所缓解。

3．学校层面和个人发展给教师带来的负担相对较大，在负担清单中，“非教学类考核、评比、督查与检查”和“与教学无关的各类活动”以及“教学成绩考核”给教师带来的负担相对较大。

4．苏州市教师的职业内驱力和主观幸福感相对较高，且呈上升态势。

5．教师的工作压力越高，其职业内驱力和主观幸福感均越低；每周工作总时间 60 小时以上的教师工作压力最大，职业内驱力和主观幸福感最低；不同性别、年龄、学历和职称的教师的工作压力、职业内驱力和主观幸福感有一定的差异。

苏州教师工作时间长，工作负担重是事实，为教师减负是非常有必要的，但是减负不等于没有负担，《中华人民共和国教师法》等法律法规明确规定，中小学教师在教育教学工作中必须承担的职业负担，是正常、合理和必要的负担。因此，为教师减负要减掉的是中小学教师不应该承担的与教育教学无关的事项。基于此，为进一步减轻苏州中小学教师工作负担，各部门应当严格落实苏州市委办、市政府办《关于切实减轻中小学教师负担进一步营造教育教学良好环境的若干措施》的通知，明确减负内容，加强督查和审查力度，严格执行苏州市中小学教师减负十项规定，做到统筹规范督查检查评比考核创建事项、统筹规范社会事务进校园、统筹规范报表填写工作、统筹规范抽调借用教师事宜、强化教师减负工作保障，进一步营造全社会尊师重教的浓厚氛围，为教师安心、静心、舒心从教创造更加良好环境，办好以人民为中心的高质量教育。

（本文由苏州市教育质量监测中心提供，撰稿人：冯杰）

苏州市2020年心理健康和体美劳教育专题报告

一、监测简介

2020年9月，苏州市教育质量监测中心组织实施了第六次全市义务教育学业质量监测。本次监测主要由学业水平测试、学生相关因素问卷和教师相关因素问卷调查三个部分构成，学业水平测试内容包括语文、数学、英语和科学四门学科，相关因素问卷包括学生身心健康、学习品质、一般学习行为、学业负担、学业支持等维度，以及影响学生发展的个体、学校、家庭、社会等多方面因素。

本次监测覆盖苏州市辖内10个市（区）全部初中学校（包括公办和民办初中，不含特教），采用学科抽测和相关因素全测的方式采集样本，共277所初中校，287546名学生以及16736名教师。其中，初一参测学生数为103818人，较上届增加了7056人，初二参测学生数为96769人，初三参测学生数为86959人。

通过对初一年级学生倒追至小学的方式，共追踪到苏州市2020届小学毕业生99866人，共涉及小学487所。小学教师未参测。

二、指标体系

2021年全国教育工作会议上，时任教育部部长陈宝生强调，促进学生身心健康全面发展，要抓好体育、美育文件的落实，完善“健康知识＋基本运动技能＋专项运动技能”体育教学模式，构建五级学校体育竞赛制度；要探索构建学段有机衔接、课内课外深度融合的美育体系；要面向全体学生开展心理健康教育，增强学生承受挫折、适应环境的能力；要发挥劳动教育的综合育人作用，把劳动教育清单丰富起来，健全劳动素养评价制度。

苏州市义务教育学业质量监测相关因素学生问卷的指标体系主要包括“成长背景”“一般学习行为”“身心健康”“学习品质”“学业负担”和“学业支持”六个一级维度，下设二级维度和三级维度。本报告中，主要呈现“心理健康”“体美劳教育”部分内容。本次相关因素监测指标、问卷经过了多轮次试测和研磨，各项量化指标均符合测量学要求，具有良好的信效度。

表 1　学生相关因素问卷指标说明①

一级指标	二级指标	指标解释
心理健康	焦虑	指个人预料会有某种不良后果出现时产生的紧张、心神不宁、烦躁等情绪。分数越高，焦虑程度越轻
	主观幸福感	指人们对自身生活满意程度的认知评价，包括生活满意度和情感体验两个基本成分。分数越高，主观幸福感程度越高
体美劳教育	课程资源	主要关注各学科的校内课程资源配置及使用情况，例如学校图书馆、实验室、专门教室及各类教学设施和实践基地的配置与使用
	课程开设	主要关注体美劳相关课程的开设情况，通过学生问卷自述得到结果
	课程计划实施	主要关注体美劳相关国家课程的被占课情况
	爱好或特长养成	主要关注体美劳爱好或特长的养成情况

三、研究结果

在调查题部分，以百分比方式呈现数据。在维度上，以得分方式呈现数据，不同维度计分方式不同，分数越高，表明该维度表现越好。

（一）心理健康状况

1. 焦虑

单位：分

区域	2020 年初一	2020 年初二	2020 年初三
A	3.12	3.03	2.83
K	3.15	2.94	2.84
Q	3.02	2.87	2.76
D	3.07	2.85	2.72
E	2.98	2.89	2.71
大市	2.98	2.81	2.70

① 以上指标为相关因素学生完整指标框架，本报告中选择适合指数化的指标进行呈现，其余内容在专题报告中呈现。

区域	2020 年初一	2020 年初二	2020 年初三
C	2.95	2.73	2.63
H	2.87	2.75	2.68
P	2.88	2.69	2.68
Z	2.87	2.70	2.66
G	2.88	2.67	2.61
F	2.84	2.64	2.55

图 1　大市各区域 2020 年学生的焦虑得分

“焦虑”指个人预料会有某种不良后果出现时产生的紧张、心神不宁、烦躁等情绪。分数越高（以 0~4 分赋分），焦虑程度越轻。

从图 1 可以看出：苏州市初中各年级各区域得分均高于量表的中间值 2 分，表明苏州市初中学生焦虑程度总体较轻。不管是大市还是各区域，均呈现出随着年级升高，焦虑加剧的情况。

2. 主观幸福感

2020 年初三	2019 年初二	2018 年初一	区域
4.53	4.76	4.87	K
4.39	4.56	4.70	A
4.41	4.61	4.68	Q
4.26	4.40	4.64	D
4.21	4.36	4.69	E
4.20	4.39	4.60	大市
4.28	4.44	4.62	P
4.07	4.46	4.62	Z
4.02	4.24	4.57	C
4.07	4.34	4.58	H
4.02	4.17	4.39	G
3.91	4.16	4.24	F

图 2　大市各区域初中 2018 级学生三年的主观幸福感得分

2020年初二	2019年初一	区域
4.69	4.88	K
4.63	4.88	A
4.63	4.77	Q
4.52	4.80	D
4.49	4.77	E
4.42	4.67	大市
4.33	4.59	P
4.29	4.72	Z
4.31	4.63	C
4.28	4.53	H
4.14	4.42	G
4.10	4.36	F

图 3　大市各区域初中 2019 级学生两年的主观幸福感得分

区域	得分（分）
V	5.70
T	5.52
L	5.28
B	5.24
S	5.07
大市	5.00
J	5.00
M	5.00
O	4.82
U	4.81
R	4.74
N	4.60

图 4　大市各区域 2020 届小学六年级学生的主观幸福感得分

“主观幸福感”指人们对自身生活满意程度的认知评价，包括生活满意度和情感体验两个基本成分。前者是个体对生活质量总体的认知评价，即总体上对个人生活做出满意判断的程度；后者是指个体生活中的情感体验，包括积极情感和消极情感两个方面。分数越高（以 0~6 分赋分），主观幸福感程度越高。

从图 2、3、4 可以看出：苏州市各年级各区域得分均高于量表的中间值 3 分，表明苏州市学生主观幸福感程度总体较高。不管是大市还是各区域，均呈现出随着年级升高，主观幸福感得分降低的情况。

（二）体美劳教育状况

1. 体美劳课程资源

（1）大市体美劳课程资源情况

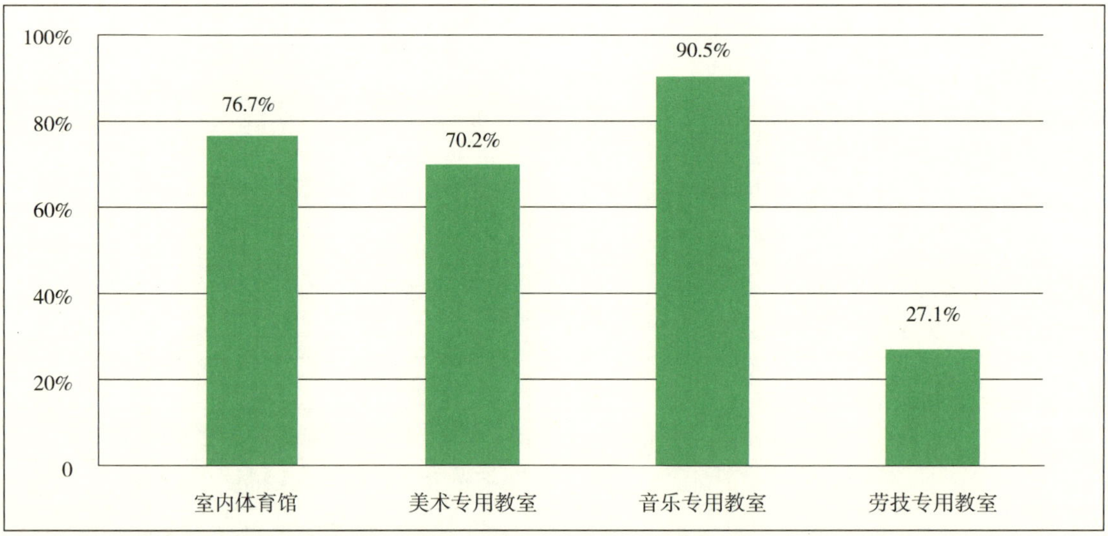

图 5　本市体育、美育、劳动教育课程专用教室等的配置率[①]

“课程资源”主要包括各学科的校内课程资源配置及使用情况，例如学校图书馆、实验室、专门教室及各类教学设施和实践基地的配置与使用。通过学生的问卷自陈作答统计，可能与实际情况存在一定偏差。

美育、体育的课程资源配置较为充分，其中，音乐教室的配置率（90.5%）最高，美术教室的配置率（70.2%）和体育馆的配置率（76.7%）较高。劳动教育的课程资源配置存在一定程度的不足，其中劳技专用教室的配置率为 27.1%。

① 此处值得注意的是，劳技课在部分学校仅在部分年级开设，可能影响了此处的作答比例。

（2）各区域体美劳课程资源情况

单位：分

区域	课程资源（体美劳）	体育	艺术	劳动
Q	5.51	5.49	5.22	5.80
K	5.31	5.77	4.79	5.36
D	5.27	5.57	5.19	5.05
P	5.15	5.62	5.24	4.59
A	5.12	4.75	5.09	5.53
大市	5.00	5.00	5.00	5.00
H	4.98	5.08	4.91	4.95
E	4.93	4.81	5.10	4.87
C	4.87	4.87	5.10	4.63
F	4.61	4.58	4.67	4.59
G	4.52	4.37	4.76	4.42

图 6　大市各区域 2020 年初三学生的课程资源得分

单位：分

区域	课程资源（体美劳）	体育	艺术	劳动
Q	5.56	5.52	5.29	5.85
D	5.36	5.54	5.27	5.26
K	5.33	5.74	4.79	5.47
A	5.12	4.77	5.08	5.49
P	5.10	5.58	5.19	4.52
大市	5.00	5.00	5.00	5.00
E	4.93	4.80	5.12	4.86
H	4.88	5.02	4.77	4.84
C	4.84	4.93	5.05	4.53
F	4.62	4.49	4.73	4.63
G	4.44	4.34	4.75	4.22

图 7　大市各区域 2020 年初二学生的课程资源得分

单位：分

区域	课程资源（体美劳）	体育	艺术	劳动
V	5.55	5.55	5.30	5.82
T	5.39	5.87	5.10	5.20
B	5.36	4.98	5.51	5.58
L	5.29	5.18	5.32	5.37
O	5.07	5.25	5.05	4.93
U	5.04	5.43	4.76	4.92
J	5.01	4.97	5.12	4.95
大市	5.00	5.00	5.00	5.00
S	4.94	5.03	4.92	4.86
M	4.90	5.06	4.91	4.72
N	4.76	4.62	4.86	4.82
Z	4.67	4.70	4.52	4.78
R	4.43	4.27	4.52	4.51

图 8　大市各区域 2020 届小学毕业生的课程资源得分

体美劳课程资源维度得分由体美劳专用教室设置和使用情况得分合成。分数越高，课程资源及使用状况越好。总体看来，Q 区域、K 区域和 D 区域初三年级体美劳课程资源及使用状况较好，Q 区域、D 区域和 K 区域初二年级体美劳课程资源及使用状况均较好，V 区域、T 区域和 B 区域六年级体美劳课程资源及使用状况均较好。

2. 体美劳课程开设

《2017 年江苏省义务教育课程设置实验方案》（以下简称《实验方案》）明确规定了初中学段各类课程的每周课时数。其中，体育与健康，每周 3 课时；美术，每周 1 课时；音乐，每周 1 课时；劳动技术，每周不少于 1 课时。

（1）大市体美劳等课程开设情况

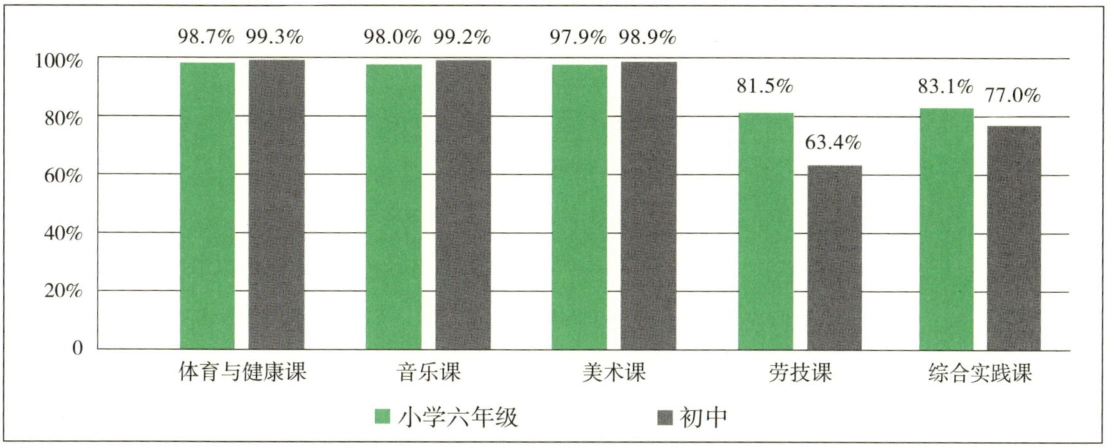

图 9　本市小学六年级和初中体育、美育、劳动教育、综合实践课程开设比例

从图 9 可以看出，美术、音乐和体育的课程能够按照国家课程标准要求设置开设，三类课程的全市开设率均在 97% 以上，综合实践课程小学六年级的开设比例为 83.1%，初中的开设比例为 77.0%。相比之下，全市小学六年级劳技课的开设率为 81.5%，初中劳技课的开设率为 63.4%，部分学校不能按照国家标准要求开设课程。此处值得注意的是，劳技课在部分学校仅在部分年级开设，可能影响了此处的作答比例。

（2）各区域体美劳等课程开设情况

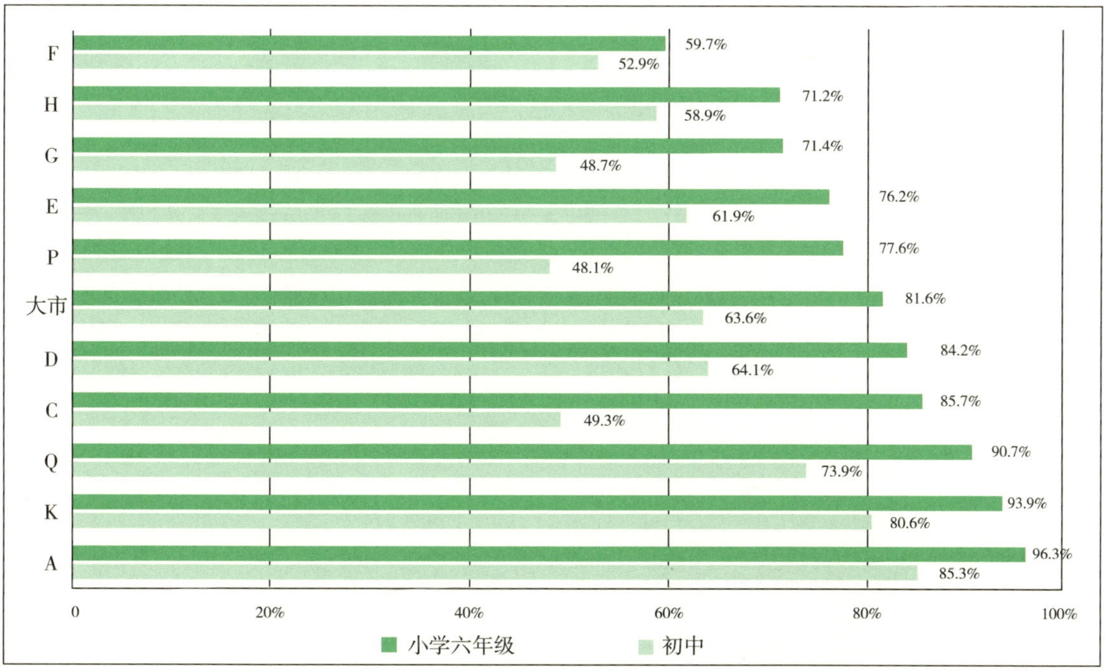

图 10　本市各区域小学六年级和初中劳技课开设比例情况

从美育相关课程开设情况来看，音乐课开设比例各区域均超过 97%，美术课开设比例各区域均超过 95%。从体育相关课程开设情况来看，各区域体育与健康课的开设率均超过 97%，呈现高位均衡情况。因百分比非常接近，此处不做图例展示。

从劳动教育相关课程开设情况来看，各区域劳动技术课的开设情况存在较大差异。其中，仅有 A 区域和 K 区域的小学六年级和初中的劳技课程开设率均在 80% 以上，全市最高；F 区域的开设率最低，小学六年级和初中的开设率均在 60% 以下。此处值得注意的是，劳技课在部分学校仅在部分年级开设，所以一定程度上影响了此处的作答比例。但与体育、美术等其他课程相比，劳技课的开展情况确实有更大改进空间。

3. 体美劳课程计划实施

（1）大市体美劳课程计划实施情况

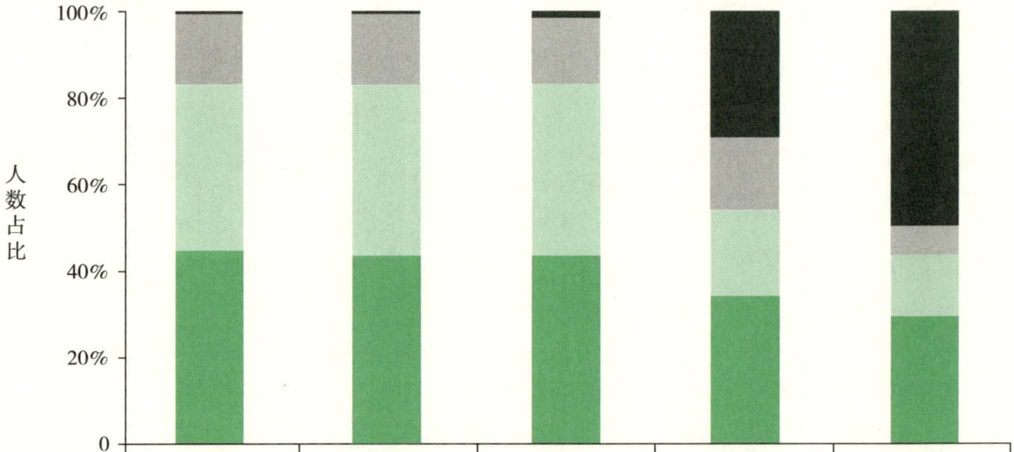

	大市 体育与健康课	大市 音乐课	大市 美术课	大市 综合实践课	大市 劳技课
■没有被占过	44.4%	43.4%	44.1%	34.2%	29.2%
■被占过 1~5 次	38.4%	39.7%	39.4%	19.9%	14.4%
■被占过 5 次以上	16.4%	15.9%	15.1%	16.7%	6.5%
■学校未开设	0.8%	1.0%	1.4%	29.2%	49.9%

图 11　大市 2020 年初三学生的课程计划实施情况

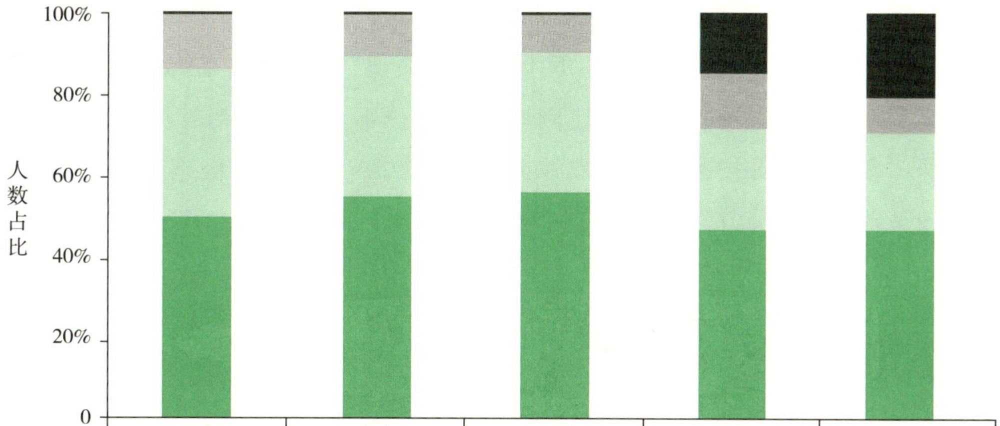

	大市 体育与健康课	大市 音乐课	大市 美术课	大市 综合实践课	大市 劳技课
■没有被占过	49.7%	54.6%	56.0%	46.6%	46.2%
■被占过 1~5 次	36.3%	35.1%	34.1%	24.8%	24.2%
■被占过 5 次以上	13.7%	9.9%	9.3%	14.1%	8.9%
■学校未开设	0.4%	0.4%	0.6%	14.5%	20.7%

图 12　大市 2020 年初二学生的课程计划实施情况

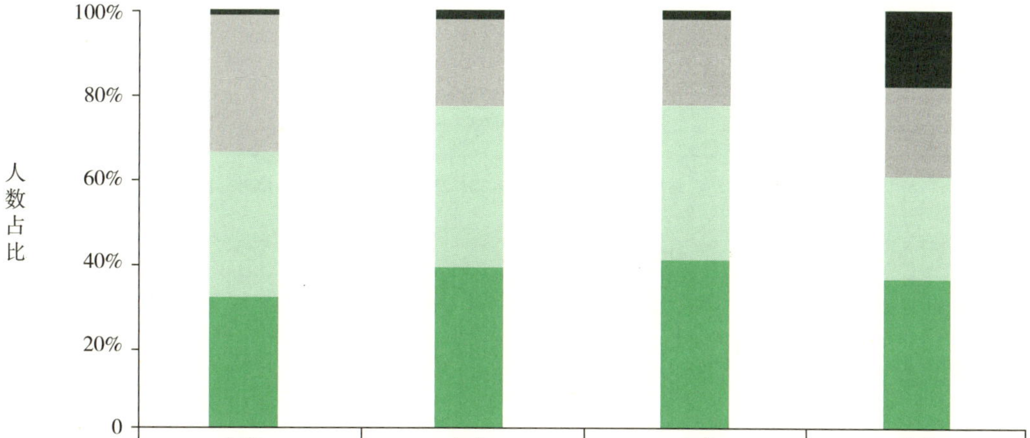

	大市 体育与健康课	大市 音乐课	大市 美术课	大市 劳技课
■没有被占过	30.7%	37.9%	39.9%	35.2%
■被占过 1~5 次	35.0%	38.9%	37.4%	24.7%
■被占过 5 次以上	33.0%	21.2%	20.6%	21.6%
■学校未开设	1.3%	2.0%	2.1%	18.5%

图 13　大市 2020 年小学六年级学生的课程计划实施情况

"课程计划实施"指学生根据平时（上学期）上课情况对各类课程的被占课数量进行的选择。总体看来，小学六年级时的体育与健康课、美术课、音乐课和劳技课的被占课率较高，学生表示没有被占过的比例均在40%以下。初二和初三年级的体育与健康课、美术课、音乐课和劳技课的被占课率也较高，其中又以体育与健康课被占课率最高。

（2）各区域体美劳等课程计划实施情况

表2 本市各区域体美劳等课程减课5次以上（含未开设）比例

区域	六年级						初二						初三					
	体育与健康课	音乐课	美术课	综合实践课	劳技课	平均	体育与健康课	音乐课	美术课	综合实践课	劳技课	平均	体育与健康课	音乐课	美术课	综合实践课	劳技课	平均
F	43.0%	31.0%	28.5%	53.1%	58.3%	42.8%	24.1%	17.7%	16.7%	41.5%	40.7%	28.1%	27.4%	27.2%	27.3%	59.8%	69.4%	42.2%
G	46.2%	29.6%	28.6%	56.9%	56.5%	43.5%	20.0%	12.4%	13.4%	43.5%	48.3%	27.5%	24.6%	21.2%	21.0%	53.9%	69.4%	38.0%
P	50.6%	40.6%	39.8%	63.8%	57.9%	50.5%	12.7%	9.6%	9.0%	35.6%	40.0%	21.4%	10.6%	9.7%	9.7%	53.9%	72.6%	31.3%
C	38.8%	29.3%	27.7%	46.5%	43.6%	37.2%	22.9%	12.9%	12.2%	39.9%	45.1%	26.6%	23.8%	17.0%	17.4%	56.5%	71.4%	37.2%
H	39.8%	25.3%	27.5%	51.5%	52.3%	39.3%	17.0%	13.2%	12.5%	27.2%	35.1%	21.0%	19.1%	25.5%	23.7%	45.1%	61.9%	35.1%
E	34.0%	22.7%	24.0%	49.5%	47.5%	35.6%	13.9%	15.5%	14.5%	34.3%	36.3%	22.9%	17.2%	24.8%	24.0%	52.2%	58.6%	35.4%
大市	34.3%	23.3%	22.7%	42.7%	40.1%	32.6%	14.0%	10.3%	9.9%	28.6%	29.7%	18.5%	17.3%	16.9%	16.5%	45.9%	56.4%	30.6%
D	36.6%	27.5%	27.0%	42.6%	41.0%	34.9%	10.5%	7.7%	7.2%	25.0%	31.8%	16.4%	13.7%	16.0%	14.7%	43.3%	55.0%	28.6%
Q	17.2%	5.4%	7.1%	21.3%	37.1%	17.6%	4.7%	1.9%	2.5%	10.3%	8.2%	5.5%	8.8%	5.5%	5.3%	32.8%	47.7%	20.0%
K	14.4%	6.9%	6.2%	18.9%	15.8%	12.4%	4.4%	2.5%	2.0%	13.5%	11.5%	6.8%	7.6%	6.4%	5.5%	30.9%	34.6%	17.0%
A	15.7%	8.6%	7.2%	13.4%	13.7%	11.7%	7.8%	5.1%	5.3%	10.0%	11.5%	7.9%	12.6%	9.6%	9.5%	24.1%	31.0%	17.4%
S	37.2%	22.0%	21.4%	41.2%	33.5%	31.1%	–	–	–	–	–	–	–	–	–	–	–	–

在美育相关课程计划实施方面，K区域、Q区域和A区域初中的课程实施情况相对较好，六年级和初中减课5次以上（含未开设）的比例均在10%以下。F区域、G区域的美育课程被占课情况较为突出，六年级和初三减课5次以上（含未开设）的比例均在20%以上。

在体育课程计划实施方面，K区域、Q区域初中的课程实施情况相对较好，初中体育课减课5次以上（含未开设）的比例均在10%以下，小学六年级体育课减课5次以上（含未开设）的比例在 20% 以下。F 区域、G 区域、P 区域、C 区域、H 区域、E 区域、D 区域、S 区域的小学六年级体育课被占课 5 次以上的比例均超过 30%，P 区域更是达到了 50%。

在综合实践课和劳技课的实施方面，F 区域、G 区域、P 区域、C 区域、E 区域的减课情况普遍严重，减课 5 次以上（含未开设）的比例在 30%~70% 之间。

（3）体育锻炼 1 小时的达标情况

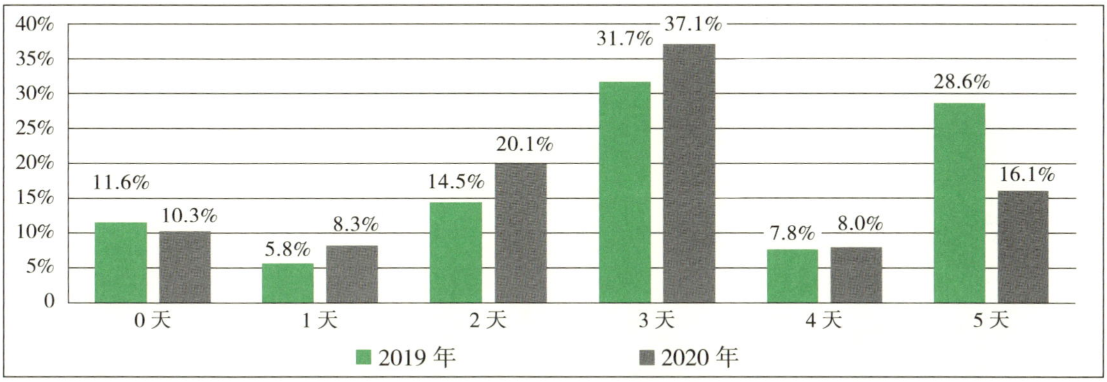

图 14　本市 2019 年和 2020 年“每天 1 小时体育锻炼时间”每周达标天数比例

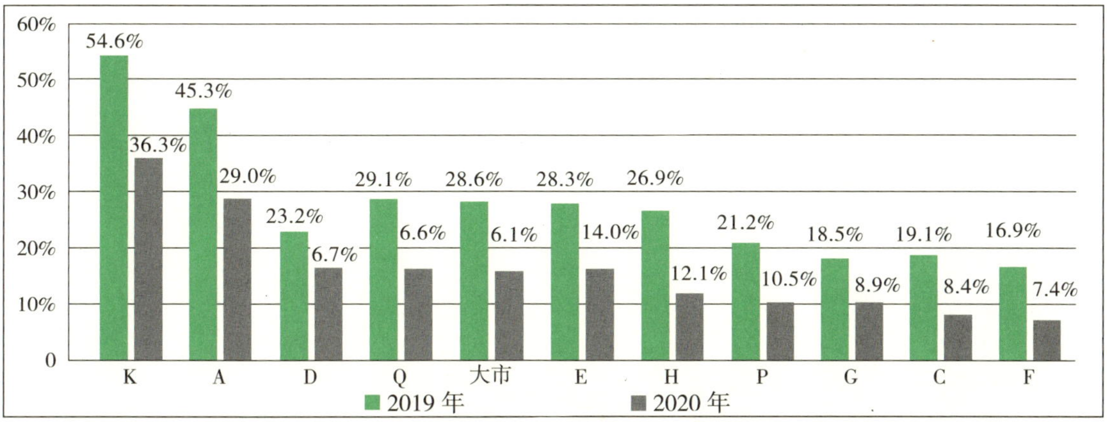

图 15　本市 2019 年和 2020 年各区域“每天 1 小时体育锻炼时间”达标比例

《实验方案》明确指出，“不得将体育与健康课程的课时挪作他用。保证学生每个学习日有 1 小时体育锻炼时间”。“保证学生每天 1 小时体育锻炼时间”的达标情况不太理想，全市仅 16.1% 的学生表示学校每天都能保证学生有 1 小时的体育锻炼时间，各区域对该规定的执行情况存在较大差异。需要注意的是，9 月份监测问卷中调查的是上学期的状况，受疫情影响这一时期部分时间可能处于居家学习阶段，与常态化教学阶段有差异。

受疫情影响，2020 年各区域“每天 1 小时体育锻炼时间”达标比例与 2019 年比都有不同程度的下降。2020 年，K 区域和 A 区域“每天 1 小时体育锻炼时间”的达标比例最高，为 36.3% 和 29%；F 区域、C 区域和 G 区域的达标比例较低，均不足 10%。全市有 61.3% 的学生表示，每周至少有 3 天的在校体育锻炼时间达到 1 小时的标准。

4. 体美劳爱好或特长养成情况

（1）艺术爱好或特长养成情况

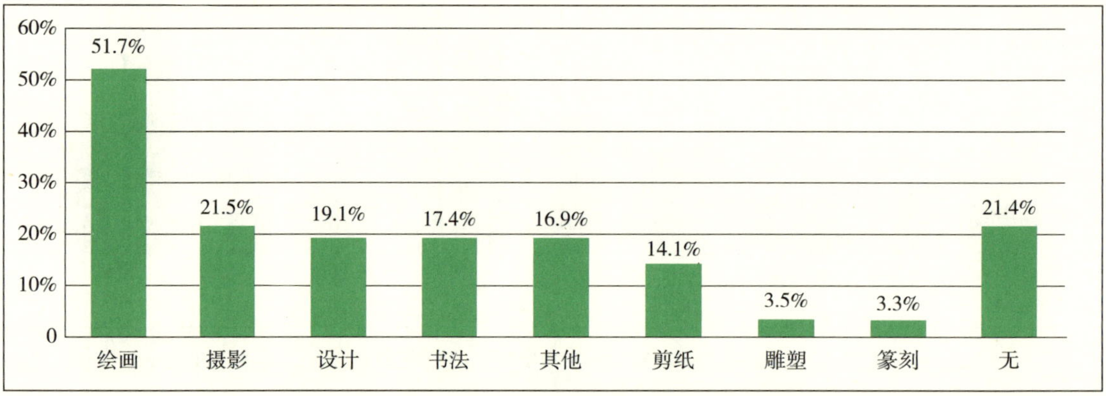

图 16　本市学生美术爱好或特长状况（多选题）

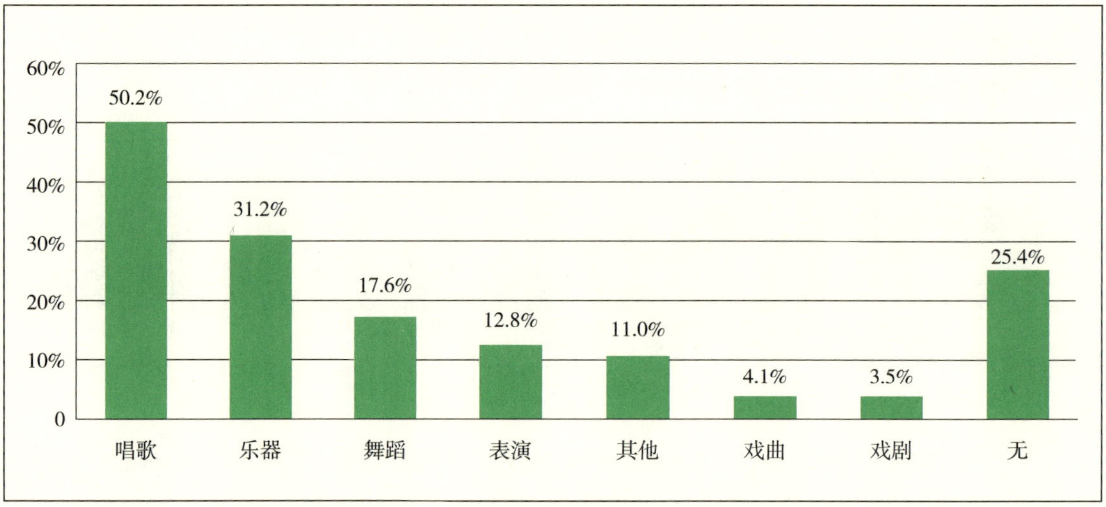

图 17　本市学生音乐爱好或特长状况（多选题）

近 80% 的初中生都有艺术方面（美育）的特长或爱好。其中，50% 左右的学生都有绘画特长或爱好，还有一定比例的学生有摄影、设计、书法等方面的特长或爱好；超过 50% 的学生表示自己爱好或者擅长唱歌，超过 30% 的学生有乐器方面的爱好或特长。

（2）体育爱好或特长养成情况

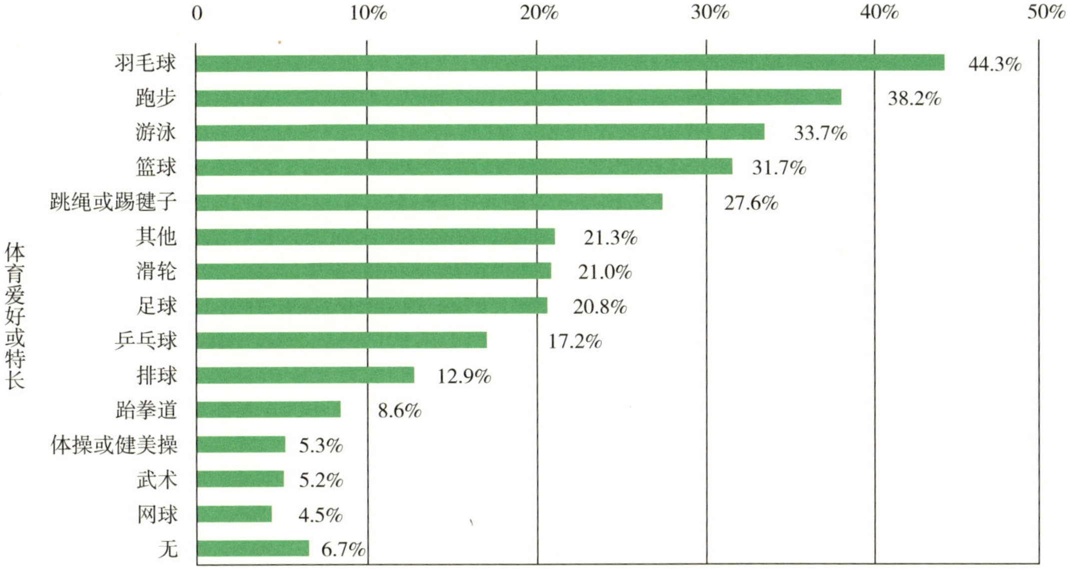

图 18　本市学生体育爱好或特长状况（多选题）

近 94% 的初中生都有体育方面的特长或爱好。其中，近 45% 的学生都把羽毛球选为他们的爱好和特长，超过三成的学生擅长或喜爱跑步、篮球、游泳等，还有一定比例的学生擅长或喜爱网球、体操或健美操等较为小众的运动。

（3）家务劳动情况

表 3　本市学生在家里做家务劳动的不同情况占比

做家务劳动	从不	偶尔	有时	经常	总是
不同情况占比	2.3%	24.3%	11.1%	27.9%	34.4%

劳动教育不能仅限于学校的课程教学内容，也应该在实践中培养学生爱劳动、会劳动的良好品质。全市 97.7% 的学生有过家务劳动的实践体验。超过六成的学生总是或经常在家中做家务，其中 34.4% 的学生总是做家务劳动，27.9% 的学生经常做家务劳动；仅有 2.3% 的学生从不做家务劳动。

四、结论与建议

（一）关注学生心理发展，呵护学生身心健康发展

本次监测结果表明，苏州初中学生的主观幸福感总体较好，焦虑水平总体较低，但

是主观幸福感有伴随年级增长而下降的趋势，焦虑水平则随着年级增长存在加重趋势。初中学生正处于青春期，生理和心理两个方面均产生急速变化，他们经历着从幼稚走向成熟，从少年到青年的过渡，而伴随着这一时期所产生的学习压力、人际交往压力都使得初中学生面临着一系列的考验。

家长和教师应学习并掌握必要的教育和发展心理学的知识和技能，掌握学生身心发展规律，提升进行思想教育的能力和水平。同时，应密切关注学生的身心发展状况，引导学生用长远的眼光正确看待学习成绩，在评价学生的时候不能唯分数论，应全面多元地评价一个学生，更要注重对学生综合品质的培养、引导他们发掘自己的兴趣和理想所在。对毕业班的学生给予针对性的应试技能和心态调试的指导。学校应在心理课、班会课和其他相关活动上，帮助学生掌握基本的心理自助技能，提升生活满意度和幸福感，更好地适应学习生活，以应对成长过程中可能出现的挫折和挑战，实现身心健康成长。

（二）推进五育融合，促进学生德智体美劳全面发展

本次监测结果表明，苏州初中学生在体美劳态度和习惯上的整体表现均较好。近80% 的初中生都有艺术方面（美育）的特长或爱好。近 94% 的初中生都有体育方面的特长或爱好。六成左右小学毕业生和初中生经常或总是做一些家务劳动。学生的体美劳爱好或特长的养成状况较好，爱好广泛。

应继续回应全国教育大会精神，坚持立德树人，把体美劳教育纳入人才培养全过程，贯穿家庭、学校、社会各方面，深入推进五育融合，促进学生德智体美劳全面发展。学校应开启开足体美劳等课程，保障学生每天在校锻炼 1 小时，充分发挥体美劳教育的育人功能；教育局等行政部门应不断完善体美劳课程师资、经费和基地等支撑体系，统筹社会各方资源和场所；家长应从小培养孩子审美情操和人文素养、运动爱好和意志品质、劳动习惯和吃苦精神等，激发孩子内驱力，帮助孩子养成良好的体美劳意识和习惯。需要注意的是，体美劳教育不能泛化，例如体育课不能被片面地理解为“有活动时间”“增强体质”，而是“帮助学生在体育锻炼中享受乐趣、增强体质、健全人格、锤炼意志”；劳动教育中不能简单用学习、体育等替代劳动，要培养劳动情感、劳动技能，培养吃苦精神、奋斗精神，要以体力劳动为主、手脑并用。最终帮助学生实现德智体美劳全面发展，成就幸福人生。

（本文由苏州市教育质量监测中心提供，撰稿人：羊子轶）

苏州市直属中小学生居家学习状况调查报告

一、调研背景

2020年初，新冠肺炎疫情在全国蔓延。为阻断疫情向学校扩散，教育部第一时间发布《关于2020年春季学期延期开学的通知》。与此同时，要求各地教育部门和学校认真做好延期开学期间“停课不停学”工作。随后，苏州各地、各校积极响应，结合当地线上教学平台和各校实际推进“停课不停教，停课不停学”工作，为广大学生居家学习提供学习资源和学习支持服务。

作为疫情防控期间的应急之举，“停课不停学”“线上教育”等举措有效保障了延期开学期间学生的居家学习，也在一定程度上缓解了家长对于延期开学的焦虑。然而，在“停课不停学”初期，各地、各校教育行政部门的政策约束和专业指导还比较仓促和粗糙，课程设置、学习效果、视力影响、学业负担等也出现了一些乱象。为此，苏州市教育质量监测中心受苏州市人民政府教育督导室委托，协同调研了苏州市直属中小学生居家学习的现状和需求、存在的主要问题和困难。由于调研阶段恰好是居家学习与线上教育“从探索到有序”的初始阶段，因此这种初始阶段“原生态”的记载具有重要价值，我们期望用真实的数据记录下这个特定历史时期苏州教育工作者的探索实践，为未来改进居家学习提供研究样本和决策依据。

二、调研设计

1. 调研时间

本次调研时间为2020年2月10日至2月23日（延期开学的前两周）。

2. 调研对象

本次调研采用分层随机抽样的方式，调研对象包括苏州市直属小学、初中、高中学校参与线上教育的三类人群：一线教师、学生、学生家长。

采集后的数据经过了多个标准的数据清洗，对单选题选择同一答案超过80%、测谎题自相矛盾的数据进行个案清理，对部分明显不符合常识的数据进行选项清理，这些对象的作答数据在后续的数据分析中均被剔除。参与问卷调查的有效调研对象参测情况如下：

表 1　调研对象的参测情况

学校	学生数（人）	家长数（人）	教师数（人）
江苏省新苏师范学校附属小学	295	294	32
苏州市实验小学	242	248	45
苏州市第三十中学校	262	306	18
苏州市第十二中学校	282	284	24
苏州市南环实验中学校	296	302	19
苏州市胥江实验中学校	193	206	31
苏州市景范中学校	221	220	56
苏州市立达中学校	258	278	29
苏州市田家炳实验高级中学	263	272	18
江苏省苏州第十中学校	287	233	40
其他	7	12	0
合计	2606	2655	312

3. 调研工具

调研前期，苏州市教育质量监测中心设计了四套线上访谈提纲，对 20 余所学校 40 多名学生、家长、教师和学校行政管理人员分别开展了在线访谈。结合前期的访谈，进行了多轮讨论、修改和审校工作，最终形成了面向三类人群的“中小学生新冠肺炎疫情期间居家学习状况调查问卷”（学生版、教师版和家长版）。

调查问卷的指标体系主要包括“基础信息”“课程支持”“线上教学”“设备支持”“作业状况”“学习行为”“总体感受”七个一级维度。不同调研群体的具体调研内容有一定差异。

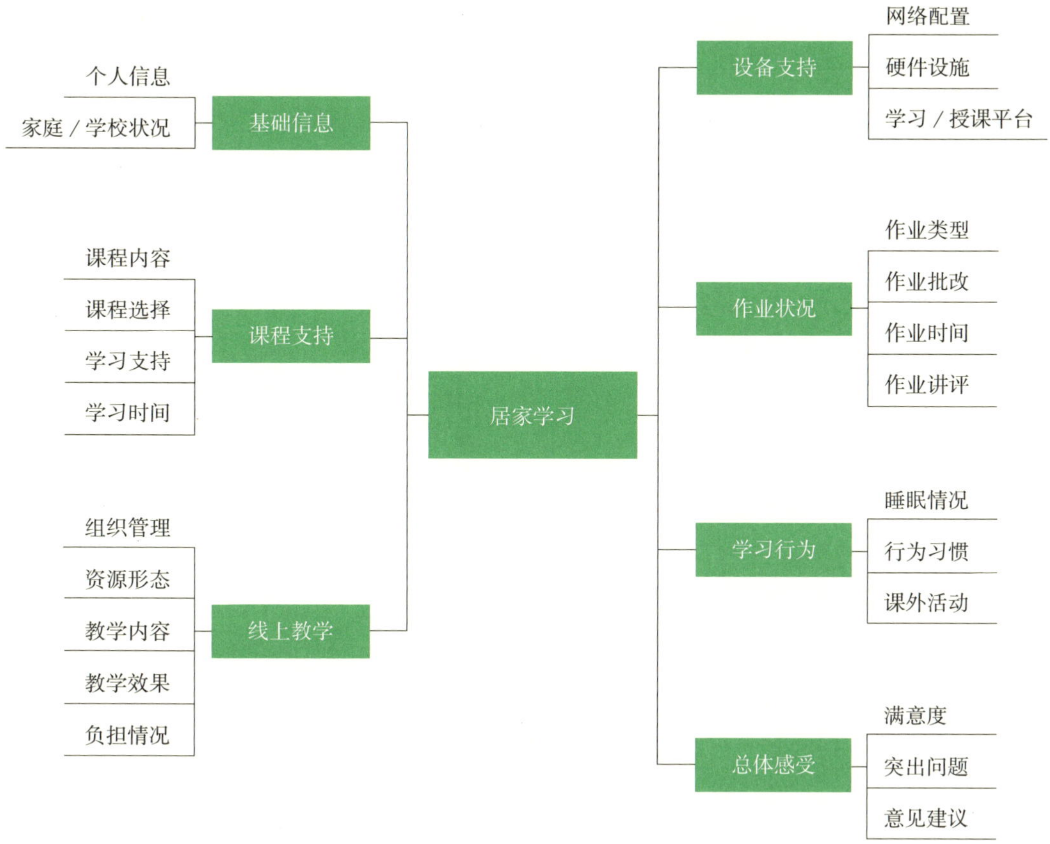

图 1　中小学生新冠肺炎疫情期间居家学习状况调查指标体系

4. 数据处理

本次调研运用 Excel、SPSS 以及问卷星软件进行数据处理和分析，主要进行了描述性统计分析。

说明：

① 本次调查问卷中学生卷、家长卷和教师卷有部分共同题目，当学生、家长和教师的数据形态或分布基本一致时，报告中只以某个群体（信度相对较高群体）的数据为例呈现。

② 报告对学段的基本划分方式为：小学段、初中（非毕业班）、初中（毕业班）、高中（非毕业班）、高中（毕业班）。由于教师样本量较少且部分教师可能任教多个年级，因此教师卷调查结果中将学段划分为小学段、初中段和高中段。当各学段无显著差异时，报告中只呈现总体数据，不呈现分学段数据。

三、调研结果

（一）课程支持满足基本需求，家校合力助推在线教育

1. 课程内容：学校提供的学生居家学习课程和活动丰富、多元，基本与家长和教师的需求匹配

表 2　学校提供的居家学习课程（以学生卷为例）

学段	学校文化课程	音乐、美术、体育类课程	劳动、科技、综合实践课程	与疫情防控有关的生命教育、公共安全和心理健康等专项课程	与学校课程有关的知识拓展和素养提升课程	与家人共同参加的家庭学习活动	其他
小学	97.0%	94.5%	69.4%	76.2%	52.6%	41.0%	4.6%
初中（非毕业班）	89.3%	80.1%	42.9%	62.3%	49.5%	21.9%	9.4%
初中（毕业班）	92.7%	51.2%	20.7%	50.4%	43.7%	15.0%	6.9%
高中（非毕业班）	92.1%	9.7%	6.2%	41.4%	32.3%	6.5%	4.0%
高中（毕业班）	97.3%	10.7%	3.3%	38.0%	24.7%	10.7%	1.3%
平均	92.4%	62.7%	36.3%	58.3%	45.0%	21.5%	6.6%

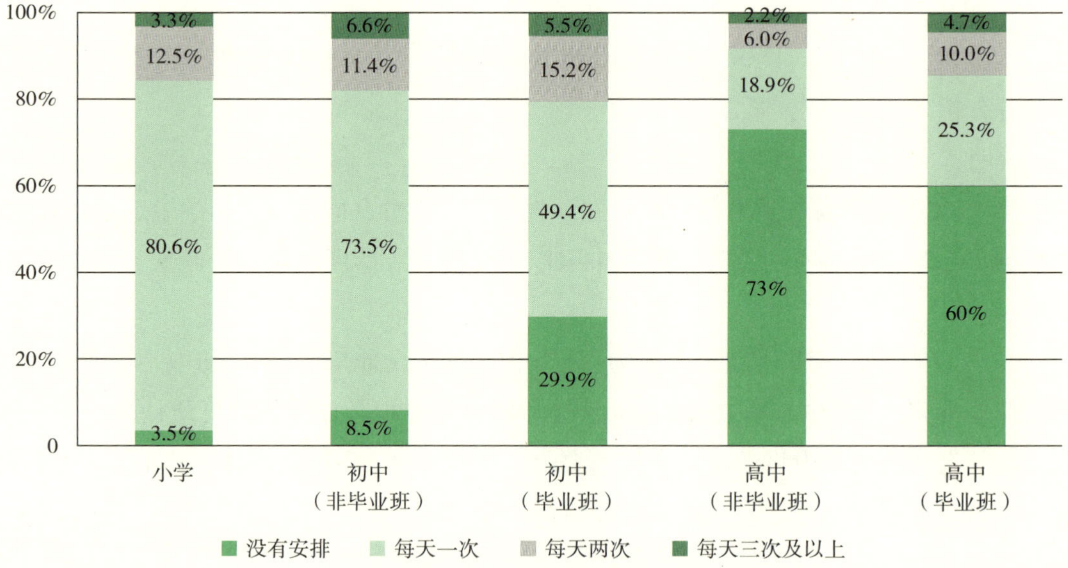

图 2　不同学段的体育课程或活动安排（学生卷）

由表 2 和图 2 可以看出，“停课不停学”初期，苏州市直属学校提供的居家学习课程形式多样，各学段之间存在差异。其中，小学、初中课程结构呈现多样化特征，文化课、音体美课、实践课均占较高比重；相较之下，高中课程结构以文化课为主，其他类型课程的比例较低。在体育活动课程或活动的安排上，小学和初中（非毕业班）每天一次的比例在七成以上，高中（非毕业班）和高中（毕业班）没有安排的比例超过了六成。

表 3　家长对孩子学校提供的居家学习课程的需求（家长卷）

学段	学校文化课程	音乐、美术、体育类课程	劳动、科技、综合实践课程	与疫情防控有关的生命教育、公共安全和心理健康等专项课程	与学校课程有关的知识拓展和素养提升课程	与家人共同参加的家庭学习活动	其他
小学	70.9%	55.4%	51.7%	45.7%	57.7%	16.0%	2.7%
初中（非毕业班）	73.2%	40.0%	42.4%	55.8%	63.5%	18.6%	5.6%
初中（毕业班）	80.7%	33.2%	33.4%	49.2%	61.1%	12.8%	3.8%
高中（非毕业班）	82.2%	27.3%	29.0%	45.7%	60.7%	14.8%	2.8%
高中（毕业班）	70.9%	55.4%	51.7%	45.7%	57.7%	16.0%	2.7%
平均	75.9%	39.2%	39.5%	50.6%	60.9%	16.1%	4.1%

表 4　教师对学校提供的居家学习课程的需求（教师卷）

学段	学校文化课程	音乐、美术、体育类课程	劳动、科技、综合实践课程	与疫情防控有关的生命教育、公共安全和心理健康等专项课程	与学校课程有关的知识拓展和素养提升课程	与家人共同参加的家庭学习活动	其他
小学	36.4%	33.8%	33.8%	92.2%	61.0%	49.4%	3.9%
初中	44.6%	26.6%	31.1%	84.2%	61.6%	53.7%	2.8%
高中	75.9%	13.8%	19.0%	79.3%	63.8%	46.6%	3.5%
平均	48.4%	26.0%	29.5%	85.3%	61.9%	51.3%	3.2%

由表 3 和表 4 可以看出，家长和教师在居家学习课程需求上各有侧重。无论是哪个学段的家长，选择“学校文化课程”的比例均最高，其次是“与学校课程有关的知识拓展和素养提升课程”。其中，小学和高中（毕业班）的家长选择“音乐、美术、体育类课程”的比例相对较高，初中（毕业班）和高中（非毕业班）的学生家长选择“音乐、美术、

体育类课程”和“劳动、科技、综合实践课程”的比例均偏低。与家长更加偏重“学校文化课程”相比，教师则更加偏重“与疫情防控有关的生命教育、公共安全和心理健康等专项课程”。

表 5　家长安排的居家学习活动（以家长卷为例）

学段	学科方面的校外辅导	艺术方面的学习	观看书籍、影视	体育锻炼	家务劳动	综合实践（手工制作、亲子游戏等）	其他
小学	39.6%	40.0%	86.7%	79.6%	76.7%	50.8%	3.2%
初中（非毕业班）	33.8%	19.8%	75.9%	65.6%	63.8%	26.3%	8.1%
初中（毕业班）	39.1%	11.6%	63.4%	63.7%	48.9%	14.9%	7.8%
高中（非毕业班）	25.1%	14.2%	65.2%	42.6%	52.9%	7.8%	11.7%
高中（毕业班）	21.7%	5.9%	47.4%	48.7%	44.7%	13.2%	19.7%
平均	34.1%	21.1%	72.9%	64.1%	61.3%	26.2%	8.2%

由表 5 可以看出，除了学校安排的课程外，居家学习期间家长也会安排一些学习活动。家长安排的居家学习活动以观看书籍影视、体育锻炼、家务劳动为主，小学段学生家长安排的活动更加丰富多样。

2. 课程选择：不同学段对学生所学线上教育课程的可选性略有差异，多数学校提供的线上教育课程要求学生必须全部学习

表 6　学校对线上教育课程的学习要求（以学生卷为例）

学段	必须全部学习	可以选择部分学习	可以选择不学习
小学	62.9%	34.5%	2.6%
初中（非毕业班）	64.7%	34.9%	0.4%
初中（毕业班）	53.1%	46.1%	0.8%
高中（非毕业班）	58.6%	41.2%	0.3%
高中（毕业班）	70.7%	29.3%	0
平均	61.5%	37.6%	0.9%

由表 6 可以看出，五成以上的学生表示学校要求线上教育课程必须全部学习，可以选择不学习的比例较低。不同学段对学生所学线上教育课程的可选性略有差异，高中（毕业班）要求必须全部学习的比例最高，初中（毕业班）要求全部学习的比例最低。

3. 学习支持：家长对孩子居家学习的支持比较全面、多样和深入，教师特别需要家长“学习行为的管理与监督”和“情感关怀”方面的支持与配合

表 7　家庭支持孩子居家学习的方式（家长卷）

学段	预习辅导	作业检查与批改	技术辅助	学习资源支持	学习行为的管理与监督	情感关怀	学习过程的全程陪护	不陪伴
小学	61.1%	68.9%	48.9%	63.6%	79.4%	62.0%	32.7%	1.2%
初中（非毕业班）	44.4%	58.8%	28.1%	57.8%	69.1%	53. 7%	22.4%	3.6%
初中（毕业班）	33.0%	47.7%	27.9%	63.7%	73.1%	58.6%	21.4%	2.3%
高中（非毕业班）	25.9%	29.3%	24.0%	61.0%	66.0%	66.0%	13.4%	4.5%
高中（毕业班）	13.8%	21.1%	19.1%	58.6%	65.1%	69.1%	21.1%	5.3%
平均	41.7%	52.8%	31.4%	60.6%	71.3%	58.9%	23.1%	3.1%

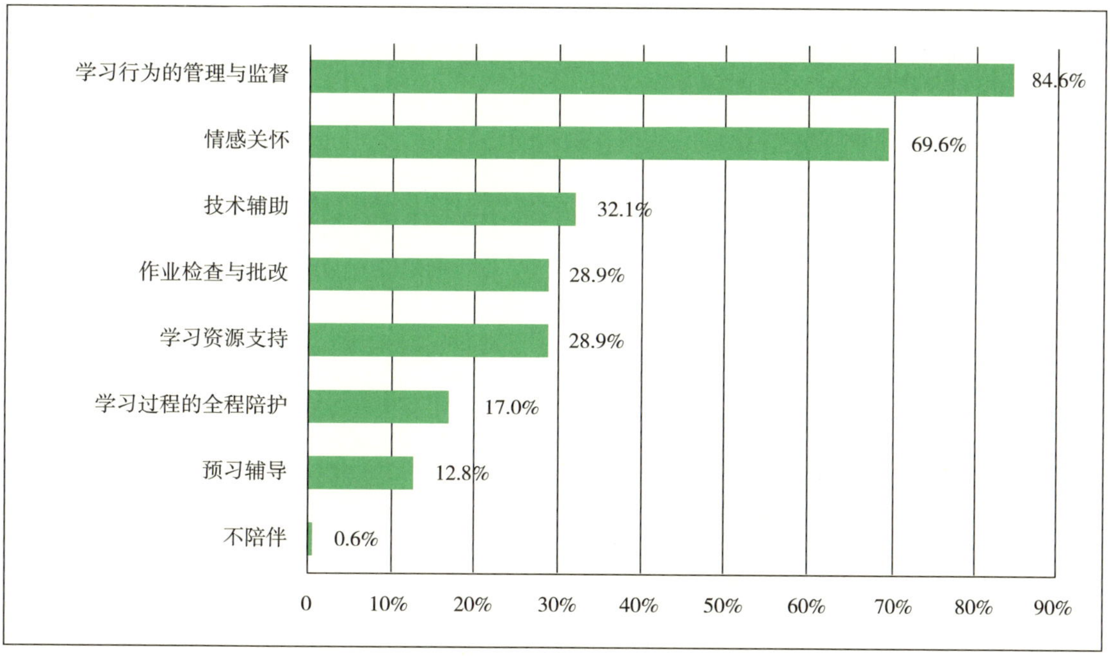

图 3　居家学习过程中教师需要家长配合的事项占比情况（教师卷）

由表 7 可以看出，家长对孩子居家学习的支持比较全面、多样和深入，支持最多的三项分别是“学习行为的管理与监督”“学习资源支持”和“情感关怀”，但是不同学段家长支持的侧重点略有差异。其中，小学段家长在“作业检查与批改”上的比例较高，高中段家长则在“情感关怀”上的比例较高。由图 3 可以看出，84.6% 的教师需要家长在“学习行为的管理与监督”上的支持，69.6% 的教师需要家长在“情感关怀”上的支持。

4. 学习时间：学生居家学习时间随年级的升高而增加，各学段学习时间均偏长。

表8 学校安排的各类居家学习活动时间（以学生卷为例）

学段	用时（小时）				
	直播课	录播课	线上答疑	线下学习	合计
小学	0.98	2.29	0.82	1.41	5.5
初中（非毕业班）	1.23	3.27	1.02	2.05	7.57
初中（毕业班）	1.57	3.43	0.98	2.31	8.29
高中（非毕业班）	1.71	4.06	1.03	2.47	9.27
高中（毕业班）	4.50	2.30	0.93	2.90	10.63
平均	1.50	3.16	0.97	2.08	7.71

由表8可以看出，学生平均每天居家学习时间为7.71小时，其中5.63小时为线上学习。学生居家学习时间随着年级的升高而增加，高中（毕业班）学生平均每天学习超过10小时，参加直播课的时间长达4.5小时，明显高于其他年级和学段的学生。

（二）多项举措保障教学质量，满意与担忧并存

1. 组织管理：教师线上教学经验丰富，学校为教师开展线上教学提供了多方面的支持，对学生参加线上教育也有规范要求

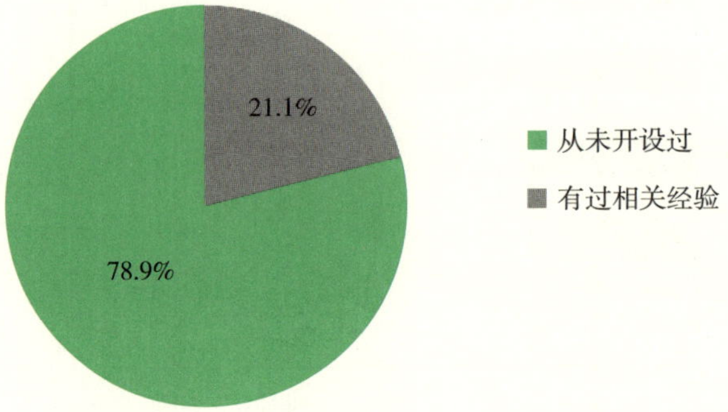

图4 教师开设线上直播或录播教学的经验情况（教师卷）

表9 线上教学过程中学校为教师提供的支持（教师卷）

学段	开展了相关软件（平台）的培训	给老师配发相关设备	统一规定授课平台	组织老师进行在线教育技术培训	推荐或提供在线测试、作业的平台	要求老师对任教学科开展线上教研活动
小学	88.3%	71.4%	97.4%	88.3%	90.9%	92.2%
初中	75.7%	53.1%	79.7%	67.2%	76.8%	87.0%

续表

学段	开展了相关软件(平台)的培训	给老师配发相关设备	统一规定授课平台	组织老师进行在线教育技术培训	推荐或提供在线测试、作业的平台	要求老师对任教学科开展线上教研活动
高中	75.7%	53.1%	79.7%	67.2%	76.8%	87.0%
平均	81.7%	61.5%	86.5%	76.3%	83.3%	87.8%

由图 4 和表 9 可以看出，近八成（78.9%）直属学校教师有线上教学经验。多数教师认为学校在技术平台的多个方面为教师提供了支持，近九成教师表示任教学科组开展了线上教研活动。其中，小学对于教师的各方面支持覆盖面更广。

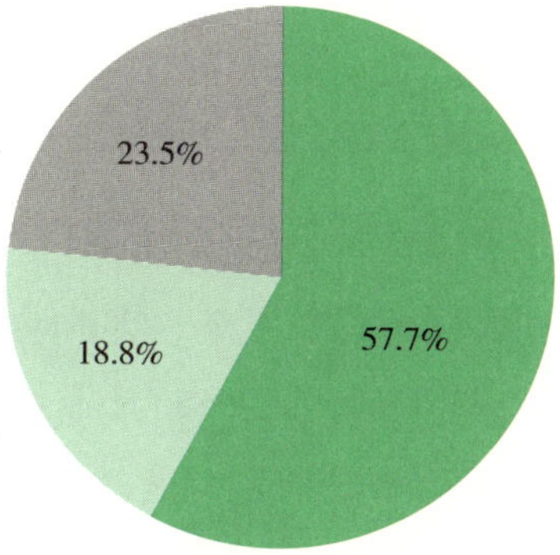

图 5　学校对线上学习的签到打卡要求（学生卷）

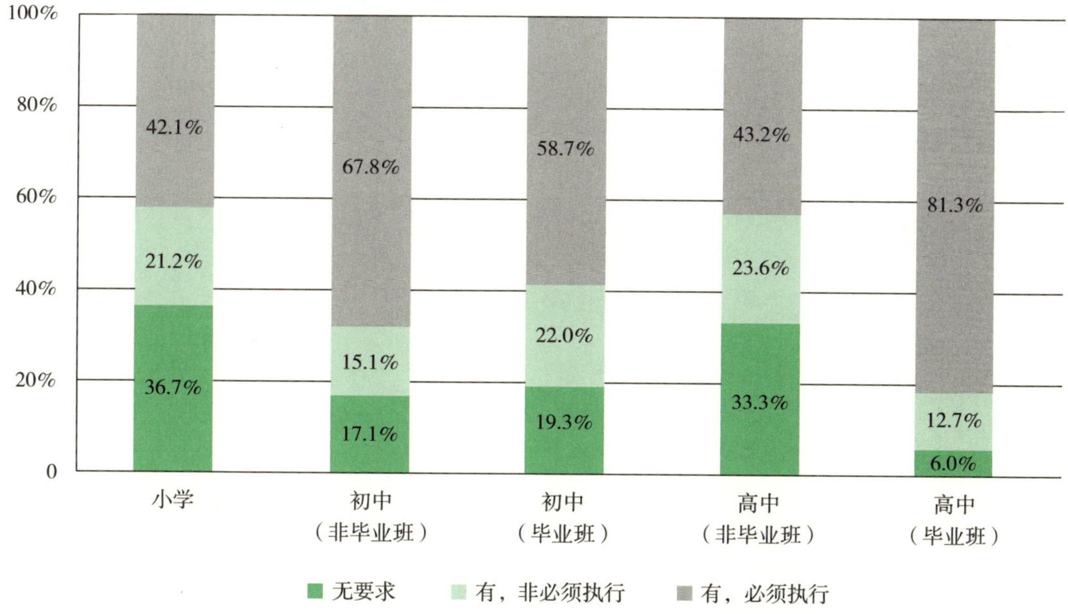

图 6　不同学段线上学习的签到打卡要求（学生卷）

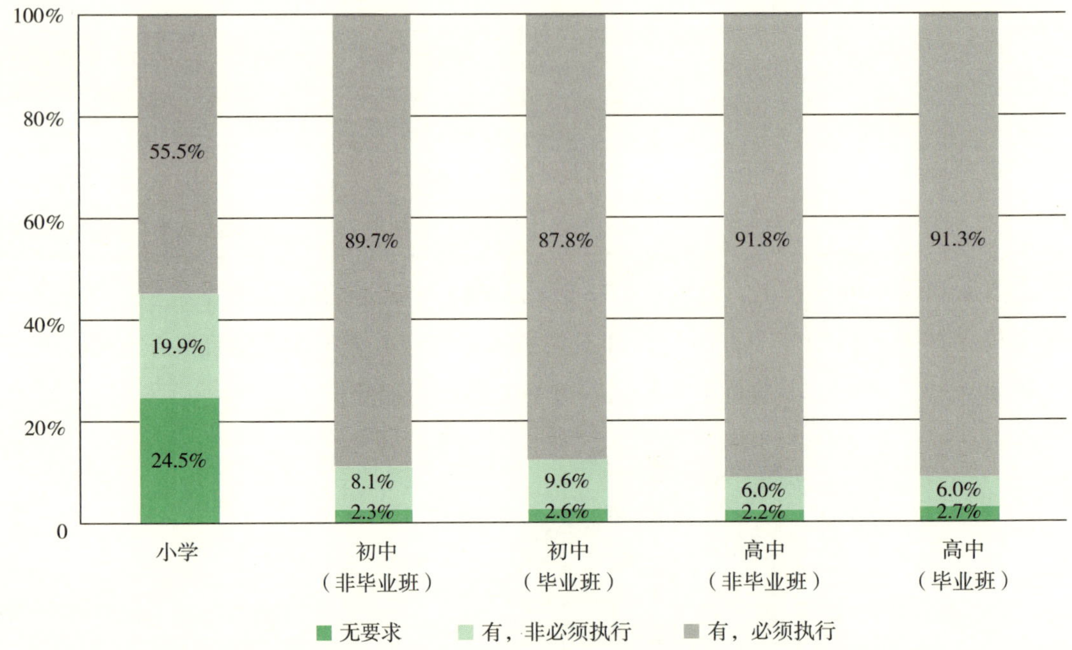

图 7　不同学段的作业上传要求（学生卷）

由图 5、图 6 和图 7 可以看出，近八成（76.5%）学生表示学校对参加线上学习有签到打卡的管理要求，其中对高三学生的签到打卡管理最为严格。初高中超过九成的学生表示学校有作业上传要求，小学近八成学生表示学校有作业上传要求。

2. 资源形态：线上教育以直接提供上级教育部门提供的线上教育课程为主，部分教师会开展直播教学或录播教学

表 10　学科组开展了何种形式的线上教育（教师卷）

学段	学科组所有教师录播教学	学科组所有教师直播教学	学科组部分教师录播或直播教学	提供上级教育部门的线上教育课程	提供其他网上教育资源	暂未要求开展线上教育
小学	14.3%	3.9%	59.7%	75.3%	36.4%	5.2%
初中	24.3%	13.6%	52.5%	85.9%	52.5%	2.3%
高中	19.0%	25.9%	60.3%	89.7%	55.2%	0
平均	20.8%	13.5%	55.7%	84.0%	49.0%	2.6%

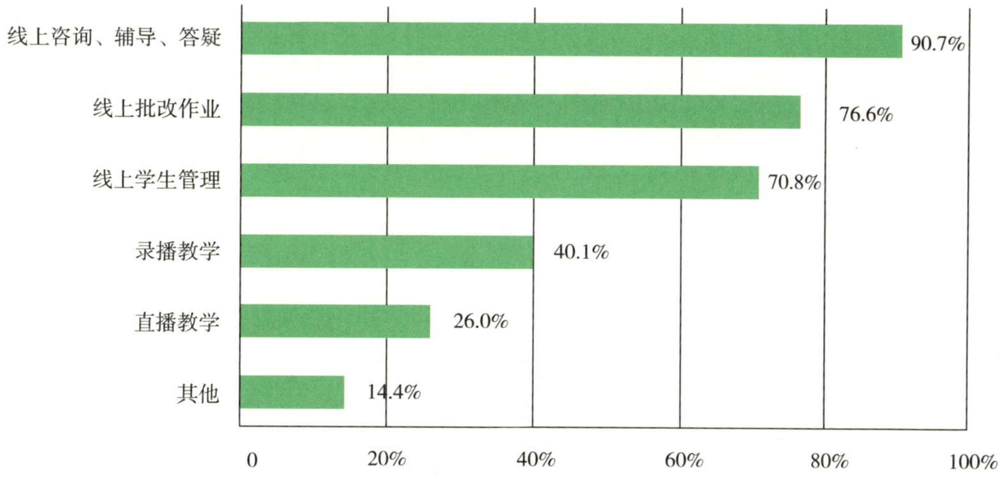

图 8　教师参与线上教学的情况（教师卷）

由表 10 可以看出，教师以提供上级教育部门的线上教育课程为主，五成以上的教师反映学科组部分教师会录播或直播教学，初高中五成以上教师还会提供其他网上教育资源。由图 8 可以看出，教师投入多种形式的线上教学工作中，其中九成教师参与了“线上咨询、辅导、答疑”，四成教师参与了“录播教学”，超过两成的教师开展了“直播教学”。

3. 教学内容：学校安排的线上教学内容覆盖面广，基本符合不同学段学生和家长的期待，教师则更倾向于各种类型的专题学习

表 11　线上教学内容（教师卷）

学段	新授课	复习课	作业讲评课	在线咨询、辅导、答疑	其他
小学	74.0%	44.2%	18.2%	72.7%	20.8%
初中	76.3%	72.9%	60.5%	82.5%	13.0%
高中	67.2%	87.9%	81.0%	91.4%	10.3%
平均	74.0%	68.6%	53.8%	81.7%	14.4%

表 12　学生希望学校安排的线上学习内容（以学生卷为例）

学段	正常进度的新授课	进度略慢的新授课	不上新授课，安排专题学习	新授课与专题学习相结合	文化课复习、预习与专题学习相结合	其他
小学	39.5%	11.3%	5.0%	20.9%	21.0%	2.3%
初中（非毕业班）	47.5%	16.7%	5.3%	13.9%	13.9%	2.7%

续表

学段	正常进度的新授课	进度略慢的新授课	不上新授课，安排专题学习	新授课与专题学习相结合	文化课复习、预习与专题学习相结合	其他
初中（毕业班）	40.5%	13.4%	6.1%	17.9%	19.7%	2.4%
高中（非毕业班）	29.8%	26.6%	9.7%	14.6%	17.4%	1.9%
高中（毕业班）	24.0%	3.3%	16.7%	11.3%	38.7%	6.0%
平均	41.8%	15.7%	5.6%	14.2%	20.0%	2.7%

表 13 教师认为学校最适合安排的教学内容（教师卷）

学段	正常进度的新授课	进度略慢的新授课	不上新授课，安排专题学习	新授课与专题学习相结合	文化课复习、预习与专题学习相结合	其他
小学	6.5%	23.4%	26.0%	33.8%	7.8%	2.5%
初中（非毕业班）	7. 0%	25.0%	30.0%	22.0%	15.0%	1.0%
初中（毕业班）	5.2%	13.0%	35.1%	28.6%	18.1%	0
高中（非毕业班）	7.0%	25.0%	30.0%	22.0%	15.0%	1.0%
高中（毕业班）	0	29.4%	23.5%	29.4%	17.7%	0
平均	6.1%	22.1%	28.2%	29.2%	12.8%	1.6%

由表 11 可以看出，线上教学内容覆盖面广，各学段“在线咨询、辅导、答疑”的占比均较高。小学和初中“新授课”占比较高，高中“复习课”和“作业讲评课”占比较高。由表 12 和表 13 可以看出，除高中毕业班外，九成以上学生和家长愿意接受不同进度的新授或预习，教师则更倾向于“新课与专题学习相结合”或“不上新授课，安排专题学习”的课程。

4. 学习效果：多数学生、家长和教师均认为学生线上学习的课程内容掌握情况较好，学生更认可录播课（播放进程可控制）的效果

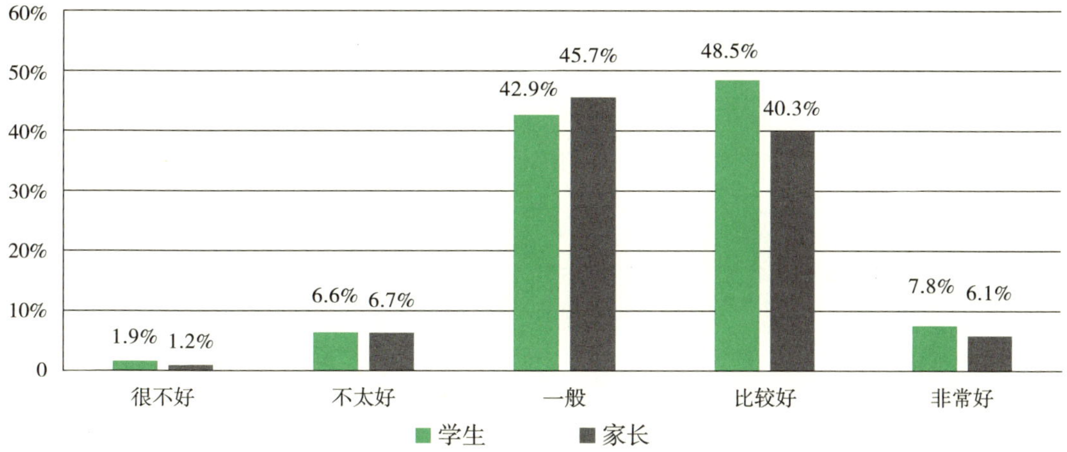

图 9　学生对线上学习课程的掌握情况的评价（学生卷、家长卷）

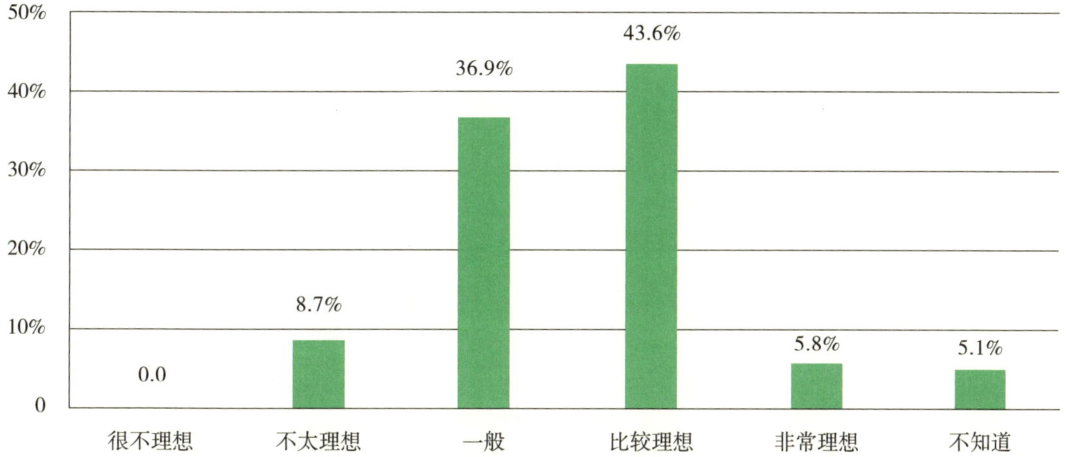

图 10　教师对学生线上学习课程掌握情况的评价（教师卷）

表 14　三种类型线上教育课程的学习效果（学生卷）

题目 / 选项	非常好	比较好	一般	不太好	很不好	没有此种学习方式
直播课	15.9%	31.0%	31.9%	5.1%	2.5%	13.6%
录播课	21.2%	41.6%	30.6%	3.1%	1.7%	1.8%
在线答疑	18.8%	33.5%	33.1%	3.4%	1.6%	9.6%

由图 9 和图 10 可以看出，总体近五成的学生和家长认为学生线上学习后对所学课

程内容的掌握较好，近五成教师认为学生线上学习的课程内容掌握情况较理想。由表 14 可以看出，五成左右学生认为三种类型（直播课、录播课、在线答疑）的线上教学效果均较好，其中录播课（播放进程可控制）的效果更好。

5. 负担情况：学生线上学习时间超出心理预期，视力疲劳情况较为明显，五成左右教师感觉负担比平时更重

表 15　学生线上学习的实际时间和不同群体认为合理的时间（学生卷、家长卷、教师卷）

学段	用时（小时）			
	实际在线学习时长（学生卷数据）	学生认为合理时长	家长认为合理时长	教师认为合理时长
小学	4.08	2.52	2.54	2.01
初中（非毕业班）	5.51	3.55	3.65	3.25
初中（毕业班）	5.97	3.98	4.13	
高中（非毕业班）	6.81	4.26	4.74	4.64
高中（毕业班）	7.73	5.45	5.70	
平均	5.63	3.64	3.76	3.30

表 16　教师认为学生线上教育时长的负担情况（教师卷）

学段	偏短	适中	偏长	不知道
小学	0.0	68.8%	26.0%	5.2%
初中	3.4%	40.1%	44.1%	12.4%
高中	0.0	50.0%	41.4%	8.6%
平均	1.9%	49.0%	39.1%	9.9%

表 17　学生对“居家学习期间眼睛比以前更容易疲劳”的描述判断（学生卷）

学段	非常符合	比较符合	比较不符合	非常不符合
小学	22.3%	53.9%	17.3%	6.5%
初中（非毕业班）	24.2%	46.7%	21.6%	7.5%
初中（毕业班）	22.8%	49.0%	24.2%	4.1%
高中（非毕业班）	28.0%	50.1%	18.9%	3.0%
高中（毕业班）	37.3%	53.3%	9.3%	0
平均	24.9%	49.5%	20.1%	5.5%

表 18　学生对“居家学习期间身心比以前更容易疲惫”的描述判断（学生卷）

学段	非常符合	比较符合	比较不符合	非常不符合
小学	5.7%	24.0%	47.8%	22.5%
初中（非毕业班）	16.9%	33.8%	35.4%	13.9%
初中（毕业班）	15.0%	39.8%	36.8%	8.3%
高中（非毕业班）	21.3%	36.5%	37.5%	4.7%
高中（毕业班）	20.0%	44.0%	32.0%	4.0%
平均	15.1%	33.9%	38.4%	12.7%

由表 15 和表 16 可知，学生每天线上学习时间随年级的升高而增加，且均较大幅度超过了学生、家长和教师认为的合理时长，初高中四成以上教师认为学生线上学习时间偏长。由表 17 和表 18 可以看出，总体有近八成学生认为居家学习期间眼睛比以前更容易感到疲劳，五成以上初高中学生认为居家学习期间身心比以前更容易感到疲惫。

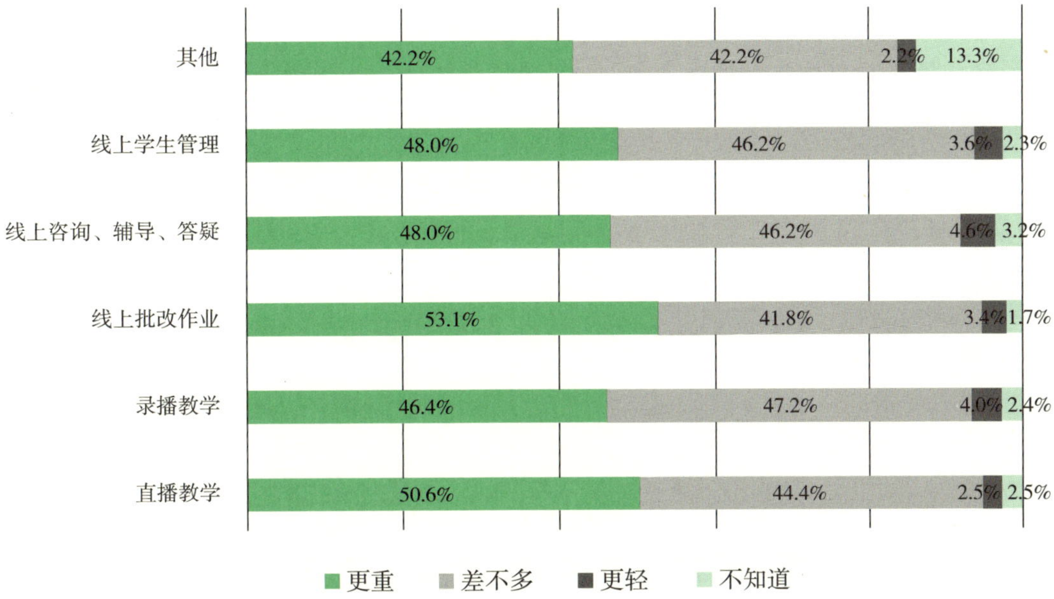

图 11　承担不同任务的教师线上教育负担感受情况（教师卷）

由图 11 可以看出，近五成的教师感觉负担比平时更重，其中承担直播教学和线上批改作业的教师负担感受更为明显。

（三）作业体系框架完整，学生学业负担略重

1. 作业类型：多数学校布置了配套的线上作业，但作业形式存在“套用”情况，书面作业依旧为主导

表 19　各学段学校安排的文化课作业形式（以学生卷为例）

学段	线上练习	书面作业	音 / 视频作业	实践作业	其他	没有作业
小学	87.8%	64.9%	63.1%	42.1%	6.1%	5.7%
初中（非毕业班）	79.1%	92.5%	54.7%	29.7%	8.2%	0.4%
初中（毕业班）	77.4%	94.5%	60.8%	20.1%	6.9%	0.6%
高中（非毕业班）	76. 7%	90.8%	18.6%	9.7%	4.5%	0.3%
高中（毕业班）	61.4%	96.7%	14.0%	11.3%	3.3%	0
平均	79.2%	87.2%	49.7%	26.3%	6.7%	1.5%

由表 19 可以看出，居家学习期间书面作业的形式依旧为主导，除小学段外，学生认为教师布置了书面作业的比例均超过了九成。小学段线上练习的作业比例较高，音 / 视频作业的比例也相对较高。整体上看，居家学习期间学生的作业形式与原来的线下学习基本一致，存在“套用”线下作业的情况。

2. 作业时间：学生平均每天用于完成学校老师布置的作业的时间偏长，且随年级的升高而增加

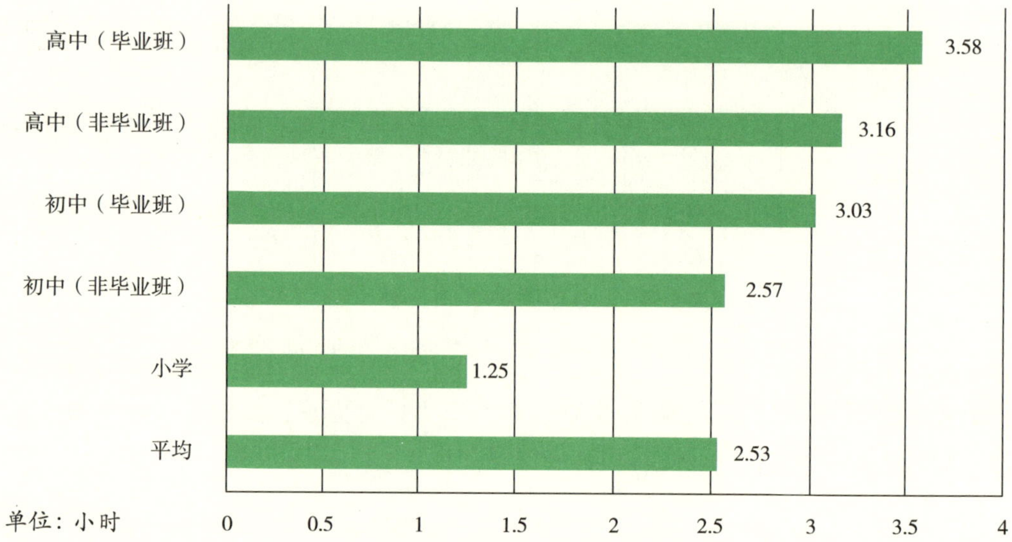

图 12　不同学段的作业时间（学生卷）

由图 12 可以看出，居家学习期间，学生平均每天完成作业时间为 2.53 小时，且随着年级的升高而增加。高中生和初中（毕业班）学生平均每天的作业时间均超过了 3 小时。

3. 作业批改：老师布置的文化课程作业基本上都有作业批改要求，不同学段作业批改主体存在一定差异，初高中学生批改工作较多

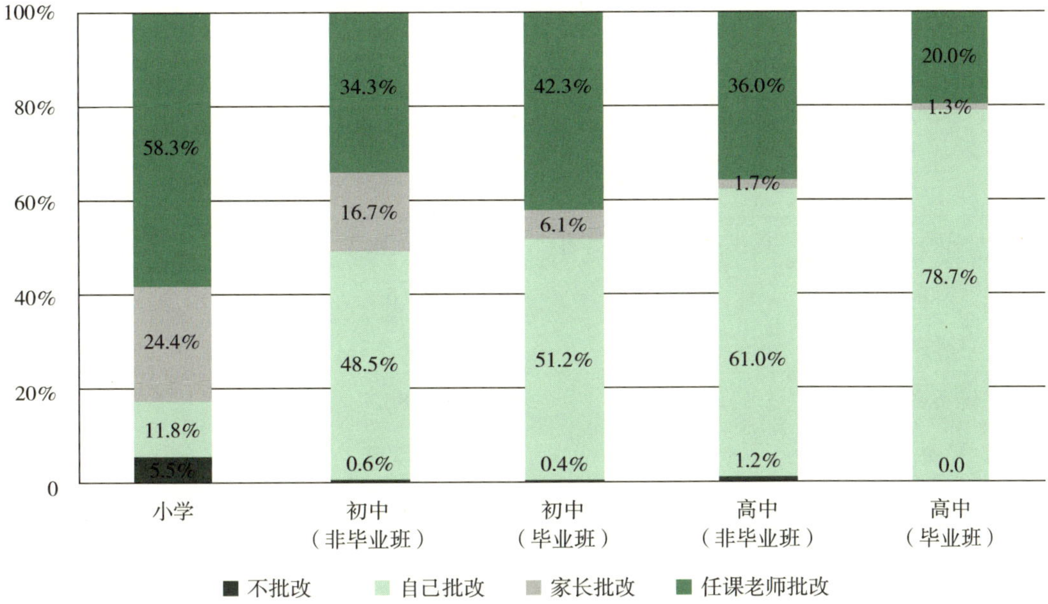

图 13　不同学段的作业批改方式（学生卷）

由图 13 可以看出，老师布置的文化课程作业基本上都有作业批改要求，不同学段作业批改主体存在一定差异，初高中学生批改工作较多。

4. 作业讲评：讲评形式多样，以在线上平台集中讲解和答疑为主，但各学段存在一定差异

表 20　不同学段的作业讲评和答疑方式（学生卷）

学段	主动找学生个别讲解和答疑	个别回应学生的线上提问	在线上平台集体讲解和答疑	不开展讲解和答疑	没有布置作业
小学	36.0%	41.0%	56.5%	7.4%	10.5%
初中（非毕业班）	40.9%	45.9%	69.3%	4.3%	0.2%
初中（毕业班）	48.4%	41.9%	71.5%	1.8%	0.6%
高中（非毕业班）	37.5%	54.6%	65.8%	3.2%	0
高中（毕业班）	46.0%	61.3%	80.7%	0	0
平均	41.1%	46.4%	67.2%	4.1%	2.4%

由表 20 可以看出，居家学习期间，教师的作业讲评形式多样，主要以在线上平台集体讲解和答疑为主，但各学段的讲评方式存在一定差异。其中，高中（毕业班）有 61.3% 的学生认为教师会个别回应学生的线上提问，这一比例明显高于其他学段和年级。

（四）居家学习表现良好，但课外生活有待丰富

1. 学习习惯：近五成的家长和教师认为学生在线上学习时的行为习惯较好，多数学生认为自己线上学习时的行为习惯与在学校学习时的表现差异不大

表 21　学生线上学习时的行为表现与在学校上课时的比较（学生卷）

选项	自我管理和控制能力	专注程度	学习热情和兴趣
更好	7.6%	8.6%	10.7%
略好	17.4%	16.5%	19.6%
差不多	49.3%	48.2%	47.4%
略差	22.8%	23.9%	19.1%
很差	2.9%	2.8%	3.3%

表 22　家长对孩子线上学习时行为表现的评价（家长卷）

选项	自我管理和控制能力	专注程度	学习热情和兴趣
很不好	2.1%	1.5%	1.3%
不太好	9.9%	7.6%	5.8%
一般	38.8%	39.5%	42.0%
比较好	40.9%	43.1%	41.8%
非常好	8.3%	8.4%	9.1%

表 23　教师对学生线上学习时行为表现的评价（教师卷）

选项	学习热情和兴趣	专注程度
很不好	0.0	0.3%
不太好	4.5%	7.4%
一般	41.4%	42.0%
比较好	45.5%	42.3%
非常好	5.5%	4.2%

选项	学习热情和兴趣	专注程度
不知道	3.2%	3.9%

由表 21 可以看出，多数学生认为自己线上学习时的行为习惯与在学校学习时的表现差异不大，两成左右学生认为自己线上学习时的行为习惯比在学校学习时略差。由表 22 和表 23 可以看出，近五成的家长和教师认为学生在线上学习时的行为习惯比较好或非常好。

2. 劳动情况：学生年级越低，参加家务劳动的频率越高，初高中学段的学生大多偶尔从事家务劳动

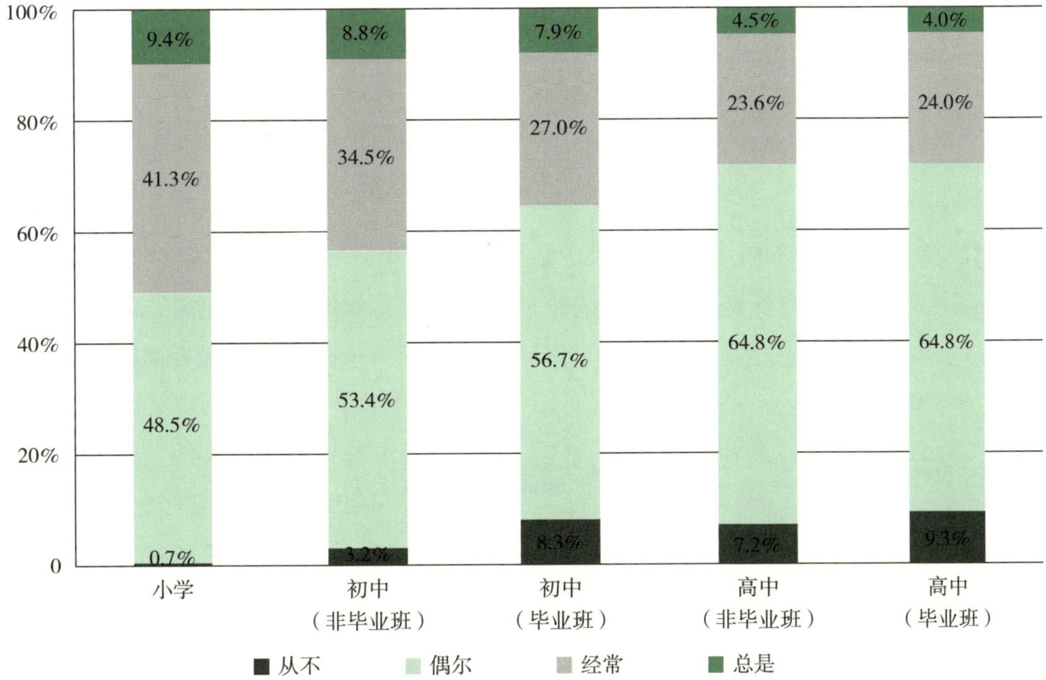

图 14　不同学段学生参加家务劳动情况（学生卷）

由图 14 可以看出，居家学习期间，学生年级越低，参加家务劳动的频率越高。小学段经常和总是参加家务劳动的比例为 50.7%，高中段经常和总是参加家务劳动的比例不到三成。

3. 文化活动：学生年级越低，主动阅读文学作品或看电影的频率越高

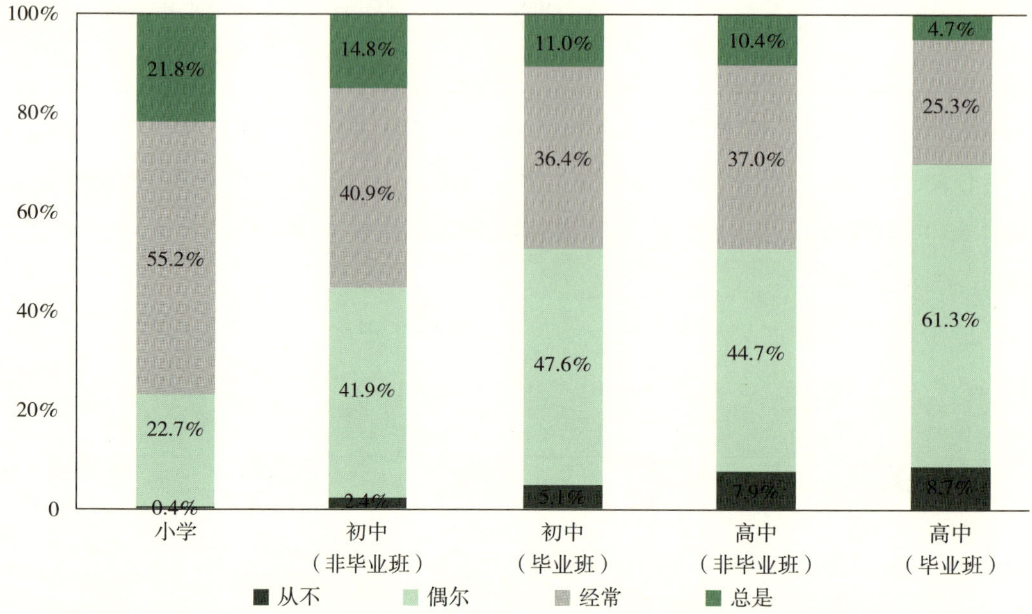

图 15　不同学段学生主动阅读文学作品或看电影情况（学生卷）

由图 15 可以看出，居家学习期间，学生年级越低，主动阅读文学作品或看电影的频率越高。小学段有 77% 的学生经常或总是主动阅读文学作品或看电影；高中（毕业班）仅 30% 的学生经常或总是主动阅读文学作品或看电影，这与学生年级升高后学业负担逐渐加大有一定的关系。

（五）问题与认可并存，学业负担亟须减轻

1. 满意度：近六成学生和家长、超过七成教师对线上教育比较满意或非常满意

表 24　不同群体对线上教育的整体满意度（学生卷、家长卷、教师卷）

群体	非常满意	比较满意	一般	不太满意	很不满意
学生	16.0%	40.6%	32.0%	7.6%	3.8%
家长	8.1%	46.5%	37.0%	6.5%	1.9%
教师	15.1%	57.1%	24.4%	2.6%	1.0%

由表 24 可以看出，学生、家长和教师对“停课不停学”初期的线上教育较为满意。近六成学生和家长、超过七成教师对线上教育比较满意或非常满意，仅一成左右的学生、家长和老师对线上教育不太满意或很不满意。

2. 突出问题：学生、家长和教师最担心的是线上学习损伤学生视力，部分教师认为线上教育后产生的学习分化问题需要给予关注

表 25　家长认为线上学习可能会造成的不足与弊端（以家长卷为例）

学段	损伤视力	缺乏运动	电子产品过度使用	课程学习效果不理想	干扰今后的学习	其他
小学	88.8%	38.4%	79.4%	44.4%	12.6%	3.6%
初中（非毕业班）	82.7%	56.5%	73.7%	42.2%	13.9%	7.3%
初中（毕业班）	83.2%	56.9%	70.2%	48.5%	16.4%	3.4%
高中（非毕业班）	80.2%	62.7%	68.3%	53.8%	15.3%	5.9%
高中（毕业班）	81.6%	65.1%	63.8%	34.2%	13.2%	7.2%
平均	83.7%	54.1%	73.0%	44.9%	14.2%	5.6%

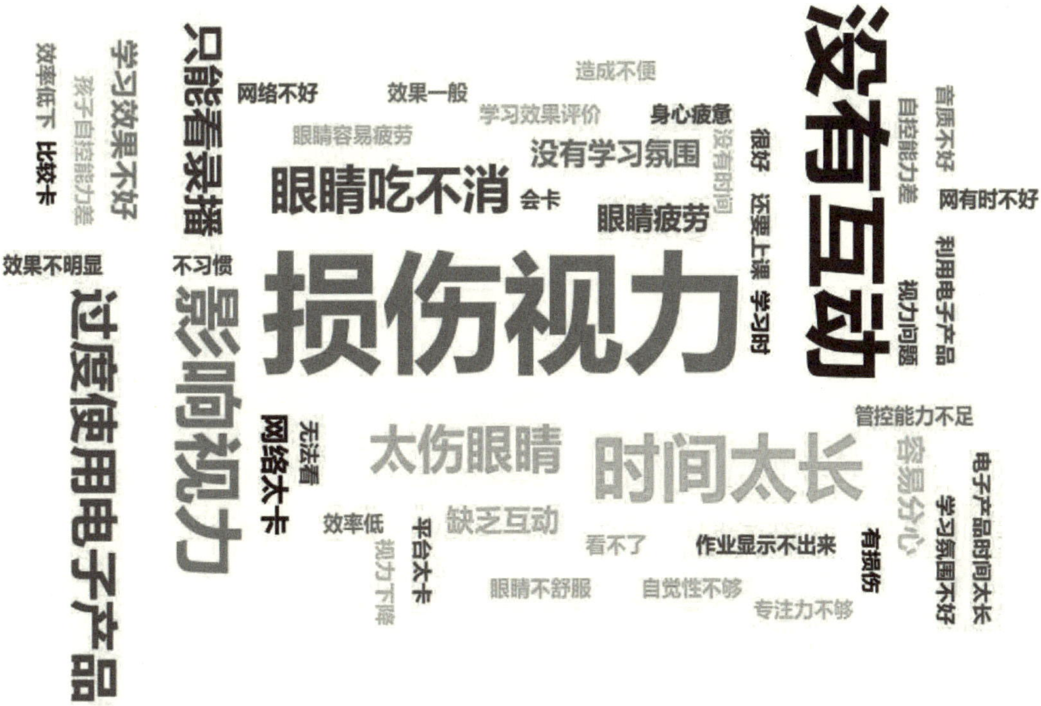

图 16　线上学习突出问题的词频分析（学生卷 902 人、家长卷 891 人作答）

由表 25 和图 16 可以看出，学生、家长和教师最担心的是线上学习损伤学生视力，除此以外，电子产品的过度使用焦虑弥漫，缺乏运动也困扰着初高中学段的家长。

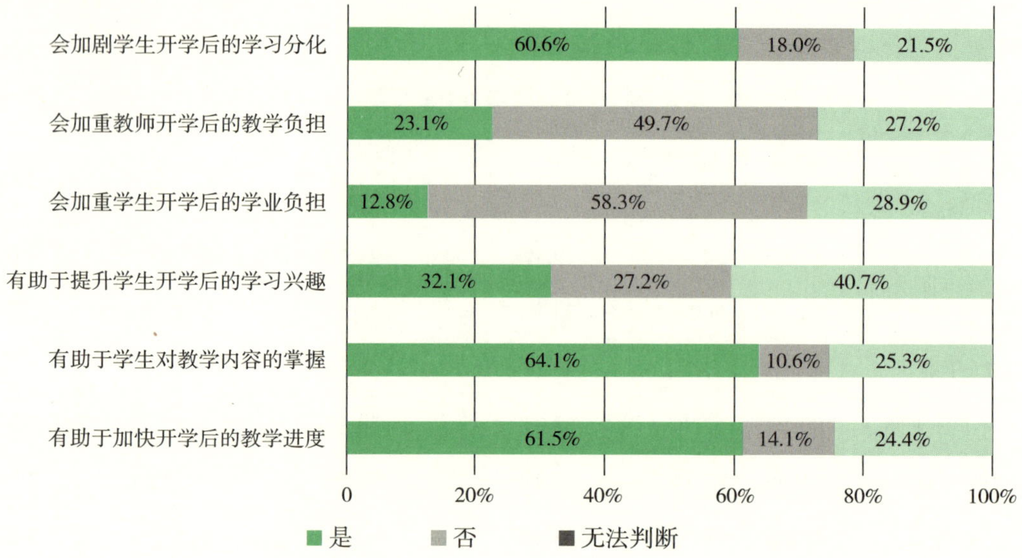

图 17　教师判断疫情期间线上教育对“零起点”教学影响的情况

由图 17 可以看出，大多数教师认为目前线上教育对开学后“零起点”教学的积极影响超过负面影响。超过六成教师认为线上教育“有助于加快开学后的教学进度”和“有助于学生对教学内容的掌握”，但也有六成教师担心线上教育可能“会加剧学生开学后的学习分化”。

四、主要结论

（一）课程支持

1. 学校提供的学生居家学习课程和活动丰富、多元，基本与家长和教师的需求匹配。

2. 不同学校、不同学段对学生所学线上教育课程的可选性略有差异，多数学校提供的线上教育课程要求学生必须全部学习。

3. 家长对孩子居家学习的支持比较全面、多样和深入，不同学段侧重点有所差异。教师特别需要家长“学习行为的管理与监督”和“情感关怀”方面的支持与配合。

4. 学生居家学习时间随年级的升高而增加，各学段学习时间均偏长，高三学生平均每天学习超过 10 小时，参加直播课时间达 4.5 小时。

（二）线上教学

1. 教师线上教学经验丰富，且学校为教师开展线上教学提供了多方面的支持，对学生参加线上教育也有规范要求。

2．线上教育的资源形态以提供上级教育部门提供的线上教育课程为主，同时，教师开展了多种形式的线上教学工作。

3．学校安排的线上教学内容覆盖面广，基本符合不同学段学生和家长的期待，教师则更倾向于各种类型的专题学习。

4．多数学生、家长和教师均认为学生线上学习的课程内容掌握情况较好，学生更认可录播课（播放进程可控制）的效果。

5．学生线上学习时间超出心理预期，视力疲劳情况较为明显，五成左右教师感觉负担比平时更重。

（三）作业状况

1．多数学校布置了配套的线上作业，但作业形式存在“套用”情况，书面作业依旧为主导。

2．学生平均每天用于完成学校老师布置的作业的时间随年级的升高而增加，初高中毕业年级学业负担略重。

3．老师布置的文化课程作业基本上都有作业批改要求，不同学段作业批改主体存在一定差异，初高中学生自主批改较多。

4．讲评形式多样，以在线上平台集中讲解和答疑为主，高三均开展作业答疑和讲解。

（四）学习行为

1．近五成的家长和教师认为学生在线上学习时的行为习惯较好，多数学生认为自己线上学习时的行为习惯与在学校学习时的表现差异不大。

2．学生年级越低，参加家务劳动的频率越高，初高中年级的学生大多偶尔从事家务。

3．学生年级越低，主动阅读文学作品或看电影的频率越高，除小学外，各学段均有超四成学生无法做到经常阅读文学作品或看电影。

（五）总体感受

1．近六成学生和家长、超过七成教师对线上教育整体比较满意或非常满意，仅一成左右的学生、家长和老师对线上教育不太满意或很不满意。

2．学生、家长和教师最担心的是线上学习损伤学生视力，大多数教师认为目前线上教育对开学后“零起点”教学存在的积极影响超过负面影响，但学习分化问题需给予关注。

五、启示与建议

从上述调查结果可以看出，苏州直属学校在落实“停课不停学、停课不停教”方面已经取得了比较好的成效，学生、家长和教师对于居家学习和线上教育总体都比较满意。各种课程开设、教学形式、教学内容等都做到了契合学生、家长和教师的需求，教学效果也基本符合预期。

由于居家学习是一种集“在家 + 网络 + 自主 + 泛在”于一体的新型学习模式，面对“学习场景由学校变为网络、学习同伴由多人变为个体、学习方式由被动变为自主、学习资源由固定变为泛在”等一系列变化，我们也看到目前的居家学习和线上教育存在一些问题，包括课程的选择性、学业负担、作业负担、视力影响、缺乏运动等等。因此，如何迅速、及时地解决这些问题就是我们做好下一步工作的关键。为更好地发挥线上教育的最大效能，实现线上教育的“公平、优质、高效”，提出以下几条建议：

（一）停课不停研，做好居家学习课程规划

1. 坚持五育并举，科学规划课程内容

目前直属各校安排的居家学科课程内容丰富、多元，但是仍然存在文化课程比例偏重的问题，特别是高中音乐、美术、体育、劳动、科技、综合实践等课程的开设比例相对较低。因此，学校要按照“五育并举”要求，优选并研制优质网络教育资源，科学安排居家学习课程。要坚持国家课程学习与疫情防控知识学习相结合，尤其是要将疫情作为教材，加强爱国主义教育、生命教育和心理健康教育，鼓励学生锻炼身体，开展课外阅读，拓展知识视野。

2. 合理设计进程，关注学生身心健康

学生居家学习时间随年级的升高而增加，且各学段学习时间均偏长。因此，学校要根据教育部、省教育厅和市教育局相关文件要求，科学安排线上教学与居家线下活动，形成既有指导性又有选择性的“一校多案”“一生一表”。特别是要合理安排学生学习时间，控制线上教育授课时间，避免学生网上学习时间过长。在线上教学过程中要适时安排课间休息、眼保健操和体育锻炼等活动，促进学生的健康成长。

3. 加强专业研培，提升线上教学能力

面对大规模开展线上教育的新情况，学校要及时组织教师开展线上教育的实操性专

业能力培训，教研组和备课组要组织开展线上教研，通过线上磨课、听课，对线上教学、线上辅导、作业批改、反馈等形成指导意见。教师要在集体备课的基础上，研究学生学情基础、在线学习习惯，针对性完成讲解、答疑及作业批改等工作。特别要关注在线学习中的“边缘人”和“学困生”。

（二）“停课不停教”，做好线上教学和个别指导

1. 寻求合适的线上教学形式

目前直播、录播和在线答疑三种线上教学形式的教学效果都得到了学生的认可。但是需要注意的是，线上教学形式的选择要坚决避免“一刀切”，教师要按照精准施策、因材施教和方便师生、方便家庭的原则，根据不同年龄段学生的身心发展和学习规律选择最为合适的线上教学形式。

2. 遴选优质的线上教学资源

线上教学的一个最大优势就是海量的教学资源。面对这些教学资源，教师既要善于“拿来主义”，用好优质的国家、省级、市级教学资源以及网络教学资源；同时，也要学会甄别和整合各类教学资源，根据学生的特点精心组织本校的教学资源库，确保能够将最优质的教学资源推荐给学生居家学习使用。

3. 制定适切的线上教学进程

在线上教学进程的调查中，教师普遍认为新授课的进度应当放慢。因此，要充分考虑居家学习和线上教学的特点，坚决防止照搬套用学校教学的进程安排，要根据绝大多数学生的接受程度，及时调整教学进程和在线课表，适当放慢教学进度，综合采取线下自主学习、线上反馈答疑的方式开展教育教学。

（三）“停课不停学”，提升学生自主学习能力

1. 引导学生自我管理

居家学习对学生是一次特殊的学习经历，面对全新的学习方式，教师和家长都要引导学生养成良好的学习和生活习惯。教师和家长要抓住这个特殊的时期，帮助学生自己制订合理的学习计划表和生活作息表，建立起居家学习的规则，并引导学生自我管理，按要求完成任务。

2. 指导学生自主学习

教师应创设多样化的学习方式，帮助学生利用独处学习的时机，提升学生独立思考、自主探究的学习能力，推动学生自主成长。一是指导学生开展自主学习，自我评价学习

效果。二是组织学生开展线上合作学习，通过丰富多彩的线上教学活动，让学生彼此合作，共同提升。三是推动学生自我管理能力的提升，帮助学生设立自己的目标，合理安排自己的时间，让学生由他律走向自律。

3. 充实学生居家生活

学校要帮助学生度过健康充实、丰富多彩的居家学习生活。可指导学生选择一些优秀的文学书籍、电影作品、纪录片等进行欣赏和学习思考，并与同学、朋友进行一些线上交流，分享各自见解，共同成长。可要求学生协助家长做一些力所能及的家务，或者与家人一起开展丰富多彩的音乐、美术、体育、动手实践类活动，既增进家人之间的情感，也培养自己多方面的兴趣爱好。

（四）停课不停育，做好线上线下家校共育

1. 保持良好的家校沟通配合

学生居家学习期间，学校和教师很难对学生实施直接的管理。学校层面要做好家校共育，应通过在线平台，与家长、学生保持紧密联系互动，对线上教学的实施效果起到保障作用。教师层面要多渠道与家长、学生沟通交流，要与家长形成合力，指导家长培养孩子兴趣、建立学习规矩，帮助孩子建立自控力与时间观念。

2. 营造良好的居家学习环境

居家学习为家庭教育创造了良好的契机，家长要尽量安排一些共同阅读、体育锻炼、艺术欣赏和家务劳动等亲子活动的机会，与孩子共同学习、共同成长。家长还要以身作则，做孩子学习的榜样。在孩子学习时间段，最好也能开展学习或工作，不做干扰孩子注意力的事。当孩子在线上学习过程中碰到有关技术问题时，家长要及时设法解决，并且不能在孩子面前表现出不良情绪，从而影响孩子学习情绪。

（本文由苏州市教育质量监测中心提供，撰稿人：罗强、宋一丹）

学生学业负担对学业成绩的影响研究报告

一、问题提出

减轻中小学生负担既是社会各界关注的热点问题，也是学校、家庭、社会需要共同破解的难点问题。有人认为，让孩子付出过多的学习投入或者承受过大的学习压力，会造成学业负担过重，这不仅会损害学生的身心健康，还会扼杀他们的学习兴趣与创造力。也有人认为，只要有学习就必然存在负担，必要的学业负担是学生学业发展和生命成长的基础和前提。人们应当如何准确认识学业负担与学生学业成绩的关系？怎样的学业负担才能创造较高的学习效益呢？如果能回答上述问题，也许就找到了实现减负增效的有效切入口。

当前学术界关于学业负担与学业成绩关系的研究成果丰硕，也揭示了一些一般性的客观规律。但大多数研究往往将中小学生视为同质群体加以分析，极少有研究将学业负担划分为不同类型，并在此基础上进行差异分析。其实学业负担与学业成绩并非简单的线性关系，如果仅把学生看作一个整体来分析，可能会丢失很多有价值的信息。本研究先将学业负担分为课业投入和压力感受两个变量，按照这两个变量的不同水平两两组合后进行分类，再分析各个类型群体的特征状况，以更精细地揭示学业负担与学业成绩之间的关系。

基于以上考虑，本研究利用某年 S 市义务教育学业质量监测结果，将学生按学业负担的两个子维度（课业投入和压力感受）的得分情况划分为 9 个类型，并对这 9 类学生群体的学业表现进行深入分析，以帮助教育行政管理部门、学校和教师了解不同学业负担水平下学生的学业表现特征，进而为改进学校教育教学、纠正不当教育观念、缓解学生过重的学业负担提供参考。

二、研究对象与方法

（一）数据来源

本研究使用的数据源自某年 S 市义务教育学业质量监测项目（以下简称“S 市监测项目”）。由图 1 可知，该项目严格按照标准化流程和相关规范要求进行，前后历时 11 个月，历经监测实施方案拟定、监测指标研制、监测工具研发、多轮次预试与修订、监测数据分析、监测报告撰写等过程。S 市义务教育质量监测中心专业人员、本土专家和北京师范大学中国基础教育质量监测协同创新中心专家共同组建了近 200 人的研发团队，协同完成了此次监测指标与工具的研发。所有学科测试题目与相关因素调查题目都严格按照标准化流程进行研发，经过两轮预试，各项量化指标符合测量学要求，具有良好的信度和效度。

图 1　S 市监测项目实施流程图

S 市监测项目覆盖 10 个市（区）范围内全部的初中学校，采用学科抽测和相关因素全测的方式采集样本，共有 265 所初中学校的 270816 名学生参加监测。监测内容包括学业成绩测试与相关因素问卷。相关因素问卷的指标体系主要包括成长背景、身心健康、学习品质、学业负担和学业支持 5 个一级维度，并且分成 A、B 两套问卷采集数据。本研究涉及的“学业负担”维度在问卷 A 中呈现，参测学生人数为 122692 人，删除无效被试 1595 人，有效率为 98.7%。其中，男生 64699 人，占有效参测人数的 53.4%；女生 56398 人，占有效参测人数的 46.6%。

（二）研究变量及工具

1. 学业负担

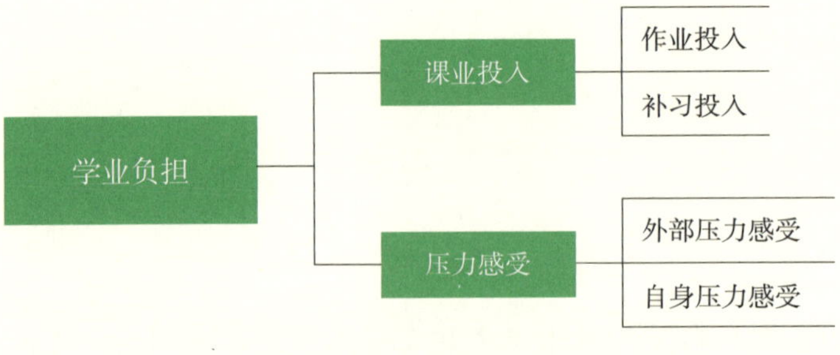

图 2　学生学业负担问卷指标体系

由图 2 可知，学业负担包括课业投入、压力感受两个维度。

课业投入包括作业投入、补习投入两个方面。作业投入包括校内作业时间和校外作业时间两方面的投入。问卷中的校内作业时间包含 2 道题目，考察的是学生周一到周日平均每天完成学校教师布置的家庭作业的时间。问卷中的校外作业时间包含 2 道题目，考察的是学生周一到周日平均每天完成校外其他人（如校外辅导或家长）布置的作业的时间。课业投入的计分方式为：将题目中不同选项按照时间由短到长的顺序进行 1~6 分的赋分。例如，1 小时以内计 1 分、1~1.49 小时计 2 分、1.5~1.99 小时计 3 分、2~2.49 小时计 4 分、2.5~2.99 小时计 5 分、3 小时及以上计 6 分。

压力感受包括外部压力感受、自身压力感受两个方面。问卷中的外部压力感受包含 3 道题目，考察的是学生承受的来自父母、学校及教师、同伴竞争等方面的压力情况。问卷中的自身压力感受包含 1 道题目，考察的是学生目前在学习方面承受压力的总体主观感受。压力感受问卷利用李克特 7 级赋分，1 表示没有压力……4 表示压力一般……7 表示压力非常大，分数越高表示压力越大。

本研究将作业投入、补习投入、外部压力感受、自身压力感受 4 个子维度上的得分转换成标准分。转化过程为：将原始分转化成以 0 分为平均分、1 分为标准差的 Z 分数，再将 Z 分数转换成以 5 分为平均分，2 分为标准差的标准分（T 分数），即 T=5+2Z。4 个子维度转换 T 分数后的 S 市学生平均得分均为 5 分，按照 70% 的作业投入得分、30% 的补习投入得分合成课业投入维度得分，按照 70% 的外部压力感受得分、30% 的自身压力感受得分合成压力感受维度得分。学生在课业投入上的得分越高，表明课业投入越多；学生在压力感受上的得分越高，表明压力感受越重。

需要说明的是，因为课业投入维度题项是让学生客观描述校内外作业时间、补习时间的长短，压力感受维度题项之间相对独立，故本文对二者均不进行信度和效度分析。

2. 学业成绩

在 S 市监测项目中，学科测试科目包括语文、数学、英语、科学，全市初中生以等概率随机抽样的方法参加以上 4 门学科中的一门测试。本研究中，学生的学业成绩均转化为平均分为 500 分、标准差为 100 分的量尺分数，这使得不同年度、完成不同题目的学生分数具有可比性。

（三）数据处理

本研究采用 Excel、SPSS 19.0 进行数据处理和分析，主要进行描述性统计、相关分析和方差检验。

三、研究结果

（一）学业负担与学业成绩的关系分析

1. 学业负担与学业成绩相关系数较低

本研究将学业负担各维度分别与学业成绩进行皮尔逊相关分析。由表 1 可知：学业负担各维度与学业成绩之间的相关系数绝对值均小于 0.1。这说明学业负担与学业成绩之间相关性较低，两者可能并非简单的线性关系，具体关系需要进一步论证。

表 1　学业负担与学业成绩相关分析结果

维度	学业成绩
课业投入	–0.023**
作业投入	0.016**
补习投入	–0.092**
压力感受	–0.079**
外部压力感受	–0.082**
自身压力感受	0.015**

注：** 表示在 0.01 水平（双侧）上显著相关。

2. 学业负担与学业成绩之间并非简单的线性关系

研究表明，学生好成绩的取得需要有一定的学习时间保障，但并不是时间越多成绩就越好。为了验证这一推论，本研究将课业投入的两个子维度、压力感受的两个子维度分别按照由高到低得分划分为 5 个水平（水平 5 表示得分最高……水平 3 表示得分中等……水平 1 表示得分最低，各水平学生人数均占 20%），并计算不同水平学生的学业成绩。

由图 3 可知，课业投入的两个子维度（作业投入与补习投入）与学业成绩基本呈“倒 U 型”关系，中等投入程度学生的学业成绩最高。具体而言，在作业投入维度上，水平 3 学生的学业成绩最高，平均分为 509.1 分；在补习投入维度上，水平 3 学生的学业成绩也最高，平均分为 522.0 分。通过图 4 可以看出，压力感受最重学生的学业成绩最差。具体而言，在外部压力感受维度上，从水平 1 到水平 5，学生的压力感受越来越重，学业成绩得分越来越低。其中，水平 1 学生的学业成绩最高，平均分为 512.1 分；水平 5 学生的学业成绩最低，平均分为 489.3 分。在自身压力感受维度上，不同水平学生的学业表现并没有呈现出明显的规律性。但自身压力感受最重的水平 5 的学生，学业成绩平均分为 484.4 分，是 5 个水平中得分最低的群体；自身压力感受为水平 4 的学生，学业成绩均分为 509.3，是 5 个水平中得分最高的群体；其他 3 个水平学生学业成绩差异不大。

以上结果证明学业成绩与学业负担之间关系复杂，并非简单的线性关系，具体关系还需要进一步探究。

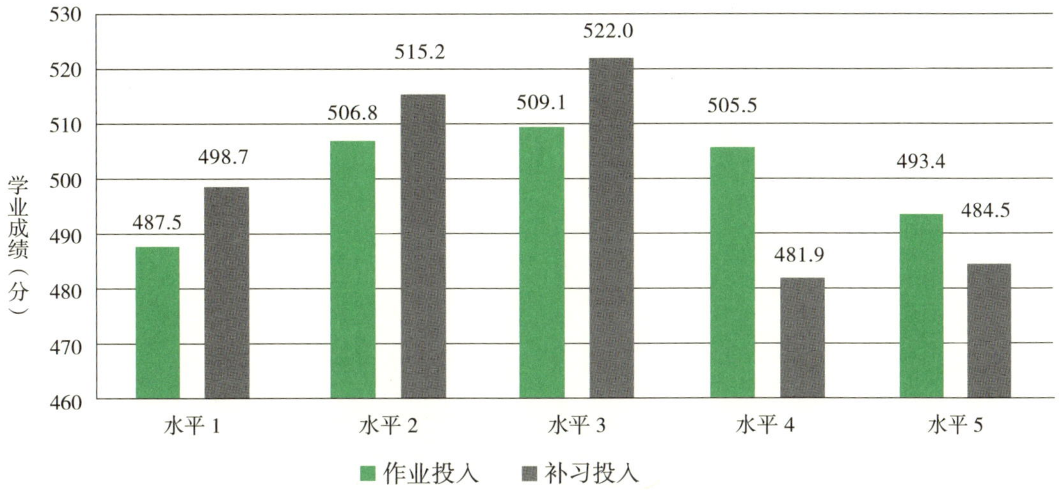

图 3　学生课业投入与学业成绩的关系

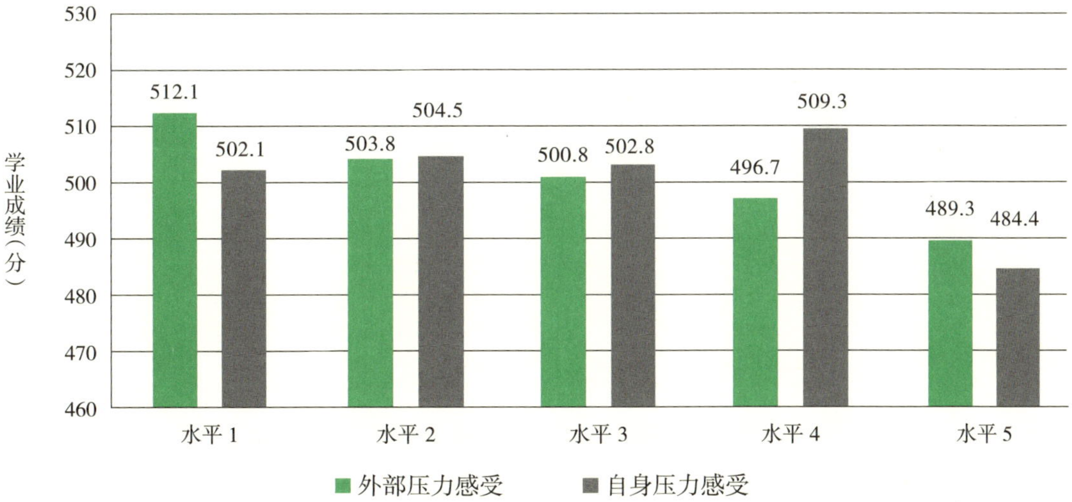

图 4　学生压力感受与学业成绩的关系

（二）不同学业负担类型的划分

为了了解学业成绩与学业负担之间的关系，本研究先根据学生学业负担两个子维度课业投入、压力感受的不同水平两两组合为不同类型，再对不同类型学生群体的特征进行进一步分析。

按照统计学上的一般划分标准，将课业投入得分排前27%的学生群体划为高分组（称为“高投组”），排后27%的学生群体划为低分组（称为“低投组”），中间46%的学生群体划为中分组（称为“中投组”）；将压力感受得分排前27%的学生群体划为高分组（称为“高压组”），排后27%的学生群体划为低分组（称为“低压组”），中间46%的学生群体划为中分组（称为“中压组”）。

将两类组别进行两两组合，可组为9个类型：①高投高压型、②中投高压型、③低投高压型、④低投中压型、⑤中投中压型、⑥高投中压型、⑦高投低压型、⑧中投低压型、⑨低投低压型。详见图5。

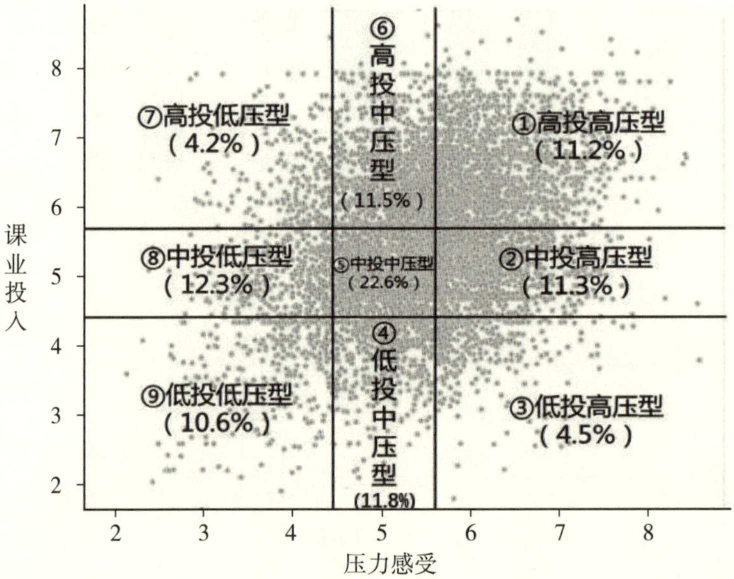

图5　9种学业负担类型划分

（三）不同学业负担类型学生的学业成绩分析

9种学业负担类型学生的学业成绩（见图6）显示，中投低压型学生的课业投入程度为中等水平，感受到的压力最小，学业成绩最好（$M_{⑧}$=516.3分），且明显高于其他学生。这说明适度的学习投入有助于中投低压型学生取得较好的学业成绩，他们不必面临过于繁重的学业压力，内心能够轻松自在。

低投低压型学生的课业投入程度最低，压力感受最轻，学业成绩中等偏上（$M_{⑨}$=507.4分）；高投低压型学生也属于压力感受较轻的群体，他们课业投入时间较多，但学业成绩处于中等偏下水平（$M_{⑦}$=492.8分）。这可能是因为过多的课业投入并不能有效转化成能力和素养，也可能是因为父母教养方式、教师教学成效等本文未涉及的因素发挥了某种作用，具体原因需要进一步探究。

中投高压型学生课业投入程度一般，但是压力感受较重，学业成绩处于中等水平（$M_{②}$=499.6分）。此类学生承受了很多的心理压力，在学习活动中投注了一定的时间与精力，但可能因为缺乏有效的学习策略与方法、必要的学习热情与动力以及来自父母的学业支持等，学业表现平平无奇。

低投高压型学生的课业投入程度较低，压力感受却最重，在学业成绩上表现最差（$M_{③}$=481.5分）。高投高压型学生课业投入程度最高，压力感受也最重，他们在学习过程中付出了大量的时间和精力，但却无法取得理想的成绩，学业表现较差（$M_{①}$=488.9分）。

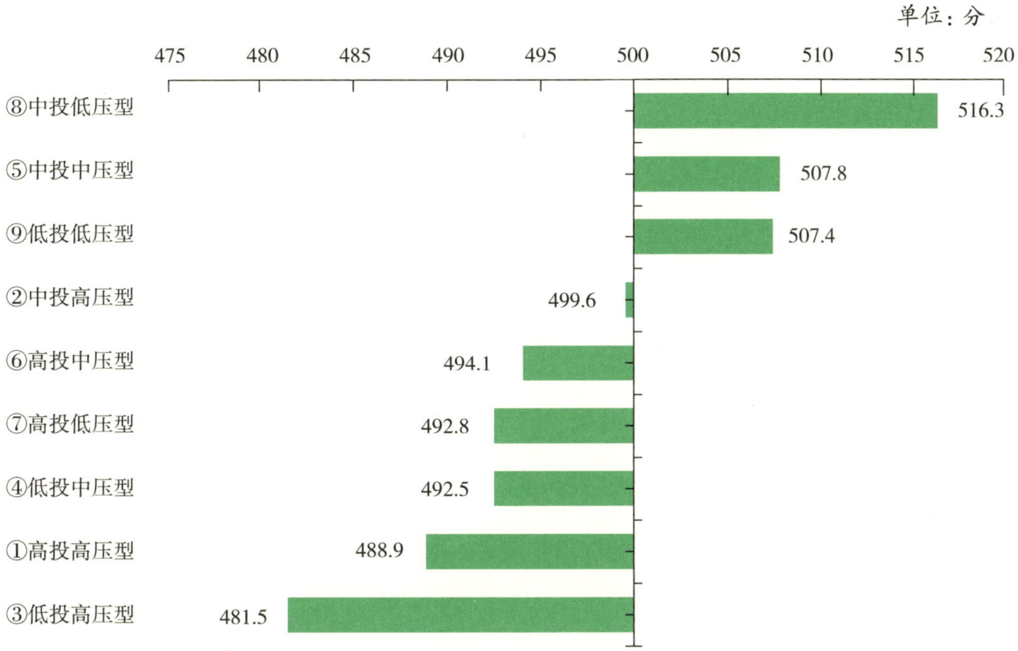

图6　9种学业负担类型学生的学业成绩

进一步进行单因素方差检验，结果显示：9类学生群体的学业成绩之间存在显著性差异（$F=145.26$，$p<0.001$），详见表2。LSD事后检验结果表明，除了第④类与第⑥类、第④类与第⑦类、第⑥类与第⑦类、第⑤类与第⑨类之间的差异不显著，其他组别两两之间均存在显著性差异。由此可见，课业投入在中等水平且压力感受轻的学生，学业成绩最好；课业投入低且压力感受重和课业投入高且压力感受重的两类学生，学业成绩表现较差。

表 2　9 种学业负担类型学生群体在学业成绩得分上的方差检验结果

类型	人数占比	均值（M）（分）	标准差（SD）	F
⑧中投低压型	12.3%	516.3	100.79	145.26***
⑤中投中压型	22.6%	507.8	94.55	
⑨低投低压型	10.6%	507.4	108.49	
②中投高压型	11.3%	499.6	93.15	
⑥高投中压型	11.5%	494.1	99.09	
⑦高投低压型	4.2%	492.8	111.31	
④低投中压型	11.8%	492.5	99.00	
①高投高压型	11.2%	488.9	98.06	
③低投高压型	4.5%	481.5	99.15	

注：*** 表示在 0.001 水平（双侧）上差异显著。

通过以上分析可以看出，学生的课业投入时间过长或过短都不能取得较好的成绩，只有当时间投入保持在中等程度且学业情绪保持积极轻松时，学生的学业表现才比较突出。

四、讨论与分析

（一）学业成绩与学业负担之间并非简单的线性关系，并不是作业和补习时间越长，学生的学业成绩越高

本研究表明，课业投入的两个子维度（作业投入与补习投入）与学业成绩基本呈“倒 U 型”关系，中等投入程度的学生的学业成绩最高，投入过低或过高均无法取得最优学习效果。如果把人学习某种知识掌握到当时再现该知识不出错的程度作为 100%，那么，要保持这种知识的掌握程度，还需再加以巩固练习；但这种巩固一般保持在学习程度的 150% 以内为佳，超过这一程度时，学习效果可能下降。

做作业与参加补习作为学习活动的两种形式，也各自存在最佳学习水平。在最佳学习水平范围内，作业投入与补习投入程度越高越好；但超过一定限度后，如果学生再要求自己投入更多的精力与时间，学习成效则会大打折扣，最终可能出现注意力分散、厌倦、疲劳等消极反应，学习效能也将递减。因此，学业成绩的提升并不能靠一味地增加课业

投入，学生应当结合自身的认知基础、学习能力、抗压水平等实际情况，将课业投入水平控制在符合个体条件的合理阈值内，使其最大限度地发挥效益。

（二）不论课业投入高还是低，学生如果压力感受较重，则难以有好的学业表现

脑科学研究表明，人的大脑平时由于缺乏外界刺激，约有 80% 的脑神经细胞处于休眠状态，未能发挥原有的潜能。适度的心理压力可以帮助学生提高觉醒水平，使之在学习进程中集中注意力、保持思维敏捷、提升学习动机，从而沉着应对学习与生活中的各种突发情况。如果学生承受的学习压力过于强烈、持久，就容易产生过度的焦虑、紧张、情绪波动、认知功能障碍以及自我评价降低等心理反应，这会干扰他们正常的学习过程，影响学习效果与生活质量，损害心理健康，从而影响学业成绩。上文中“压力感受最重的学生，学业成绩最差”的结论正好印证了这一观点。

研究发现，高投高压型、中投高压型、低投高压型 3 类学生投入的学习时间各有不同，有的投入很多、有的投入中等、有的投入较少，但是学习结果均不尽人意。这 3 类学生的共同点是压力感受都很重，他们既承担着来自外界的过高期望与压力，又承受着来自同伴竞争带来的不安与惶恐，同时还要忍受因无法取得好成绩带来的内心煎熬。这 3 类高压型学生在学习活动中较少体验到乐趣与成就感。强烈的内心冲突、学业压力与个人心理承受能力之间的落差，导致情绪紧张、过度焦虑等种种不良反应，从而降低了他们的学习效率，影响了身心健康与学业表现。

（三）学生的课业投入程度过高或过低都不能取得较好的成绩，当课业投入保持在中等程度且学业情绪积极轻松时，学生的学业表现比较突出

本研究表明，学生取得好成绩与两个因素密切相关——中等的课业投入与较轻的压力感受。正如前文分析，当学生压力感受过重时，容易陷入不良的心理状态，难以取得理想的学业成绩；当学生课业投入过低时，无法保证掌握知识所必需的时间成本，这可能导致学习效果不好；当课业投入过高时，学生又会因学习疲劳而发生“报酬递减”现象，这可能导致学业表现不佳。

在本研究中，中投低压型学生的课业投入程度为中等水平，感受到的压力最小，学业成绩最好。进一步分析相关数据可以发现，中投低压型学生作业投入维度得分为 4.84 分（全市平均分为 5 分），补习投入维度得分为 5.12 分，外部压力感受维度得分为 3.67 分，自身压力感受维度得分为 4.59 分。这说明父母、学校老师对中投低压型学生的学业期望以及学校同伴之间的竞争并没有给他们带来太多的压力，来自该类学生内心的自身压力

感受相比外部压力感受更高一些，但并没有超过全市的平均值。中投低压型学生的作业投入与补习投入控制在中等水平，虽然补习投入稍多一点，但仍在合理范围（9个群体在补习投入维度的最高分为5.83分）。这说明中投低压型学生未湮没在题海中，也没有盲目地参加课外补习，家长与老师更没有向他们持续施加过于沉重的压力，而是给予相对宽松自由的空间与环境，让学生在适度投入的同时能够保持内心轻松自在的状态，因此，这些学生在学业表现上比较突出。

五、启示与建议

（一）合理控制课业投入，科学安排作业与补习

研究发现：学业成绩与学业负担之间并非简单的线性关系，并不是作业和补习时间越长，学生的学业成绩越高；学生的课业投入过高或过低都不能取得较好的成绩，当课业投入保持在中等程度且学业情绪积极轻松时，学生的学业表现比较突出。

减轻学生过重的学业负担不能采取“一刀切”“一边倒”的方式，学校和家长要结合学生具体的学情，将课业投入控制在符合个体条件的合理阈值内，尤其要走出“作业和补习时间越长，学生的学业成绩越高”的认知误区。教师要提高自身的专业化水平，保证课堂教学的精准化、高效化，尽可能让学生在课堂上学会知识、学会学习；提高校内作业的质量，做到精准布置作业、有的放矢，针对每个孩子的学习特点和知识掌握情况布置作业，避免无意义的重复作业；严控书面家庭作业总量，引导学生科学合理地安排课外时间。在校外补习方面，家长应树立科学的家庭教育观，遵循孩子身心发展规律，防止盲目给学生“加餐”校外作业，避免盲目跟风报班。

（二）改善学生学习体验，全面减轻学生压力感受

有研究指出，学业负担是学生面对学习任务时产生的紧张、焦虑、反感、畏惧等一系列消极感受，适当的学习压力是必要的，但一旦出现消极的情绪体验，对孩子的成长则是有害的。本研究也发现，不论课业投入程度高还是低，学生如果压力感受较重，就难以有好的学业表现。为此，适度减轻学生的压力感受应该成为教师关注的重点。

在本研究中，学生外部压力感受指标主要包括父母与教师对其在考试名次、分数等方面的要求，以及同伴竞争带来的学习压力。为了减轻学生的压力感受，可从如下几点入手：第一，对学生设置合理的要求和期望，激发他们内在的学习动力；第二，引导学

生建立良性的竞争意识，营造既注重团结合作又追求个人发展的良性竞争氛围；第三，关注学生的心理健康，培养他们积极乐观、健康向上的心理品质。

（三）正视学生在学业负担与学习投入上的差异，做到因材施教

不同学业负担类型的学生群体在学业表现上存在显著差异。教师应当正视学生在学业负担与学习投入上的特征与差异，做到尊重差异、因材施教。

针对压力较大的学生，教师可从以下两个方面帮助孩子疏解压力：第一，帮助孩子依据实际情况树立学习目标，引导家长将对自己孩子的期望和要求控制在合理范围，不要盲目攀比，不要打击孩子，不要造成孩子过重的心理负担；第二，关注并疏解学生的不良情绪，激发其愉悦的学习体验，培养学生积极的情感体验，同时加强学习策略与方法的训练，调节情绪体验，提升学习效率，缓解学业压力。

针对学习投入过量的学生，教师可从以下两个方面帮助孩子实现作业量和补习量合理化：第一，帮助孩子合理分配时间，减少不必要的时间投入；第二，注重课堂教学效果，激发学生的学习兴趣，并教授有效的学习策略，提升他们的学习效率。

针对学习投入不足的学生，教师可从以下两个方面引导孩子关注和增强学习投入：第一，帮助学生树立清晰的学习目标，制订切实可行的学习计划，督促孩子逐步实现目标与计划；第二，为学生提供丰富的学习资源与心理支持，在不损害孩子学习热情的前提下，适当加大学习投入，比如，可充分利用课后延时服务时间，督促学生完成课后作业与复习、课前预习等。

（本文由苏州市教育质量监测中心提供，撰稿人：罗强、于飞飞）

“低起点”学生实现成绩跨越式进步的影响因素分析研究

一、引言

“低起点”学生是教育领域中的弱势群体，特别需要教师给予更多的关爱和指导，帮助他们走出底子薄、起点低的困境，但是，他们常常因为起点成绩落后而遭受教师的忽视。教育应该坚持有教无类，让每一个学生得到充分发展，同时，教师的教学成效又很大程度上受制于“低起点”学生这一群体。因此，如何让“低起点”学生的学业成绩得到有效提升是学校教育实践中一个值得研究的重要问题。为了使“低起点”学生发挥最大潜能、实现成绩转化，我们可以在教育实践中寻找一些可供参考的依据。在初中“低起点”学生中存在这样一类学生，他们在小学毕业之时学业成绩处于下游水平，在进入初中后却能够知耻后勇、奋起直追，在学业上取得令人瞩目的成绩，甚至实现后来居上、弱鸟高飞。这些“低起点”学生如何冲破基础薄弱的桎梏，取得跨越式的学业进步？回答这个问题，不但对处于“低起点”的学生群体实现成绩转化有积极的参考价值，同时也有助于推动教育的公平均衡发展。

大量实证研究表明，学生的学习习惯、学习策略、学习动机、学习兴趣、学习意志等学习品质与学业表现具有非常密切的关系。但是现有的研究，或者停留在学习品质与学业成绩的相关分析层面，或者聚焦于学习品质对学生当下学业成绩影响的研究层面，而在学习品质对学生（尤其是“低起点”学生）学业成绩纵向发展影响的实证研究方面却几乎空白。

在此背景下，本研究基于 S 市 2016 年、2018 年全市初中生学业质量监测结果，以 10002 名实现跨越式进步的“低起点”学生为研究对象，进行深入探索分析，以期帮助教育工作者更加真实地了解“低起点”学生的学习状态和发展趋势，更加准确地掌握学习品质在“低起点”学生成绩转化中的作用机制，从而对“低起点”学生的学习结果进行科学的归因分析，为教师、学校、教育行政和教育研究部门的教育决策与行动改进提供更加科学的依据。

二、研究方法

（一）研究对象

本研究使用的全部数据来源于S市2016年、2018年全市初中生学业质量监测结果。2016年，S市在全市范围内抽取165所学校63152名学生参加语文、数学、英语、科学全学科测试。2018年，S市采取学校和学生全覆盖的方式开展监测项目，由全市260所学校的261048名学生以等概率随机抽样的方法参加语文、数学、英语、科学四门学科中的一门测试。本研究中，学生2016年和2018年的学业成绩均转化为平均分为500分，标准差为100分的量尺分数，从而使得不同年度、完成不同题目的学生分数具有可比性。

在确定研究对象时，本研究首先基于能够追踪到起点成绩以及相关因素调查问卷成熟度方面的考虑，将研究范围限定为2016级学生（即在2016年升入初一的学生）；其次，以2016级学生的姓名和就读学校为线索，将2016年和2018年中同一学生、同一学科的监测成绩进行匹配，最终追踪到30006名2016级学生的相关数据。在这30006名2016级学生中，将2016年监测时学业成绩排名在后1/3的10002名学生划为“低起点”学生，即为本文的研究对象。

如何界定“低起点”学生是否发生“跨越式进步”呢？我们将这10002名2016级学生在2016年和2018年监测中的两列成绩数据相减，得到一列新的数据，称为“差值”。计算这列“差值”的标准差（SD=77.91），凡两年成绩的“差值”大于1个标准差的学生，界定为实现“跨越式进步”，这类学生称为“进步学生”；“差值”未达到1个标准差的学生，界定为未实现“跨越式进步”，这类学生称为“非进步学生”。

表1　“低起点”学生中进步学生与非进步学生人数及占比

类别	人数	占比
进步学生	2752	27.5%
非进步学生	7250	72.5%
“低起点”学生总体	10002	100%

（二）变量说明

除了学生的学业成绩外，本研究涉及的变量还包括学生的性别、是否独生、是否本市户籍、父母是否至少一方学历为本科及以上，以及学习品质。

在本研究中，“学习品质”采用的是研究对象在2018年监测中的数据。学习品质这一变量主要由学习习惯、学习方法和学习情感三个一级指标构成，其中，学习习惯包括学习主动性、学习计划性、学习坚持性三个二级指标，学习情感包括学习兴趣、学习态度两个二级指标（见表 2）。学习品质均以指数方式呈现数据。转换过程为对学习习惯、学习方法和学习情感维度均以 1~4 分计分；得到原始分后，将原始分转换成以 0 分为平均分，1 分为标准差的 Z 分数；再转换成以 5 分为平均分，1.5 分为标准差的标准分，相当于以 0~10 分计分。分数越高，表明在该指标上的状况越好。

表 2 学习品质量表指标说明

	一级指标	指标解释
学习品质	学习习惯	是在学习过程中经过反复练习形成，并发展成为个体的一种需要的自动化学习行为方式。此次监测对“学习习惯”的考查主要包括“学习主动性”“学习计划性”和“学习坚持性”三个方面
	学习方法	是通过学习实践总结出来的、在学习过程中使用的帮助快速掌握知识和技能的手段、方法和途径。主要包括学生在各学科学习中使用的“策略与方法”，分语文、数学、英语和科学四个学科进行监测
	学习情感	包括“学习兴趣”和“学习态度”两个方面，“学习兴趣”可分语文、数学、英语和科学四个学科进行监测

根据台湾学者吴明隆 2008 年提出的信度判断标准[①]，除了学习态度维度 α 系数低于 0.6 外，其他维度均高于 0.6，表明量表具有较好的信度（见表 3）；根据 TIMSS 技术报告 2003 年标准[②]，学习品质量表具有较好的结构效度（见表 4）。

表 3 学习品质各维度的内部一致性信度

一级维度 α 系数		二级维度 α 系数	
学习习惯	0.911	学习主动性	0.806
		学习计划性	0.872
		学习坚持性	0.630
学习方法	0.924	策略与方法	0.924
学习情感	0.66	学习兴趣	0.862
		学习态度	0.526

① α 系数在 0.6~0.7，表示量表的信度效果尚可；在 0.7~0.8 表示量表的信度较好；在 0.8~0.9 时，表示量表的信度较为理想；在 0.9 及以上表示量表的信度效果非常理想。

② CFI、TLI 均大于 0.9 表示模型稳健性非常好，大于 0.85 表示尚可；RMSEA、SRMR 小于 0.02 表示模型拟合非常好，小于 0.08 表示模型拟合合理。

表 4　学习品质各维度的验证性因素分析模型拟合指数

维度	$\chi 2$	df	RMSEA（90%C）	SRMR	TLI	CFI
学习习惯	73461.109	167	0.079（0.078 0.079）	0.057	0.873	0.888
学习方法	42290.064	44	0.117（0.116 0.118）	0.048	0.882	0.906
学习情感	8733.104	19	0.080（0.079 0.082）	0.039	0.931	0.953

（三）数据处理

采用 SPSS19.0 进行数据分析，并对相应变量进行卡方检验、独立样本 T 检验、Logit 回归分析等处理。

三、研究结果

（一）两类学生的不同群体特征

1. 进步学生中的女生比例显著高于非进步学生中的女生比例，男生反之

“低起点”学生总体中，女生比例为 41.3%，男生比例为 58.7%。进步学生中，女生的比例为 45.1%，男生的比例为 54.9%；非进步学生中，女生的比例为 39.9%，男生的比例为 60.1%。卡方检验的结果（$\chi 2=22.269$，$p<0.001$），表明进步学生中的女生比例显著高于非进步学生中的女生比例，进步学生中的男生比例显著低于非进步学生中的男生比例。由此推断，女生实现跨越式进步的可能性高于男生。

表 5　两类学生群体的男女生占比情况及卡方检验结果

类别	女生	男生	$\chi 2$	p
进步学生	45.1%	54.9%	22.269	0.000***
非进步学生	39.9%	60.1%		

注：* 表示 $p<0.05$，** 表示 $p<0.01$，*** 表示 $p<0.001$。

2. 进步学生中非独生子女的比例与非进步学生中的非独生子女的比例不存在显著差异，独生子女亦然

“低起点”学生总体中，非独生子女比例为 56.7%，独生子女比例为 43.3%。进步学生中，非独生子女的比例为 58.3%，独生子女的比例为 41.7%；非进步学生中，非独生子女的比例为 56.2%，独生子女的比例为 43.8%。卡方检验的结果（$\chi 2=3.750$，$p=0.053$），表明进步学生中非独生子女的比例虽然高于非进步学生中的非独生子女的比

例，但二者差异未达到显著水平；进步学生中独生子女的比例虽然低于非进步学生中独生子女的比例，但二者差异未达到显著水平。由此推断，独生与否可能并不是影响学生是否实现跨越式进步的原因。

表 6　两类学生群体独生与否的占比情况及卡方检验结果

类别	非独生子女	独生子女	χ2	p
进步学生	58.3%	41.7%	3.750	0.053
非进步学生	56.2%	43.8%		

注：* 表示 $p<0.05$，** 表示 $p<0.01$，*** 表示 $p<0.001$。

3. 进步学生中非本市户籍学生的比例显著高于非进步学生中的非本市户籍学生的比例，本市户籍学生反之

“低起点”学生总体中，非本市户籍学生比例为 35.5%，本市户籍学生比例为 64.5%。进步学生中，非本市户籍学生的比例为 38.8%，本市户籍学生的比例为 61.2%；非进步学生中，非本市户籍学生的比例为 34.2%，本市户籍学生的比例为 65.8%。卡方检验的结果（χ2=17.908，$p<0.001$），表明进步学生中非本市户籍学生的比例显著高于非进步学生中的非本市户籍学生的比例；进步学生中本市户籍学生的比例显著低于非进步学生中的本市户籍学生的比例。由此推断，非本市户籍学生实现跨越式进步的可能性高于本市户籍学生。

表 7　两类学生群体本市户籍与否的占比情况及卡方检验结果

类别	非本市户籍学生	本市户籍学生	χ2	p
进步学生	38.8%	61.2%	17.908	0.000***
非进步学生	34.2%	65.8%		

注：* 表示 $p<0.05$，** 表示 $p<0.01$，*** 表示 $p<0.001$。

4. 进步学生中父母至少一方学历在本科及以上的学生比例显著高于非进步学生中父母至少一方学历在本科及以上的学生，父母学历均在本科以下的学生反之

“低起点”学生总体中，父母至少一方学历在本科及以上的学生比例为 13.6%，父母学历均在本科以下的学生比例为 86.4%。进步学生中，父母至少一方学历在本科及以上的学生占比为 16.8%，父母学历均在本科以下的学生占比为 83.2%；非进步学生中，父母至少一方学历在本科及以上的学生占比为 12.4%，父母学历均在本科以下的学生占比为 87.6%。卡方检验的结果（χ2=30.754，$p<0.001$），表明进步学生中父母至少一方学历在本科及以上的学生比例显著高于非进步学生中父母至少一方学历在本科及以上的学生

比例；进步学生中父母学历均在本科以下的学生比例显著低于非进步学生中父母学历均在本科以下的学生比例。由此推断，父母至少一方学历在本科及以上的学生实现跨越式进步的可能性高于父母学历均在本科以下的学生。

表 8　两类学生群体父母至少一方学历在本科及以上与否的占比情况及卡方检验结果

类别	父母至少一方学历在本科及以上	父母学历均为本科以下	$\chi 2$	p
进步学生	16.8%	83.2%	30.754	0.000***
非进步学生	12.4%	87.6%		

注：* 表示 $p<0.05$，** 表示 $p<0.01$，*** 表示 $p<0.001$。

（二）两类学生在学习品质上的得分差异

1. 进步学生的学习品质各维度得分均显著高于非进步学生

对进步学生和非进步学生在学习品质各个维度上的得分和标准差进行描述，进而考查两类学生的表现及差异。独立样本 T 检验结果显示，进步学生在学习主动性、学习计划性、学习坚持性、策略与方法、学习兴趣和学习态度各维度上得分均显著高于非进步学生。也就是说，比起非进步学生，进步学生在学习上更加积极主动、做事更有计划性、学习意志更坚毅、学习策略与方法更有效、学习兴趣更浓厚、学习态度更积极。进一步推论，学习品质可能是影响“低起点”学生是否发生跨越式进步的重要因素。

表 9　“低起点”学生在学习品质各维度的得分情况及独立样本 T 检验结果

一级维度	二级维度	总体 M（SD）（分）	进步学生 M（SD）（分）	非进步学生 M（SD）（分）	T
学习习惯	学习主动性	4.89（1.142）	5.05（1.123）	4.82（1.143）	8.834***
	学习计划性	4.82（1.043）	5.03（1.026）	4.74（1.038）	12.659***
	学习坚持性	4.75（1.106）	5.00（1.079）	4.66（1.102）	13.996***
学习方法	策略与方法	4.81（1.194）	5.05（1.123）	4.71（1.207）	13.174***
学习情感	学习兴趣	4.77（1.458）	5.15（1.338）	4.62（1.475）	17.146***
	学习态度	4.83（1.112）	5.05（1.004）	4.75（1.139）	13.127***

注：* 表示 $p<0.05$，** 表示 $p<0.01$，*** 表示 $p<0.001$。

（三）“低起点”学生实现跨越式进步的回归分析

前文分析了进步学生和非进步学生在学习品质各维度上的得分情况，推论出学习品质可能是影响“低起点”学生学业表现是否实现跨越式进步的重要原因。接下来，将以学习品质的各个维度为核心解释变量，运用 Logit 回归模型进一步探讨学习品质对“低起点”学生成为进步学生的发生比率的影响。因为前文数据分析结果显示，进步学生和非进步学生在不同群体类型的占比存在显著性差异，进而推论出性别、本市户籍与否、父母至少一方学历在本科及以上与否可能也是影响学生是否实现跨越式进步的重要因素，因此将以上背景特征变量一同纳入回归方程。结果见表 10。

表 10　学习品质各维度对“低起点”学生是否发生跨越式进步的 Logit 回归分析结果

变量	模型 0	模型 1	模型 2	模型 3	模型 4	模型 5	模型 6
女生 （以男生为基准）	1.209*** （0.048）	1.206*** （0.048）	1.167** （0.049）	1.161** （0.049）	1.195*** （0.049）	1.215*** （0.049）	1.123* （0.049）
独生子女 （以非独生子女为基准）	1.033 （0.052）	1.041 （0.052）	1.047 （0.052）	1.048 （0.052）	1.050 （0.052）	1.049 （0.053）	1.044 （0.052）
非本市户籍学生 （以本市户籍学生为基准）	1.267*** （0.053）	1.268*** （0.053）	1.283*** （0.053）	1.265*** （0.053）	1.293*** （0.053）	1.285*** （0.054）	1.274*** （0.053）
父母至少一方学历在本科及以上（以父母学历均在本科以下为基准）	1.543*** （0.068）	1.460*** （0.068）	1.402*** （0.069）	1.426*** （0.069）	1.442*** （0.069）	1.452*** （0.069）	1.459*** （0.068）
学习主动性		1.173*** （0.021）					
学习计划性			1.293*** （0.024）				
学习坚持性				1.300*** （0.022）			
策略与方法					1.270*** （0.021）		
学习兴趣						1.303*** （0.018）	
学习态度							1.300*** （0.024）
常数项	0.304*** （0.045）	0.138*** （0.116）	0.088*** （0.125）	0.087*** （0.118）	0.094*** （0.114）	0.082*** （0.101）	0.086*** （0.125）

注：1. 表中呈现的是发生比 Exp（B），括号内为标准误；2. * 表示 $p<0.05$，** 表示 $p<0.01$，*** 表示 $p<0.001$。

模型 0（只含背景特征控制变量）的结果显示，性别、本市户籍与否、父母至少一方学历在本科及以上与否对“低起点”学生学业成绩是否实现跨越式进步具有显著影响，独生与否的影响作用不显著。女生实现跨越式进步的发生比率是男生的 1.209 倍，非本市户籍学生实现跨越式进步的发生比率是本市户籍学生的 1.267 倍，父母至少一方学历在本科及以上的学生实现跨越式进步的发生比率是父母学历均为本科以下的学生的

1.543 倍。以上结果说明，与相对应的同伴相比，“低起点”学生群体中的女生、非本市户籍学生、父母至少一方学历在本科及以上的学生更容易实现学业成绩的跨越式增长。

模型 1 至模型 6 的结果显示，在控制学生的基本特征后，本研究关注的学习品质各维度对“低起点”学生学业成绩是否实现跨越式进步均具有显著正向预测力。按照发生比 Exp（B）大小，影响程度由高到低：学生的学习兴趣每提高一个单位，学生实现跨越式进步的发生比率增加 30.3%；学生的学习坚持性每提高一个单位，学生实现跨越式进步的发生比率增加 30.0%；学生的学习态度每提高一个单位，学生实现跨越式进步的发生比率增加 30.0%；学生的学习计划性每提高一个单位，学生实现跨越式进步的发生比率增加 29.3%；学生的学习策略与方法每提高一个单位，学生实现跨越式进步的发生比率增加 27.0%；学生的学习主动性每提高一个单位，学生实现跨越式进步的发生比率增加 17.3%。以上结果说明，学习兴趣、学习坚持性、学习态度、学习计划性、学习策略与方法、学习主动性这些学习品质是影响“低起点”学生是否实现跨越式进步的重要因素。

四、启发与建议

本文基于对 S 市 2016 年、2018 年初中生学业质量监测数据的深入挖掘，分析了“低起点”学生学业变化情况与性别、独生或非独生、本市户籍或非本市户籍、父母至少一方学历在本科及以上或父母双方学历均为本科以下等变量的关系，并探讨了学习品质各维度对“低起点”学生学业成绩能否实现跨越式进步的影响，发现不同背景特征和不同学习品质发展水平对“低起点”学生能否实现学业成绩的跨越式进步具有显著影响。为了更好地提高“低起点”学生学业成绩、促进教育效能的提升，笔者认为可以从以下两个方面进行探讨：

第一，正视学生差异，注重因材施教。本文研究表明，“低起点”学生中女生、非本市户籍学生、父母至少一方学历在本科及以上的学生更容易实现学业成绩的跨越式进步。笔者分析，可能是由于初中阶段的女生成熟较早，更早明白学习的重要性，因此更加认真努力，而男生在进入青春期早期时，学习意识尚未觉醒，心思不放在学习上，且思维能力刚开始萌芽，学习优势还没有完全发挥出来；非本市户籍学生多为外来务工人员子女，他们多在农村老家读的小学，到 S 市上初中后接受到了更好的教育，学习潜能得以激发，因此学业进步较大；高学历的父母不仅对孩子的学习问题比较重视，而且更能掌握好孩子的学习方向，营造出良好的家庭学习氛围，促进孩子的学习朝着良好的方向发展。作为学校教育工作者和家长，要正视“低起点”学生中不同背景特征的学生学业发展的差异状况，给予“低起点”学生群体中的男生、本市户籍学生、父母均为本科以下学历的学生更多的关注和指导。同时，在今后的教学中，学校教育者应当根据不同学生的特点，进行因材施教，帮助每个学生都做到各取所长、扬长避短。

第二，家校协同努力，促进学习品质发展。本文研究表明，“低起点”学生的学习主动性、学习计划性、学习坚持性、策略与方法、学习兴趣、学习态度这些学习品质表现越好，越容易实现学业成绩的跨越式进步。因此，学校、教师和家长要紧密合作，形成合力，共同推动学生学习品质的发展。作为学校，应当加大对“低起点”学生群体的教育投入，并将这些学生学习品质的培养列为教育教学的重要内容和目标；作为教师，应当在教学中充分调动“低起点”学生的积极性和主动性，在民主、自由、和谐的课堂氛围中培养学生良好的学习习惯、教授学生有益的学习方法、激发学生积极的学习情感；作为家长，应该给予这些孩子更多的耐心和宽容，为他们创造有利的家庭环境，平时多陪伴孩子、了解孩子，以孩子的兴趣为基点，激发其学习主动性，同时家长应在生活中主动积极地应对家庭教育任务，给孩子提供可以模仿的榜样，以培养孩子努力克服困难的学习坚持性和意志力。

（本文由苏州市教育质量监测中心提供，撰稿人：于飞飞）

依托专项监测，助力外来工子弟学校提档升级

一、监测项目实施背景

近年来，随着城市化进程的不断推进和社会经济的快速发展，“新苏州人”群体的子女入学需求呈现爆发性的增加态势，并由此造成了现有教育资源紧缺的问题。为解决外来务工人员子女就学难的问题，苏州市教育部门坚持“以流入地政府管理为主要手段，以公办学校为核心载体”的解决方针，在最大程度提高公办学校吸纳率的同时，将大力扶持、正确引导外来工子弟学校的健康发展作为推进我市义务教育优质均衡发展的另一重要举措。2014 年，我市正式启动实施了义务教育阶段外来工子弟学校提档升级工程①；2016 年，苏州市教育局、苏州大学教育学院与田家炳基金会深入合作，开展了为期三年的“田家炳基金会苏州学校改进计划”②。上述教育措施对鼓励和支持外来工子弟学校改善办学条件，提高办学水平和教育质量，努力满足“新苏州人”子女“有书读，读好书”的教育需求具有重要的意义。

为确保一系列重大教育举措的深入贯彻落实，苏州市教育部门始终高度关注实施过程中的质量监测工作。质量监测能够诊断教育问题，为教育决策提供科学有效的数据支持，也是检验相关政策措施效果和效益的有效途径。

根据《苏州教育均衡、优质发展三年行动计划（2018—2020 年）》的相关要求，苏州市教育质量监测中心受教育局委托，在“田家炳基金会苏州学校改进计划”2016 年小学四年级英语学业质量监测项目和 2017 年小学五年级英语学业质量监测项目的基础上，实施 2018 年苏州市外来工子弟学校小学六年级英语学业质量监测，旨在通过测评全市外来工子弟学校小学六年级学生英语学业水平和影响因素，精准提升外来工子弟学校的英语水平和质量，缩小外来工子弟学校与公办学校的办学差距，在更高起点上推进全市义务教育的优质均衡发展，确保每个流动人口子女享受公平而有质量的教育。

---

① 苏州市人民政府网 . 关于开展 2014 年市政府实事项目——外来工子弟学校提档升级工程

② 田家炳基金会苏州学校改进计划启动 [N]. 苏州日报，2016-06-01（02）.

二、监测设计与实施

（一）监测框架

本次监测主要以学生英语学业水平测试为主，并对师生开展相关因素问卷调查，均采用纸笔测试。英语监测工具从内容维度和能力水平两个方面建立测评框架，主要包括听力、语言知识运用、阅读、写作这四部分，命题重视真实问题情境的创设，聚焦学生学科核心素养的养成。学生相关因素问卷主要设计了学生学习品质量表，探寻学生学习品质特征和规律，以及对学习过程和结果的影响机制；教师相关因素问卷主要针对外来工子弟学校教师群体的独特性设计调查题，聚焦教师专业发展、教学行为、职业情感，关注职业生态中对教师工作的支持状况。问卷的维度设计严格遵循和体现教育的基本规律，以期通过数据挖掘和关联归因，找出自我改进的问题靶点。

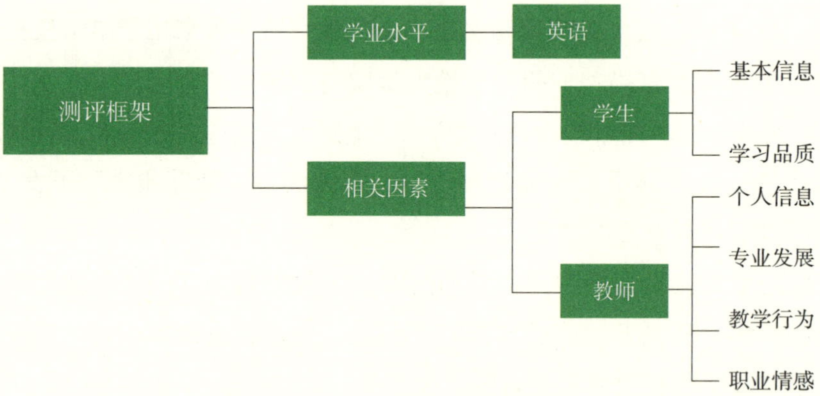

图 1　测评指标体系框架图

（二）监测对象

本次监测覆盖苏州市 10 个区域内全部的 82 所外来工子弟学校，采用学科和相关因素随机抽测的方式采集样本。其中，参加英语监测及学生相关因素问卷调查的六年级学生 4776 名，占六年级学生总数的 34.3%；参加教师相关因素问卷调查的英语教师 322 名，占英语教师总数的 44.8%。

（三）测评流程

本监测项目由苏州市教育质量监测中心专业人员、苏州本土学科专家共同组建专业的项目研发团队，按照严格规范的程序构建监测指标体系、开发监测工具，组织监测实施、分析监测数据、反馈监测报告。监测实施中选派巡视员和校外监考员进行督查管理，严控测试纪律、严格操作规范、遵守保密原则，以保证测试数据的信度与效度。

（四）工具质量

本次监测工具都进行了严格的试题质量分析，并生成《试题质量分析报告》。英语监测卷质量指标分析如表 1，难度值 0.66，区分度 0.40，信度 0.89，整卷难度结构分布合理，对考核对象实际水平的区分程度较好。

表 1　英语监测卷各指标分析

学科	满分	最高分	最低分	平均分	标准差	难度	区分度	信度
六年级英语	100.00	100.00	9.00	66.21	19.34	0.66	0.40	0.89

通过对学习品质问卷的信效度检验可知，工具总信度为 0.95，各维度的克龙巴赫系数（α 系数）在 0.73~0.91（见表 2）。对正式调查数据进行验证性因子分析的结果表明，测量指标因子载荷量均介于 0.53~0.87，拟合指标 CFI=0.93、TLI=0.92、RMSEA=0.04。综上可知，调查问卷具有较好的信效度。

表 2　学习品质问卷指标信度分析

工具信度（α 系数）	一级指标（α 系数）	二级指标（α 系数）	题量（道）
学习品质（0.95）	学习动力（0.84）	学习动机（0.77）	8
		学习兴趣（0.73）	4
	学习情意（0.88）	学习毅力（0.76）	7
		学习态度（0.84）	6
	学习方法（0.91）	学习策略（0.86）	9
		学习习惯（0.82）	6

通过对教师相关因素问卷的信效度检验可知，工具总信度为 0.86，各维度的克龙巴赫系数（α 系数）在 0.72~0.89（见表 3）。对正式调查数据进行验证性因子分析的结果表明，测量指标因子载荷量均介于 0.56~0.91，拟合指标 CFI=0.89、TLI=0.91、RMSEA=0.07。综上可知，调查问卷具有较好的信效度。

表 3　教师相关因素问卷指标信度分析

工具信度（α 系数）	一级指标（α 系数）	二级指标（α 系数）	题量（道）
教师相关因素（0.86）	专业发展（0.79）	专业知识（0.72）	3
		专业技能（0.82）	7
		专业情意（0.72）	4
	教学行为（0.80）	教研投入（0.80）	4
		因材施教（0.80）	5
		参与式教学（0.72）	3
		引导探究（0.80）	5
		教学反馈（0.76）	4
	职业情感（0.78）	职业倦怠感（0.89）	9
		工作主动性（0.86）	6
		工作胜任感（0.81）	7
		个人成就感（0.73）	4

（五）数据处理

本次监测以量尺分数、增值分析和维度得分率三种形式客观呈现调查对象群体的英语学业水平。英语学业成绩以苏州大市均分为 500 分，标准差为 100 分的量尺分数形式呈现[①]；学生在英语学科内容和能力水平上的表现以百分制形式的维度得分率呈现，其计算公式为：维度得分率 =（维度得分 / 维度总分）× 100%。

通过对 2018 年外来工子弟学校六年级学生英语学业成绩与 2017 年外来工子弟学校五年级学生英语学业成绩的量尺分数进行年度追踪比较，分析区域在大市内的发展增值情况；学生相关因素量表各题项均采用李克特五级量表的计分方式，教师相关因素量表各题项均采用李克特四级量表的计分方式，调查对象被要求根据与自己实际感知状况的符合程度做出回答，分值越高表明积极倾向越明显。

① 罗强，冯杰 . 学业质量监测增值评价模型的探索 [J]. 中小学信息技术教育，2019（10）：34-38.

三、监测结果与分析

（一）学生英语学业水平情况分析

2018 年大市外来工子弟学校六年级学生英语学业成绩各分数段人数比例情况如图 2 所示，大市整体呈现负偏态分布，人群主要集中在 400~500 分和 500~600 分两个区间段。英语内容维度各一级指标上的得分情况如图 3 所示，在阅读维度上得分率相对较高，在写作维度上得分率相对较低。与 2017 年五年级学生英语监测进行锚题等值比较可知，2018 年外来工子弟学校的英语学业质量有了明显提升。大市各区域均分最高与最低之差达 101.1 分，超过一个标准差，区域正增值与负增值的最大差值达 102.1 分，说明各区域外来工子弟学校在英语学业质量上发展差异比较显著。

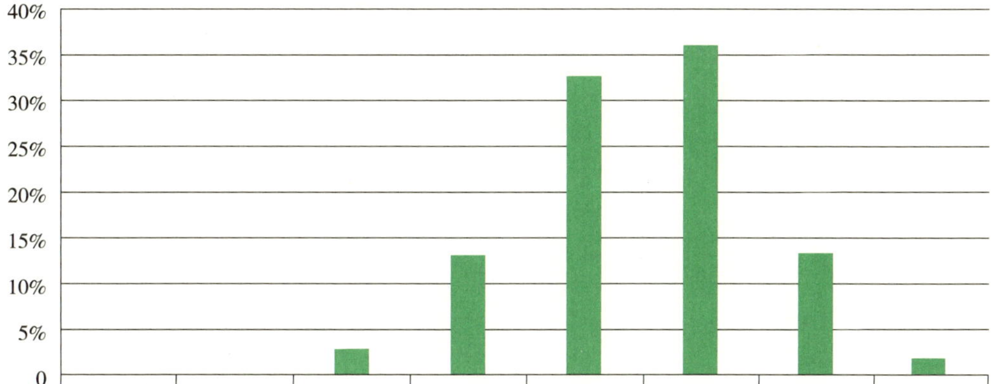

	0~100 分	100~200 分	200~300 分	300~400 分	400~500 分	500~600 分	600~700 分	700~800 分
2018 年大市	0	0	2.8%	13.1%	32.7%	36.2%	13.4%	1.8%

图 2　大市外来工子弟学校六年级学生英语各分数段人数比例情况

单位：分

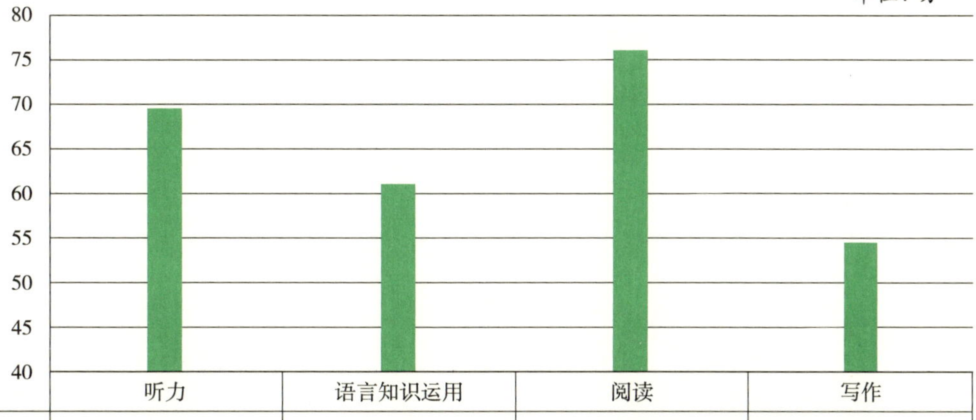

	听力	语言知识运用	阅读	写作
大市	68.4	61.1	76.0	54.4

图 3　大市外来工子弟学校六年级学生在英语内容维度各一级指标上的得分情况

（二）学生相关因素情况分析

从学生个人基本情况分析可知，七成以上学生的学习目标在大专或本科及以上；六成以上学生未参加任何形式的校外辅导班；九成以上家长的学历未达到大专或本科水平；仅有五成学生从一年级就开始接受学校的英语课，与苏州市公办小学从小学一年级就开设英语课的情况有一定的差距（见表 4）。

表 4　大市外来工子弟学校六年级学生的基本信息

变量	分组	人数占比
性别	男	53.9%
	女	45.9%
学习目标	初中毕业及以下	10.9%
	高中（职高）或中专毕业	17.9%
	大专或本科及以上	71.1%
上英语课的初始年级	一年级	50.8%
	二年级	9.4%
	三年级	36.8%
	四年级	1.5%
	五年级	0.4%
	六年级	1.0%
是否每周参加校外辅导班	是	35.5%
	否	64.5%
父亲学历	大专或本科以下	91.6%
	大专或本科及以上	8.3%
母亲学历	大专或本科以下	92.5%
	大专或本科及以上	7.5%

从学生学习品质情况分析可知，学生在学习习惯、学习态度和学习动机等维度表现相对较好，在学习兴趣、学习毅力和学习策略上的表现并不理想（见图 4）。

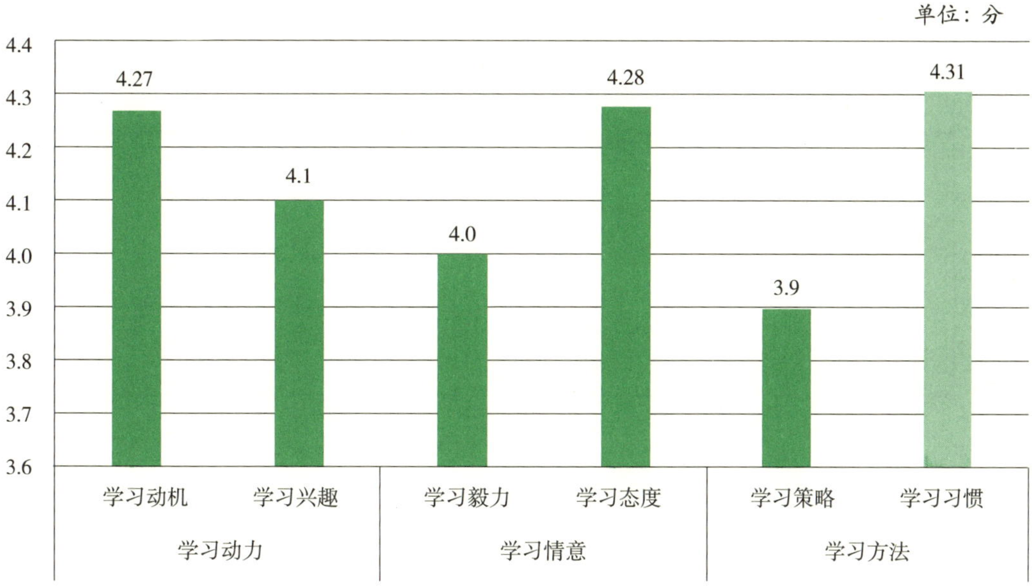

图 4　大市外来工子弟学校六年级学生学习品质各维度的得分情况

（三）学生英语学业水平与相关因素的关联分析

2018 年苏州大市学业质量监测结果显示，学生家庭社会经济地位与学生的英语学业成绩高度关联，说明学生的英语学业成绩在一定程度上是由家庭社会经济地位和学校教育两方面因素共同作用的结果（见图 5）。而本次 2018 年外来工子弟学校六年级学生监测结果显示：家庭社会经济地位对英语学业成绩的解释率很低，说明对外来工子弟学校的学生而言，他们的英语学业成绩主要依赖于学校教育作用（见图 6）。

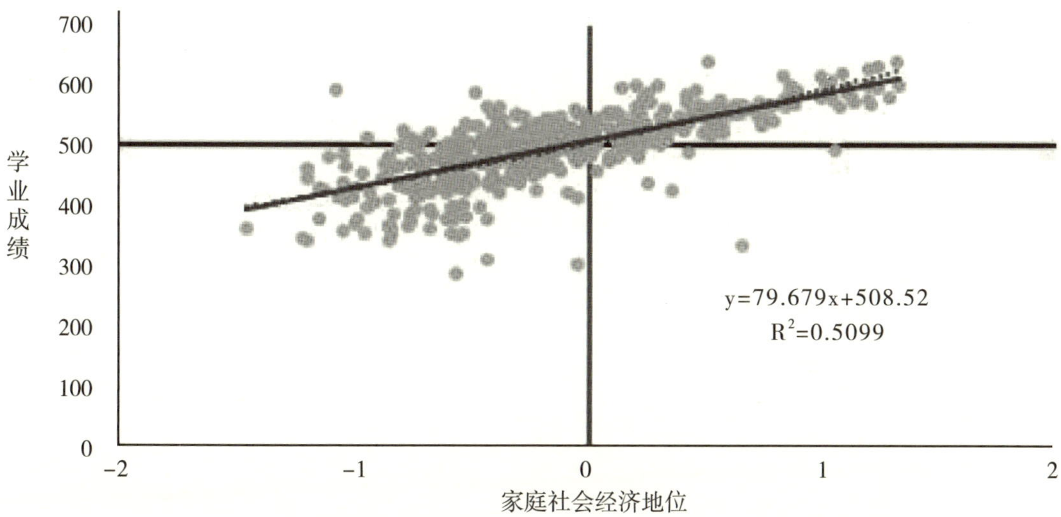

图 5　2018 年大市学业质量监测中学生家庭社会经济地位与英语成绩相关情况

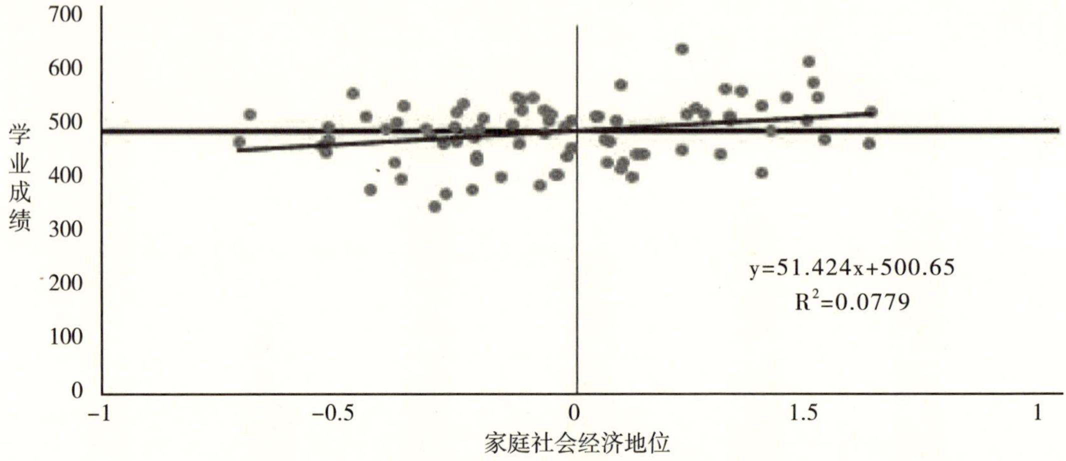

图 6　2018 年外来工子弟学校六年级学生家庭社会经济地位与英语成绩相关情况

通过对学习品质各二级维度与六年级学生英语得分进行相关分析，可以得知，学生的英语学业成绩与学习品质表现出显著的正相关，其中，英语学业成绩与学习毅力和学习态度的相关性相对较强（见表 5）。这说明学生个人的学习品质对学习成绩的影响同样显著和重要。

表 5　大市外来工子弟学校六年级学生学习品质各维度与英语学业成绩的相关性分析

维度		学习动机	学习兴趣	学习毅力	学习态度	学习策略	学习习惯
英语学业水平	相关系数	.150	.255	.310	.288	.251	.251
	显著性（双侧）	.000	.000	.000	.000	.000	.000

（四）教师相关因素情况分析

从参测教师个人基本情况分析可知，近九成教师为女教师，超八成教师教龄在 10 年以下，59% 的教师学历为师范大专或师范本科，过半数的教师周课时数在 16 节及以上（见表 6）。

表 6　大市外来工子弟学校参测教师的基本信息

变量	分组	人数占比
性别	男	10.6%
	女	89.4%
教龄	0~5 年	57.1%
	6~10 年	28.3%

续表

变量	分组	人数占比
教龄	11~15 年	7.8%
	15 年以上	6.8%
学历	高中或中专及以下	4.4%
	师范大专	37.6%
	非师范大专	18.0%
	师范本科	21.4%
	非师范本科	18.3%
	研究生及以上	0.3%
周课时数	10 节及以下	12.8%
	11~15 节	35.9%
	16 节及以上	51.3%

从教师相关因素情况分析可知，教师们在“专业技能”“专业情意”“工作主动性”以及“因材施教”“参与式教学”等教学方式上表现较好，教师的“教研投入”“职业倦怠感”“个人成就感”等方面仍需教育部门和学校重点关注（见图 7）；各区域在教师相关因素各个维度上的差异较大，其中专业发展维度差异显著。

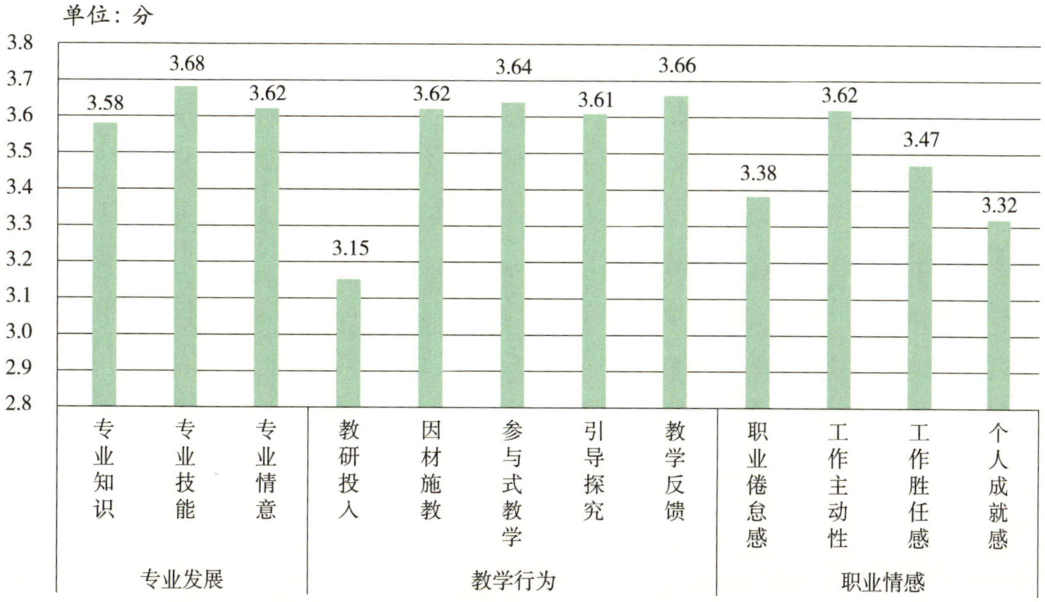

图 7　大市外来工子弟学校参测教师各维度的得分情况

四、主要结论与建议

（一）主要结论

基于本次监测结果分析，可以得知，自 2014 年外来工子弟学校提档升级工作列入政府实事项目以来，我市的外来工子弟学校的英语学业质量整体有了明显提升，其中在阅读方面的表现相对较好，学生在学习习惯、学习态度和学习动机等维度表现相对较好，教师们在专业素养和教学水平上提升较为明显。

当前外来工子弟学校的英语学业成绩主要受学校教育作用因素的影响，各区域和区域内各学校在英语学业质量提升方面存在典型的“不均衡、不充分”的问题；学生在学习兴趣、学习毅力和学习策略上还需努力，各区域和区域内各学校在学生相关因素各个维度上的差异比较显著；教师的教学科研和职业情感等方面仍需教育部门和学校重点关注，各区域在教师相关因素各个维度上差异较大，其中专业发展维度差异显著。

（二）对策建议

监测的价值在于诊断预警，而终极目的在于改进提升。为打通监测工作的“最后一公里”，实现高效能的结果运用，从区域和学校层面提出如下建议：

1. 基于数据、靶向改进。学校要强化数据意识、诊断意识，加强对监测报告的自我研读和自我诊断，找准学校教育教学和学生学业发展的“痛点”以及提质增效的着力点；从细节出发综合考虑教学实施的各方面，制定教学细则。在教育教学中充分尊重教师和学生群体的合理化建议，认真规划学科的教学进度，积极组织教师丰富讲义、研发课件，从教学实际出发来完善和改进教学问题，同时要对教学改进的实效进行及时、有效、量化的检验，确保一系列改进措施的落地保障。要强化质量意识、品质意识和效益意识，做到合理归因，科学施策，靶向改进 。

2. 聚焦教学、增效提质。学校要积极利用校内外和网络资源，推进以学生为本的课堂教学改革，要掌握好三维目标、吃透新课标、组织并带领好教研团队，将相关课程与教育对象的具体学情有机结合，不断夯实学生学习基础、提升学习兴趣、培养良好的学习习惯、提升学习品质；建构高度契合外来务工人员子女学科基础与学习水平的课程教学体系。

3. 立足教研、优化师资。要不断完善教师培训、教研机制，通过组织教研培训、专题讲座、专家讲学等形式不断激活教师内部活力。完善师资培养制度和管理机制，增加教学研修和培训学习的机会，促进教师专业发展。要关心教师的职业情感，健全激励奖励机制，积极构建教师活力激活体系，实现教学研讨活动常规化，为教师提供更多的时间和空间，共同探讨阶段性的问题解决办法和分享教学经验；邀请教育专家针对外来务工人员子女群体的教学问题予以指导，打造氛围浓郁的教研环境。激发教师的主动性、归属感和获得感。

4. 多方联动、精准发力。教育质量的全面提升不能只依靠学校和教师的单一力量，还需要凝聚学生、家长、专家、教育主管部门等多方面力量，形成多方位一体的教育合力，为共同构筑高质量教学提供支持。区域要注重质量预警，加强监督管理，对于问题特别突出的学校，可采用限期整改和跟踪评价等方式加以推进；区域要继续加大政策倾斜和资源扶持力度，以外来工子弟学校提档升级项目为抓手，通过多方联动、协同配合、结对帮扶等方式，围绕常规管理、课堂教学与教师发展这三个关键领域，帮助学校改进教育教学管理，提升学校教育质量，努力为流动人口随迁子女营造一个良好的就学环境。除此之外，学校还可通过家长学校、家校互助群、讲座等形式，为家庭教育提供专业指导和意见，逐步改善外来务工人员子女家庭落后的教育观念。通过这种教育共同体的构建，为学校教学质量的全面提高提供强力支持。

外来务工人员子女的教育质量监测工作任重而道远，在未来的实践工作中，我们将尝试进行更加广泛深入的调查研究，继续丰富研究成果，以更加详实准确的数据和更加科学精准的分析来促进我市外来务工人员子女身心健康发展和学业成绩提高，更好地助力于我市教育教学工作的开展。

（本文由苏州市教育质量监测中心提供，撰稿人：陆云）